"十二五"江苏省高等学校重点教材　编号：2015-2-041

高等学校"十三五"教师教育专业规划教材

教师职业道德（第二版）

◯ 主　编　陈玉祥　胡　兰
◯ 副主编　王国强　舒思雨　曹如军

南京大学出版社

图书在版编目(CIP)数据

教师职业道德 / 陈玉祥,胡兰主编. —2版. —南京 : 南京大学出版社,2020.1(2025.1重印)
ISBN 978-7-305-21530-8

Ⅰ.①教… Ⅱ.①陈… ②胡… Ⅲ.①小学教师—职业道德 Ⅳ.①G625.1

中国版本图书馆 CIP 数据核字(2019)第 012293 号

出版发行	南京大学出版社			
社　　址	南京市汉口路 22 号		邮　编	210093
书　　名	**教师职业道德**			
	JIAOSHI ZHIYE DAODE			
主　　编	陈玉祥　胡　兰			
责任编辑	钱梦菊		编辑热线	025-83592146
照　　排	南京南琳图文制作有限公司			
印　　刷	常州市武进第三印刷有限公司			
开　　本	787 mm×1092 mm　1/16 开　印张 12.25　字数 285 千			
版　　次	2020 年 1 月第 2 版　2025 年 1 月第 7 次印刷			
ISBN 978-7-305-21530-8				
定　　价	35.00 元			

网址:http://www.njupco.com
官方微博:http://weibo.com/njupco
官方微信号:njupress
销售咨询热线:(025)83594756

第二版前言

教师职业道德,简称"师德",是教师在从事教育教学活动中所遵循的道德要求。教师作为人类灵魂工程师,必须具有高尚的职业道德。

2008 年 9 月 1 日,中华人民共和国教育部、中国教科文卫体工会全国委员会联合颁发了重新修订的《中小学教师职业道德规范》。为帮助师范生掌握《中小学教师职业道德规范》的基本要求,理解其精神实质,我们紧扣教师资格"国考"内容编写了这本《教师职业道德》,本教材既可作为师范院校教师职业道德公共课教材,也可作为报考国家教师资格证的学习材料。

本教材具有如下几个特点:

第一,政治方向明确。在内容上,我们以马列主义思想为指导,全面贯彻习近平新时代中国特色社会主义思想和党的十九大精神,深入贯彻落实全国教育大会精神,切实体现社会主义核心价值观与教师职业道德的有机结合。同时增加了《中共中央国务院关于全面深化新时代教师队伍建设改革的意见》《新时代中小学教师职业行为十项准则》《严禁教师违规收受学生及家长礼品礼金等行为的规定》《中小学教师违反职业道德行为处理办法(2018 年修订)》《关于加强和改进新时代师德师风建设的意见》等文件的要求,还增加了对《中小学班主任工作规定》文件精神的解读。

第二,内容针对性强。针对教师资格"国考"中教师职业道德的题型与考点要求编排内容体系。如结合案例教学、材料分析评价教育教学实践中教师的道德规范问题。另外,结合教师职业道德规范的六条内容逐一对师德行为规范的具体要求进行了分析,以提高师范生对教师职业道德规范的认识。每一章节前面都列出了考点要求,章节结束后有与考试相对应的练习题,教材的最后还有教师资格证国考的真题与模拟试题。

第三,师德培养实效性高。师德的培养不能仅仅是灌输,更重要的是要有感染与感悟。本教材在内容上以教育部《中小学教师职业道德规范》文件为主线,以案例研讨为主要教学方法,知识部分每章有拓展阅读的内容,还提供一些师德方面的影片与教学视频,力求通过多媒体手段以提高教学的实效性。

第四,教材体例新。本书设计了边栏,一是围绕师德建设,提供与知识点相关的名人名言、文件摘录等,体现"课程思政"元素,有利于实现"立德树人"的目标。二是围绕教师资格考试,提供与知识点相关的笔试与面试真题,方便学习者即学即用。三是为学习者留白,可以发挥主观能动性进行笔记与强化学习。

本书修订由陈玉祥、胡兰统稿,全书结构由盐城师范学院陈玉祥调整,按照《中小学教师职业道德规范》的六条内容进行重新布局,使得全书逻辑更加清晰有序;上饶师范学院胡兰参与内容的撰写并对全书边栏进行设计,提供了师德范例、教师资格考试真题与模拟题及与师德相关的文献汇编;西安文理学院王国强对教材案例进行更新,并完善全书数字资源建设。

本书在修订过程中引用了部分同类教材的内容,没有一一注释标出,敬请谅解。对本书存在的问题和疏漏,我们诚恳地希望听到广大学生、教师的意见、建议和批评。

本书在修订过程中,得到南京大学出版社等的大力支持,在此,谨表谢忱!

编　者

2019 年 11 月

C 目 录
CONTENTS

微信扫码

教师职业道德
配套微课、案例等资源

第一章
教师职业道德概述

聚焦考试大纲

1. 了解教师职业的概念与特点。
2. 掌握教师职业道德的内容结构。

第一节　教师职业道德的内涵

一、道德与教师职业

（一）道德的概念

道德是一种社会意识形态，是人们共同生活中需要遵守的行为准则与规范。道德通常是在一定社会主流价值观引导下的非强制性行为规范。道德以善恶评价的方式调整人与人、个人与社会之间的相互关系，因此道德就是调整人与人、个人与社会之间相互关系的思想观念、原则和规范的总和。

1. 道德是一种社会现象

马克思主义道德起源论认为道德是人所特有的。道德作为一种社会现象，并不是从来就有的，社会劳动是道德起源的基础。

（1）社会关系的形成是道德赖以产生的客观条件，人的社会关系首先是一种劳动关系，是劳动活动推动了人的社会关系的形成和发展，是劳动活动把本来孤立的个体联系起来，形成相互依赖、相互协作的关系，这就是最初的社会关系。孤立的个人是不存在道德问题的。

（2）人的自我意识的形成与发展是道德产生的主观条件。当个人意识到自己的存在和利益，而且也意识到他人和整体的存在和利益，道德才会产生。

（3）劳动活动是道德产生所需要的主客观统一的社会条件。在劳动过程中，人们建立起了比较经常而固定的各种社会关系，并认识到人与自然的关系和人与人之间的关系，从而产生了包括道德意识在内的各种意识。马克思和恩格斯在《德意志意识形态》中指出："观念、思维、人们的精神交往在这里是人们的物质关系的直接产物。表现在某一民族的政治、法律、道德、宗教、形而上学语言中的精神生产也是这样。""因此，道德、宗教、形而上学和其他意识形态"是"物质生活过程的必然升华物"。① 在这里，马克思和恩格斯阐明了作为意识形态的道德的起源和本质，就在于社会物质生

> 世界上唯有两样东西能让我们的内心受到深深的震撼，一是我们头顶浩瀚灿烂的星空，一是我们心中崇高的道德法则。
>
> ——康德

---

① 马克思，恩格斯. 马克思恩格斯全集（第 3 卷）[M]. 北京：人民出版社，1976：29－30.

活条件之中。

（4）社会分工是道德从萌芽到生成的关键条件。随着生产和分工的发展，人们之间的社会关系及其相互交往变得复杂，产生了每个人的个人利益和与之相交往的人们的共同利益之间的矛盾，从而产生了从道德意识上约束人的行为，调整各种利益矛盾，维系社会秩序的必要性，日久天长便形成了一些最简单的行为规范和准则，这就是最初的道德准则。

2. 道德既有客观性，又有主观性

道德的客观性，主要表现在三个方面：

（1）道德的产生及发展有其客观物质基础。一切社会和阶级的道德观念、道德规范都是建立在一定的社会物质基础和经济基础之上，并反映着一定的社会经济关系的。随着经济基础的变化，道德或迟或早要发生变化。

（2）道德规范的内容带有客观性。任何道德规范都是对客观存在的道德关系的概括和总结。道德规范作为对人们行为的一种要求，它不仅仅是出于人们主观上的好恶，而且是一种客观上的义务。这种客观上存在的道德义务和道德责任反映到人们的头脑里，就构成了道德规范的客观内容。

（3）道德评价的标准也是客观的。一种道德的性质是进步的、落后的还是反动的，一个人的行为是善的还是恶的，都有客观的评价标准，即看它对社会的发展，尤其对生产力的发展是起促进作用还是起促退作用，以及作用的大小。个人对一定行为的评价可能具有偶然性，但通过社会舆论表现出来的道德评价却能反映一定社会物质生活条件对人们行为的要求，具有客观必然性。

所谓道德的主观性，是人的主观因素在道德中的反映，因而道德具有主观的色彩。我们知道，道德教育本身就是社会的统治阶级有组织、有计划地对人们施加道德影响的活动，而在个人的道德行为和道德修养过程中，统治阶级的主观作用更是显而易见的。如前所述，人的道德意识，如道德观念、道德规范、道德品质等，是人这个认识主体对客观存在的道德关系和道德要求的认识、反映、概括和总结。在这个反映过程中，人的主观性质如阶级属性、认识能力等，无疑起着非常重要的作用。

道德的主观性主要表现在道德的利他性和自觉性上：

一是利他性，也叫利群性，就是自我牺牲的精神。普列汉诺夫曾指出："道德的基本问题不是对个人幸福的追求，而是对整体的幸福即对部落、民族、阶级、人类幸福的追求。这种追求和利己主义毫无共同之点。相反的,它总是以或多或少的自我牺牲为前提。"①道德行为都是对别人、对社会集体有益的行为。而凡是有利于社会集体的行为,都或多或少是对个人的节制,都要做出或多或少的自我牺牲。在任何时候,自私自利、损人利己都不能说是道德行为。在任何社会,一个人要无限地发展自己、绝对地满足自己,都必然会引起别人和社会的不满和反对。即使是资产阶级,他们强调个人利益,却也讲个人利益和社会利益相结合,不损人的利己即所谓的合理利己主义。当然,他们这样有很大的虚伪性和欺骗性,但至少在理论上不能公开反对社会利益。利益和道德是对立统一的关系。利益是道德的基础,道德又反过来为一定的利益服务。但利益有个人利益和社会集体利益、眼前利益和长远利益之别。一个阶级的道德主要代表这个阶级的整体利益和长远利益,有时难免与其个别成员的具体利益发生矛盾。所以一个人要讲道德,有时就需要为社会的和阶级的利益而牺牲个人的某些利益。在这个意义上可以说没有个人牺牲精神就没有道德。

二是道德的自觉性,又叫主动性。道德依靠社会舆论、传统习惯、教育和人们的内心信念来维持,归根结底是通过人们的内心活动起作用的。社会舆论发生作用必须以人们在自己的内心中接受了或部分接受了这些舆论,并引起内心的矛盾斗争为前提。道德传统习惯也只有转化成个人的道德信念才能指导人们的行为。任何道德行为都是主动的、自觉的行为,就是说,都是在一定的道德观念、道德规范、道德品质的支配下,在一定的道德义务感、道德责任心驱使下产生的有利于社会和他人的行为。例如,一个人在强迫的情况下做出的好事,算不得道德行为;在完全不自觉的情况下,即在完全不了解自己行为的社会意义的情况下,偶然做些客观上对社会和他人有利的好事,也算不得道德行为。只有有意识地、心甘情愿地为社会和他人而牺牲个人利益的行为才具有道德的价值。当然人们的道德觉悟有一个从低到高逐步提高的过程,但即使是在觉悟不高、不自觉的情况下做出的道德行为,也是受理性指导的,而不能是完全盲目的。

道德的客观性和主观性是统一的、不可分割的,不能只强调其中的一个方面,而忽视另一个方面。如果只强调道德的客观性而忽视它的主观性,道德规范就会变成宗教戒律,人们可以不对自己的行为负任何道德责任,道德自我锻炼和自我修养也就成了多余之事。这实际等于取消道德。反过来,只强调道德的主观性而否定道德的客观性,就会导致唯意志论,认为人们可以随心所欲地提

---

① 《普列汉诺夫哲学著作选集》第一卷,第551页。

倡或禁止某种道德,这显然也是荒谬的。

3. 道德是一种个人品质

道德于社会是一种社会现象,在个人身上表现为个人品质,一般称为"道德品质",或"品德",也称为"思想品德"。品德是社会的道德要求"在人思想和行动中表现出的较稳定的特征和倾向"。

品德,作为人的一种个性品质,是人们依据一定社会的道德原则和行为规范所表现出来的某种稳定的心理特征和倾向,是个体道德价值观念不断内化的结果。它包括知、情、意、信、行等许多极其复杂的相互联系、相互制约的心理成分。品德在个人身上是由若干要素构成的统一体,至少包括四个方面:道德认识、道德情感、道德意志、道德行为。

(1)道德认识。道德认识是对一定的社会道德规范体系的认识,其核心是道德价值观。

(2)道德情感。道德情感是伴随人的道德认识在道德践行中的积极体验。它是支持一个人践行道德认识的力量。一个有着道德情感的人,才会把外界要求的道德认识内化为自己的认识。

(3)道德意志。道德意志是道德意识的能动作用,是个人在道德情境中,自觉地调节行为,克服内外困难,实现道德目标的心理过程。道德意志尤其突出表现在抗拒不良环境诱惑、抑制不良道德行为的过程中。

(4)道德行为。道德行为是道德认识所要求的人的行为方式,是一个人的道德认识在行为上的体现。一个人道德品质怎样,不是看他是否能够说出道德的要求,而在于他能否在行动上按照道德要求去做。

(二)教师职业的概念与特点

教师职业是人类古老的职业之一,自古以来教师就是人类文明的重要传递者与创造者,随着社会的进步和学校教育的发展,教师经历了从兼职到专职、从专门到专业的转变。人类社会进入现代社会以来,各国对教师职业的专业性认识不断加深拓展,教师职业的专业化发展已成为全球化的共同趋势。1993 年我国制定的《中华人民共和国教师法》明确了教师的角色定位和教师职业性质:"教师是履行教育教学职责的专业人员,承担教书育人,培养社会主义事业建设者和接班人、提高民族素质的使命。"由此,教师职业的专业性,教师职业对社会发展、民族素质提高的使命,第一次以法律形式被强化,从而使我们认识教师职业的特点,有了基本的法律依据。

教育家徐特立认为,教师不仅是一个有学问的人,也应是一个

《中共中央 国务院关于全国深化新时代教师队伍建设改革的意见》。

道德模范人物;教师不仅要教学问,还要教行为,教怎样做人的问题。他明确提出,教师应是经师与人师的合一。作为经师,教师不仅要学问渊博且有独到体悟,还要善于不断学习和更新,善于把自己的所得所悟转化为学生的知识和体验;作为人师,教师应是道德高尚、人格健全、善于生活、爱岗敬业的人,并且要善于启发引导学生形成良好的思想品德、积极的生活态度以及做人处事的生活智慧。经师与人师作为教师职业的基本要素,两者是相辅相依、互生互成的关系。在知识学问和教育教学方面的探求有助于提升教师的道德觉悟与人生境界,也有助于提高对学生进行道德品行和生活智慧教育的实效性;而教师在道德情操方面的修养又为教师人格魅力的提升和职业生活审美化创造了条件,有助于教师在学问钻研和教书育人的活动中不断跃升到新的境界。从对教师职业的专业性内涵和教育活动构成要素的分析来看,教师职业的基本特点主要体现在以下方面:

1. 教师职业的创造性

教育是一个创造人才的过程,教师的职责是培养富有创造精神的人。教师职业实践的对象是人,对于中小学教师而言,中小学生都是发展中的未成年人,他们各方面发展不成熟、不完美,并且存在着个性差异,但有巨大潜能。因此,中小学教师在教育实践中,必须根据学生的本质属性,创造性、灵活性地组织教育教学活动,才可能促进每个学生的全面健康而有个性的发展。在整个职业生涯中,每位教师都可以用各自独特方式来诠释教育既是科学又是艺术的命题。

2. 教师职业的示范性

教师劳动相比于其他劳动的一个最大的不同点,就在于教师是用思想和言行,通过示范的方式去直接影响劳动对象。教师本人是学校里最直观的、最有教益的模范,是学生最活生生的榜样。教育理论与实践研究共同表明,教师的人格魅力是教师工作的重要手段,这也是教师职业与其他社会职业间的重要区别之一。在教育过程中,每位教师的人格修养、言行举止都对学生产生着无声而重要的影响。对于学生而言,相对于父母家人和其他社会成员,教师提出的要求更具有权威性。同时,学生的模仿性强,教师的仪表、为人处世的态度、个人兴趣爱好、价值取向、工作方式等,都会成为学生效仿的内容。也正因为如此,自古总结的为师之道,就有"以身立教、为人师表"。

某重点中学的一位语文老师经常在课堂宣扬"读书是为了挣大钱娶美女"等低俗思想,后来该老师被学校除名,并在全省范围内不得被教育系统录用。这件事表面上看起来是当地的教育部门有些小题大做,断了一位老师的为师之路,实际上是这位老师自己言行不当带来的后果。因为老师的这种言论会误导学生,会让学生习得庸俗的甚至是错误的人生观、世界观。教师代表的是社会公认的价值评价体系,应该引导学生树立符合国家发展、社会进步的人生观、价值观,绝不能因学生学习缺乏动力就出此下策。

3. 教师职业的道德性

早在唐代韩愈提出"师者,传道、授业、解惑也"的教师职业定位的同时,也曾以"道之所存,师之所存焉"的判断,表达了对"师"与"道"的依存关系的认识。其实,现今从教师职业实践活动的构成要素看,教育活动的主体与对象都是人,而且,教育的本质在于通过教师群体的劳动,有目的地培养社会所需要的人才。因此,教育过程中必须坚持以人为本,必须追求教育的社会工具价值、育人价值和发展价值的共同实现。这就意味着教育过程中必须讲求基本的伦理精神和道德规范,即教师应有社会责任意识、富于专业理性,须以智慧、热情和宽容之心构建良好的师生关系、教师同伴关系以及家校关系等。此外,教师还要认识到维持以师生关系为核心的各种人际关系的和谐,不仅是教育教学活动的背景,而且直接影响教育教学活动的过程与结果。尤其在新课程背景下,教师应视之为重要的隐性课程资源,应充分认识它对学生的人际交往的潜移默化的影响。

4. 教师职业影响的长效性

十年树木,百年树人。较之于其他社会职业,教师劳动成果的推出,即合格人才的培养,则是一个更长期的过程。因为教师必须在遵循学生身心发展规律的基础上,促进学生身心各方面的不断发展。其间,教师不可拔苗助长,必须铭记"欲速则不达"的常理。再者,许多学生思想品德发展中的具体问题,往往很难一次解决,常会出现反复,需要教师运用集体智慧和个人创造性,做耐心、深入而持久的教育工作,而且,这一系列的工作往往难以收到立竿见影的效果,因此教师劳动具有长期性。再从教师劳动的结果看,学校培养的人才,参与到社会建设中,他们创造的社会价值有一个长期发挥作用的过程。因此,教师的劳动又具有长效性,它影响着学生的终身发展,也影响着整个社会的持续进步。

二、教师职业道德

(一) 教师职业道德的概念

职业道德是人们在职业生活中应当遵守的、与职业实践有密切关系的道德规范和准则,是指某行业从业人员在职业活动中应该遵循的行为准则,是对一定职业的特殊道德要求或者说是社会对某行业从业人员的职业观念、职业态度、职业技能、职业纪律和职业作风等方面的要求。

教师职业道德,是教育生活领域中的道德,也称为"教育道德";因为是对教师所要求的道德,又称为"师德"。

教师职业道德是反映社会道德的要求,同时又是针对教师职业活动领域各种关系提出的规范要求。教师职业道德是在教育实践中处理教育活动中各种关系的行为准则。教师职业道德源于教师的职业实践,是调整各种教师职业关系的行为准则的总称。在教师的职业活动中,不管人意识到与否,都客观地存在着这样或那样的职业关系。从教师职业活动内部看,教师的职业关系有四种基本类型,这就是教师与教育事业的关系;教师与学生的关系;教师与其他教师和教师集体的关系;教师与学生家长和其他相关人员的关系。

教师的职业道德品质是指教师对职业规范认同、内化而成个人的道德信念和行为品质。作为规范的职业道德,体现的是外在因素对教师职业行为的约束性,体现的是教师"应该怎样",具有"他律性";同时,道德行为规范或准则一旦内化成教师的道德观念和行为品质,又体现了教师个体内在的主动性和自觉性,具有"自律性"。因此,教师职业道德是"他律性"和"自律性"的统一。在教育实践中,教师不仅要了解教师职业道德是外在的行为规范和准则,而且要将这些行为规范和准则内化为道德观念和行为品质,实现二者的统一。我国著名德育专家王逢贤教授认为,教师道德"不仅含有道德,也含有世界观、人生观、价值观、政治立场和态度、法纪观念和行为等。它不限于教育活动的需要,也是作为社会的公民和先进分子所应具备的素质"①。

因此,教师职业道德具有以下含义:

第一,教师职业道德的内容反映了鲜明的职业要求,表达了教师的职业义务、职业责任以及职业行为上的道德准则。

第二,教师职业道德的表现形式往往比较具体、灵活、多样。它

---

① 王逢贤. 师德建设的理论思考[J]. 中国教育学刊,1997(4):8-12.

总是从本职业的交流活动的实际出发,采用制度、守则、公约、承诺、誓言、条例,以至标语口号之类的形式。这些灵活的形式既易于为教师所接受和实行,而且也有利于教师形成一种职业的道德习惯。

第三,教师职业道德既调节从业人员内部关系,又调节从业人员与其服务对象之间的关系。因此,教师与同事、教师与学生、教师与学生家长的关系都在其调节范围之中。

第四,教师职业道德既能使一定的社会或阶级的道德原则和规范"职业化",又使个人道德品质"成熟化"。

(二)教师职业道德的特性

教师职业的专业性和道德性决定了教师的职业生活必须是深含道德意蕴的。每个选择了教师职业的人,都必须在工作中全面把握并自觉履行教师职业道德规范。

教师职业道德,从其本质意义上说,与一般道德或其他行业道德不存在本质内涵的差异。教师职业道德是从事教师职业的人应当遵循的行为准则和规范的总和,是一般社会道德在教师职业中的特殊体现,是调整教师与学生、教师与学校、教师与国家、教师与社会相互关系的行为准则。它从道义上规定了教师在教育过程中应该以什么样的思想、情感、态度和作风去待人接物、处理问题,履行教书育人的职责,为社会尽职尽责。正是教师职业具有的特殊性,决定了教师职业道德的基本特性:导向性、全面性、高层次性和发展性。

1. 导向性

教师职业道德中的政治思想、思想意识具有鲜明的方向性与时代性,因此,教师职业道德是学校办学、教师从教方向的保证。教师职业道德规范了教师的职业行为,对新任教师的入职教育具有指导作用,对入职后教师的自我完善、专业成长也具有导航作用;有助于教师自觉自律地框范自身在职业实践中的知、情、意、行,不断提升专业素养,增强人格魅力。

2. 全面性

首先,教师职业道德对于教师群体的要求是一致的,全体教师必须履行教师职业道德的基本规范,这是作为教师要承担其职业角色的必要条件,这也就意味着个别不能履行教师职业道德规范的教师,只能选择离开教师队伍。当然,我们不否认教师群体在努力追求共同的教师职业道德的最高理想中,不同教师个体间存在着职业道德修养水平的差异,但是,必须确保全体教师统一的职业道德修养的基准达标。

其次,虽然教师职业道德是对教师提出的从业要求,但是每位教师个体的道德实践过程是统一于教育教学活动过程的,因此,教师队伍整体的职业道德修养过程与状态,直接影响着一批又一批学生的学习与发展。最终,教师通过培养一代又一代的新人,对社会产生的影响是全局性的、深远而持久的,因此有一代师德、一代民风之说。

3. 高层次性

教师职业道德的形成是一个不断发展的过程,在这一过程中,社会对教师的职业道德要求大致有三个层次:

第一层次是"师德底线"。它是师德最低层次的要求,是指教师不能逾越触犯的师德规则。它是教师职业伦理行为的最低要求,它直指教师的外显行为特征,通常用否定式语言表述,属于"禁行性"的道德规范,如要求教师"不讽刺、挖苦、歧视学生,不体罚或变相体罚学生""不得有违背党和国家方针政策的言行"等。师德底线绝大多数教师是能够达到的,极少数违背规则的教师要受到相应的处分。

第二层次是"师德基准"。它是教师必须遵循的师德原则,是教师处理与教育事业的关系,与受教育者(学生)的关系,与其他教师集体的关系,与家长等人的关系,以及与自身发展的关系中必须遵循的基本要求。"对工作高度负责,认真备课上课,认真批改作业,认真辅导学生"等均属于"师德基准"的范畴,它处于高标准和底线之间,是"普适性""广泛性"的师德规范。

第三层次是"师德高标准"。它是教师职业伦理的最高要求和最理想的境界,是师德教育的总方向。陶行知的"捧着一颗心来,不带半根草去",苏霍姆林斯基的"把整个心献给孩子"以及四川震灾中用身躯和生命保护和换来学生生命的老师们,他们所体现的就是这种无私奉献、献身教育的崇高的师德境界,它是"倡导性""先进性"的高标准师德。

如果说,底线师德的践行是靠他律(外强制)来制约的,基准师德的践行则是靠自律(内强制)来规范的,而践行高标准师德是一种自动化的(无强制)行为,是"第二本能"的体现。正如那些地震中出生入死救护学生的老师答记者问时所说的:"当时什么也没想,是出于教师的本能。"这正好印证了高标准师德的境界。因此,在师德教育中要确保底线,力争高层次、高标准地践行师德。

从教师承担的"提高民族素质、为社会主义事业培养建设者和接班人"的重要使命看,教师必须做到"学为人师、行为世范"。相对于其他行业道德而言,教师职业道德能引起社会更广泛的关注和更高的期望,教师有无限接近最高道德标准的责任。但是,这并不意味着教师职业道德高不可攀,从其基本规范的要求来看,它首先有基础性,是每位教师通过努力可以达成的;其次,教师应志存高远,在教师职业道德的修养中,应执着追求最高的理想境界,严谨自律,以身立教,为人师表。所谓"选择了教师,就选择了高尚"说的就是这个道理。

4. 发展性

教师职业的专业化发展,不仅意味着教师职业整体的专业性要求不断提升,同时意味着从事教师职业者的个体素质须不断发展。这里包括了对教师的职业道德要求,也是随着社会发展和时代进步而不断发展的。回顾历史,我们也可清晰地看到,在不同的社会历史时期,人们对教师应守之"道"的认识和理解,是不断变化发展的。就 2008 年教育部组织修订的《中小学教师职业道德规范》来看,其基本内容继承了我国的优秀师德传统,并充分反映了新形势下经济、社会和教育发展对中小学教师应有的道德品质和职业行为的基本要求。简言之,教师职业道德是传承与创新的成果,表明了教师职业道德的发展性。

教师职业道德是随着教育的发展而发展的。春秋以前,教师职业道德虽然已经出现,但很不系统,往往夹杂于政治道德之中。孔子办私学,广收门徒,提出了许多有关教师职业道德方面的要求,并以《论语》一书集中反映了出来。其中较为著名、对后世影响较大的有:"默而识之,学而不厌,诲人不倦,何有于我哉?"体现了一种有关"学""诲"的师德。"其身正,不令而行;其身不正,虽令不从。""不能正其身,如正人何?"体现了一种"以身作则""言传身教"的师德。此外还有热爱学生、有教无类、不耻下问、知过而改、因材施教、循循善诱等有关教师职业道德方面的著名言论,这些言论逐步形成了我国教育史上早期的教师职业道德规范体系。

百家争鸣时期,荀子、墨子、孟子等对教师职业道德规范又提出了一些见解,如荀子在强调教师要以身作则的同时,又提出教师须具备的四个条件:"尊严而惮""耆艾而信""诵说而不陵不犯""知微而论",实际就是在德行信仰、能力、知识等方面对教师提出了更高的要求。

汉代的董仲舒把"三纲五常"作为教师职业道德的核心要求,又说"善为师者,既美其道,有慎其行",指的是教师的道德品质、知识才干、言谈举止等。唐代韩愈将师德列于对教师要求的首位,云"弟子不必不如师,师不必贤于弟子,闻道有先后,术业有专攻,如是而已"。

宋元明清又对教师的职业道德做了进一步的发展。如朱熹提出把"博学""审问""慎思""明辩""笃行"作为教师的道德规范。明

11

末清初的王夫之则认为"德以好学为极""欲明人者必须先自明"。今天,在社会主义制度下,教师是工人阶级的一部分,是人类灵魂的工程师,担负着培养社会主义事业接班人的艰巨而光荣的任务。社会主义的教师职业道德批判地继承了古代师德的优秀遗产,以共产主义道德的基本原则和行为规范为指导,从根本上区别于以往的教师职业道德,是最先进、最高尚的教师职业道德。

(三)教师职业道德的内容结构

从教师职业包含的基本伦理关系来看,教师职业道德的内容结构主要分为三个层面:教师对社会与国家、对教育工作和学生以及对自身发展的规范。

一是教师对社会、对国家方面的规范。教师是教育者,也是普通公民。教师要为社会尽职尽责,实现教育的社会价值,就必须充满对祖国、对人民的爱,坚守一份理性与责任,拥护中国共产党的领导,拥护社会主义事业,遵纪守法,努力贯彻国家的教育方针,忠诚于党和人民的教育事业。

二是教师对教育工作、对学生方面的规范。作为专业教师,在教育实践中必须保持高度的专业理性和热情,尊重和信任学生,积极与学生沟通交流,充分了解学生。忠于职守,爱岗敬业,自觉自主地履行教书育人的基本职责。在不断探索创新中,实现并提升师生双方的生命价值。

三是教师对自身发展的规范。教师要不断提升专业水平,成为独具风格的教育家,必须志存高远,确立终身学习的理念,不断学习更新,不断完善自我。在教育工作中,教师要建立专业自信,享受职业尊严。在对职业理想的执着追求中,感悟教育的科学性与艺术性,体验自我价值实现的快乐与幸福,不断提升自我。

也有学者从教师职业道德修养角度,提出了教师道德的内容结构:职业道德意识修养和职业道德行为修养。具体说来,教师职业道德修养主要包括职业道德理想、知识、情感、意志、信念和行为习惯六个方面。

1. 树立远大的职业道德理想

职业道德理想是职业道德要求的重要组成部分。有了崇高的职业道德理想才能产生模范遵守职业道德的行为。职业道德理想是社会理想在职业选择和实践中的具体体现,在人们的社会生活中占有重要位置。

确立崇高的职业道德理想,一是要把个人志愿与社会需要结合起来;二是要正确处理教师职业选择与教育才能的关系;三是要正确看待教师的社会地位和待遇;四是要正确看待教师工作的苦与乐。

2. 掌握正确的职业道德知识

职业道德知识是指人们对于客观存在的职业道德关系以及处理这种关系的道德原则、规范的认识。它包括职业道德观念的形成和职业道德行为判断能力的提高。

学习和掌握教师职业道德知识是教师职业道德修养的首要环节和最初阶段。职业道德知识是职业道德情感产生的依据，是职业道德意志锻炼的内在动力，是决定职业道德行为倾向的思想基础。事实证明，在教师职业活动中，有些人之所以出现违反职业道德的不良行为，其重要原因之一就是缺乏对教师职业道德的基本认识，缺乏起码的教师职业道德评价与选择能力。加强教师职业道德修养，提高教师职业道德认识水平，首先要从教师职业道德理论、原则和规范的基本知识的学习入手，其次要把职业道德理论学习和职业道德实践紧密地结合起来，在具体的教育活动中促进教师职业道德认识水平的提高。

3. 陶冶真诚的职业道德情感

职业道德情感是指人们对现实生活中职业道德关系和职业道德行为的好恶情绪，如人们通常对高尚的职业活动产生敬仰和尊重，对违反职业道德的行为产生愤恨和憎恶之情等。教师只有培养起真诚的职业道德情感，才会真正从内心热爱自己所从事的职业，潜心钻研业务，尽职尽责地做好本职工作。教师职业道德情感包括以下几方面内容：

（1）职业正义感。职业正义感是一种最基本、最高尚的道德情感。它要求教师以公正平等的态度来处理人与人、人与社会之间的职业道德关系，维护国家、集体和人民群众的正当合法权益，并同一切危害国家、集体和人民群众的行为做坚决斗争。

（2）职业责任感。职业责任感是教师在职业道德活动中形成的对他人或社会应负责任的内心体验和道德情感。它既是职业道德行为的出发点，又是激励教师实现某种职业道德目标的动力。

（3）职业义务感。职业义务感是教师在履行自己职业责任的过程中产生的一种使命感。职业义务是社会道德义务的一部分，是社会道德义务在人们职业活动中的体现，是劳动者对本职工作、他人和社会所承担的道德上的使命和义务。教师只有具备了强烈的职业义务感才能真正热爱工作，否则就会敷衍塞责。

（4）职业良心感。职业良心感是教师对自己的职业道德行为、对自己同他人及社会职业道德关系的自觉意识和自我评价能力，是一种对职业关系和职业活动是非、善恶的内心体验。它是教师职业责任感和义务感的发展，并与教师对职业道德行为的选择和职业道德实践紧密相连。职业良心对教师的职业活动具有重要的调节作用。

（5）职业荣誉感。职业荣誉感是教师自觉承担职业道德责任、履行职业道德义务之后，对社会因此而给予的肯定评价和褒奖赞扬所产生的喜悦和自豪等情感体验。职业荣誉的衡量不是以个人的财产、特权和地位为标准，而是以对人民、对社会进步事业所做出的实际贡献为标准。教师履行好自己的职责和义务便能受到社会的赞许和尊敬，就能得到崇高的职业荣誉。教师职业所提倡的职业荣誉是同正直、谦虚的美德结伴同行的，它排斥一切虚假和伪善。

（6）职业幸福感。职业幸福感是教师在履行职业责任及其义务、获得职业荣誉之后所产生的一种自我满足和愉悦的情感体验。它是教师从事职业活动最强大的精神动力和根本目的。在社会主义社会，教师应把参加职业活动、履行职业责任和义务视为自己生存发展的首要条件，并以此获得实实在在的职业幸福。每个教师都应该摒弃利己主义和享乐主义的人生观。

4. 磨炼坚强的职业道德意志

职业道德意志是人们在履行职业道德责任和义务的过程中所表现出来的克服困难和障碍的能力和毅力。它是职业道德行为持之以恒的重要精神力量，也是职业道德观念内化为人们职业道德品质的重要因素。它一方面表现在人们的道德意识活动中；另一方面表现在人们能够排除各种困难和阻力，坚定不移地执行由职业道德动机所决定的职业道德行为。

是否具备坚强的职业道德意志是衡量教师职业道德素质高低的重要标志。只有道德意志坚强的人才能有力地控制自己的道德情感和道德行为。教师职业道德意志是产生职业道德信念和养成职业道德行为习惯的前提条件，是职业道德知识和情感转化为职业道德信念和行为的中介环节，也是教师培养良好职业道德品质的重要条件。

5. 确立坚定的职业道德信念

职业道德信念是人们对职业道德理想和职业道德规则现实性、正义性的深刻而有根据的笃信，以及由此而产生的对自己履行的职业责任和义务的真诚信奉。它是正确的职业道德知识、真诚的职业道德情感和坚毅的职业道德意志的"合金"，也是形成职业道德行为的强大动力和精神支柱。只有形成坚定的职业道德信念，人们的职业道德知识、情感和意志才具有稳定性和一贯性，人们的职业道德行为才具有坚定性。教师一旦牢固地树立了某种职业道德信念,就能以持之以恒、坚韧不拔的精神和对工作精益求精的态度,始终不渝地遵守职业道德规则,履行自己的职责和义务,并以此为标准去鉴定、评价自己和他人职业活动的是非与善恶。

6. 养成良好的职业道德行为习惯

职业道德行为是指人们在一定的职业道德知识、情感、意志、信念支配下所采取的自觉活动。职业道德行为的最大特点是自觉性和习惯性。被迫的行为即使有良好的效果,也不能算是道德行为,因为真正的道德行为往往带有习惯性。职业道德行为是衡量人们职业道德品质好坏、道德水平高低的客观依据。职业道德修养的最重要环节就是要把职业道德原则和规范贯彻落实到职业道德行为之中,做到言行一致、知行统一。人们的职业道德知识、情感、意志毕竟都是主观意志的东西,只有将其贯穿并体现在人们的职业道德行为中才具有现实意义。

教师职业道德修养的最终目的是要养成良好的职业道德行为习惯,使教师在没有任何人监督的情况下也能长期自觉地按照职业道德原则和规范办事,积极主动地选择善良的职业道德行为,避免和杜绝邪恶的道德行为。善良的职业道德行为习惯不是偶然的、短暂的举措,而是自然而然、习以为常的行动,它标志着教师的职业道德修养达到了较高的境界。

第二节 教师职业道德养成的途径与方法

一、教师职业道德养成的意义

教师职业道德规范,只有为教师个体所掌握,并在教育实践中将之转化为外在的职业行为习惯、内化为个体的精神品质,其价值才得以实现。这一将"教师道德"转化为"教师德性"的过程和状态,即教师职业道德养成。它是教师将社会对教师群体的统一要求,以个性化方式达成的结果。因此,教师的职业角色内涵就决定了教师德性养成有其重要意义,主要表现在以下几方面:

(一)有利于推进社会文明发展

习近平总书记指出:"一个人遇到好老师是人生的幸运,一个学校拥有好老师是学校的光荣,一个民族源源不断涌现出一批又一批好老师则是民族的希望。"邓小平同志指出:"一个学校能不能为社会主义建设培养合格的人才,培养德智体全面发展、有社会主义觉悟的有文化的劳动者,关键在教师。"①首先,教师职业道德修养的过程,是社会精神文明建设的重要组成部分。其次,教师职业道德修养的结果,是教师自觉履行基本职责,完成"提高国民素质、培养社会主义事业建设者和接班人"这一重要使命的保证。显然,教师职业道德修养关系着国家的前途命运和民族的未来,教师德性水平不断提升,有利于推进社会文明的发展。

(二) 有利于提升教育教学的科学性与艺术性,促进学生的身心健康发展

苏霍姆林斯基说:"学校好比一种精致的乐器,它奏出一种人的和谐的旋律,使之影响每一个学生的心灵——但要奏出这样的旋律,必须把乐器的音调准,而这种乐器是靠教师、教育者的人格来调音的。"苏霍姆林斯基还提出:"学生是怎样来看教师的,他们在教师身上看见和发现了什么,每一个教育者和整个教师集体在学生面前表现了人的品质的哪个方面。能够迫使每个学生去检点自己,思考自己的行为和管住自己的那种力量,首先就是教育者的人格,他的思想信念,他的精神生活的丰富性,他的道德面貌的完美性。"实践表明,良好的教师职业道德修养,即教师具有高度的专业理性、责任感和爱心,有利于增强教师的职业动力,促进教师的教育理念的更新和教育策略的丰富;也有利于教师自主建构生成教育智慧,不断提升教师履职能力,促进教育的科学化、艺术化发展,以不断提升的教育教学质量作保障,让学生最大限度受益,有效促进全体学生的身心健康发展。

(三) 有利于教师自我发展完善

对于教师而言,职业道德不可能与生俱有,只能通过后天不断习得养成。这一过程需要教师根据特定的职业道德规范,不断地自我约束、自我调节、自我激励、自我监控,不断增强自我调控能力,显然,教师职业道德养成有利于教师自我发展的完善和自我价值的实现。尤其在新课程背景下,教师应视之为重要的隐性课程资源,应充分认识它对学生的人际交往的潜移默化的影响。

二、教师职业道德养成的原则

教师职业道德养成是一个持续不断、永无止境的过程。根据

---

① 中共中央文献编辑委员会.邓小平文选(1975—1982)[M].北京:人民出版社,1983:105.

品德形成发展的基本规律,教师要不断而有效地提升德性水平,必须遵循基本的职业道德养成原则。具体概括如下:

(一)知行统一原则

教师在职业道德养成中,应将正确的职业道德认识与良好的职业道德行为实践统一起来,避免知行脱节,甚至知行相背。为人处事,诚信为本,言必行,行必果。

(二)理智与情感和谐原则

教师职业道德养成过程不是每位教师对外在行为规范的被动接纳和生硬服从的过程,而是需要教师具有高度的自觉性和积极性,并富于理性和激情,自觉自愿地根据基本规范的要求进行自主调控,使理智与情感处于和谐状态。

(三)外化引领与自主反思相结合原则

根据品德形成发展的基本规律,教师职业道德养成的过程必然经历一个"他律"向"自律"转化的过程。其中,教师个人自主反思、学校和社会的外力作用都是必不可少的,这种内外的有机结合,将有利于教师职业道德自律水平的提升。

三、提高教师职业道德修养的途径与方法

教师的职业道德不是与生俱来的,而是在长期的教育实践中形成的。加强师德建设是使教师获得或者巩固"师"之"德"的必须而有效的途径。

(一)加强理论学习

道德发展阶段论认为,道德认知水平的高低对道德行为的选择具有重要的制约作用,因此提高教师的职业道德修养就必须先加强道德认知教育,努力学习现代社会教师职业道德理论和标准并使之内化为教师自己的观点、信念和情感,然后外化为个体的行为作用于社会。只有以科学理论为指导,才能提高自觉性,避免盲目性,否则道德修养就会迷失方向。

一要学习马克思主义理论。只有在马克思主义的指导下,社会主义时代人民教师的道德修养才能有别于以往一切时代的教师道德修养,才能体现出时代性、实践性。学习马克思主义理论,要认真领会和准确把握马克思主义观察问题和解决问题的基本立场、观点和方法,培养实事求是的科学态度,确立科学的世界观和人生观,从根本上提高自己的师德觉悟。要坚持用马列主义、毛泽

东思想、邓小平理论和"三个代表"的重要思想以及习近平新时代中国特色社会主义思想教育全体教师,使广大教师牢固树立科学的世界观、人生观和价值观,坚定共产主义和建设有中国特色的社会主义的理想信念。

二要学好教师职业道德理论。教师职业道德理论是社会主义职业道德理论的具体体现,批判地继承了古往今来优良的教师道德传统,指明了教师道德修养的任务、途径和方法。教师进行职业道德理论学习,有助于教师深刻了解其必要性、重要性和标准,从而能自觉地抵制一些消极势力的影响,提高遵守教师道德规范的自觉性,不断升华自己的道德境界。教师应树立终身教育观念、素质教育观念和大教育观念,为适应教育现代化的发展不断完善自己的知识结构和技能结构,构建与教育现代化相适应的、具有鲜明时代特征的教师职业道德观念。

(二)必须投身于教育实践

投身实践也称"践履","践履"这个概念在宋明理学中运用得较为普遍。它的一般意义是行或实践,而其具体内容则多指封建道德的实践躬行。朱熹说:"《大学》之书,虽以格物致知为用力之始,然非谓初不涵养践履,而直从事于此也。"践履是将道德观念、道德规范和道德理想付诸实践的过程。马克思主义伦理观认为,理论与实践相结合是最根本的道德修养方法;只有在改造客观世界的实践活动中,才能改造主观世界;只有在现实的与他人相处的道德关系中,才能改造自己的道德品质。从师德发生与发展的规律看,社会所要求的师德规范是否为教师本人所认同,教师本人在处理师德问题时获得了何种情绪体验,道德意志是否坚定,只有在道德践履中才能获得检验。

实践也是检验教师道德修养客观效果的唯一标准,是教师道德修养的目的、归宿和动力,因此,教师进行道德修养必须投身于社会实践、教育实践。一是要积极投身教育教学实践。教育工作实践是教师职业道德形成的基础,教书育人是教师最基本的实践活动,高尚的教师职业道德是在长期的教育实践中锤炼而成的。二要积极投身于社会主义物质文明和精神文明建设的实践。只有在两个文明建设中,教师道德修养才不会偏离方向,才能在实践中汲取营养,并得到考验。

(三)要坚持不断总结、自主反思,实现师德要求的内化

这是教师提高职业道德的关键所在,教师只有不断总结、自主反思,才能完成品德发展的"他律—自律"的转变。其间,教师须将

外在的职业道德规范,内化为个体的价值观、道德信念,养成内在的个性精神品质,并且外化为行为习惯,交融于教育实践、师生交往过程中。那么,这一往复的"内化""外化"的过程,仅仅依靠外力的作用是不可能促成的,唯有教师主体性觉醒、自主调控,才能实现。有效的教师职业道德建设不能靠灌输和说教,师德教育应改变以往师德教育就是理论"灌输"和师德教育就是政治学习的现象,要为教师搭建一个平台,使教师成为师德教育的主人。这其中关键在于要让教师有自我建构的过程,否认了这个自我建构的过程,也就否认了教师在师德学习中的主体地位和主动性。为了保证教师的自我建构替代教师的灌输说教,要以案例引发反思,用两难问题引发思考,摆冲突引发辩论,用隐喻促进理解,尽可能调动教师参与的积极性,使他们真正成为自我教育的主人。

提高教师职业道德修养,必须使职业道德内化。只有教师自觉地、发自内心地按照外在的职业道德要求行动,才能实现道德的作用。师德作为教师的行为规范,主要通过教师内心的信念起作用,主要依靠教师在师德修养过程中的自我意识和自我觉悟。教师在教育实践中,要注重自我学习、自我修炼、自我约束、自我调控,要培养修身意识、民主意识、学习意识。所以,要想提高教师职业道德修养,必须使其内化,实现职业道德由他律向自律的转化,实现道德人格的完善和满足教师现代化的需要。为此,应当明确职业道德内化的条件、意义,重视教师职业道德修养的过程,把教师职业道德认识、情感、信念、意志和行为等基本要素密切联系,相互渗透构成统一整体,实现教师职业道德修养内化过程的完美发展。

(四)要展开批评与自我批评

教师道德修养的本质是教师在心灵深处进行自我认识、自我教育、自我改造和自我提高。道德修养中的批评与自我批评,相对而言,自我批评更重要,这是教师道德修养的根本方法之一。那么怎样才能开展好自我批评呢?

首先,对自己的思想道德提出高标准、严要求。也就是"立志",下决心,做一名具有高尚师德、献身教育的优秀人民教师的决心,这是攀登师德高峰的起点,也是克服师德修养过程中各种艰难险阻的精神动力。在这方面,许多杰出前辈和优秀教师已经为我们树立了光辉榜样。

其次,要正确认识自己。也就是正确认识自己的优点和不足。有了自我认识,道德修养就有了目标和前提。除了自我认识之外,还需要很好地听取别人的意见,要抱着虚怀若谷的态度来接受领导、同事的意见和建议。同时，教师应该善于从学生的反馈信息中，审视自己，反思自己，寻找不足，加以改进。

再次，要善于控制自己或"战胜自己"。道德修养过程是一个漫长的过程，要坚持不懈，持之以恒，具备坚强的意志和毅力；要从大处着眼，小处着手，长期努力。所以，教师的道德修养也应该从点滴做起，从小事做起，循序渐进。

（五）完善规范、加强制度建设

良好的师德风范的形成固然离不开教师的自身修养和自我塑造，但也需要必要的纪律约束，这是保证教师职业道德规范转化为内在品质的重要环节。

首先，要注重教师职业道德的规范建设，重视编制具体的教师职业道德规范，以保证教师在职业道德习惯养成上和社会对教师道德行为评价上有规可依，有章可循。

其次，要划分师德规范的结构层次，以便于实施操作。教师职业的特殊性决定了师德规范既要有理想性，又要有现实性。师德规范主要可分为师德理想、师德原则和师德规则三个层面的内容。① 师德理想是教师职业行为的最高要求。师德理想体现了教师应该努力的方向，即教师要相信每一个人的价值和尊严，追求真理，力争卓越，培养民主信念。② 师德原则是对教师的中级要求。师德原则受师德理想的制约，是指导教师的行为准则，它主要包括对待学生和对待教育职业两个方面。在对待学生上，要力争帮助每个学生实现自身的潜能，使他们成为有价值的社会成员；在对待职业上，要尽力提升职业标准，创造条件来吸引那些值得信赖的人从事教育工作。③ 师德规则属于对教师职业道德的最低要求，是师德规范的核心部分。它直接影响与限定教师在课堂内外的表现和教学行为，包括教师对待学生要做到的一系列行为规则，教师在自己所从事的职业中不能做的一系列行为。因此，应当结合我国现有的法律规定，细化教师职业道德规范，使教师充分认识到，如果教师违背了职业道德规范，不仅涉及道德问题，而且涉及法律问题，进而养成在法律的意义上强化自己的职业道德意识和行为习惯。

弘扬高尚师德。健全师德建设长效机制，推动师德建设常态化长效化，创新师德教育，完善师德规范，引导广大教师以德立身、以德立学、以德施教、以德育德，坚持教书与育人相统一、言传与身教相统一、潜心问道与关注社会相统一、学术自由与学术规范相统一，争做"四有"好教师，全心全意做学生锤炼品格、学习知识、创新思维、奉献祖国的引路人。

——中共中央 国务院《关于全面深化新时代教师队伍建设改革的意见》（2018 年 1 月 20 日）

第三节 《中小学教师职业道德规范》概述

新的《中小学教师职业道德规范》是指2008年9月1日教育部颁布的《规范》(以下简称新《规范》)。改革开放以来,我国于1985、1991、1997年先后三次颁布和修改了《中小学教师职业道德规范》,对教师职业道德的发展起了积极的推动作用,最后一次颁布和修改《教师职业道德规范》距2008年相距11年,原《规范》条款中许多内容不能满足新时代要求,许多内容需要不断完善。少数教师师德缺失与滑坡,引起了人民群众强烈不满,引起了党中央和国务院高度重视。新颁布的《规范》基本内容继承了我国的优秀师德传统,并充分反映了新形势下经济、社会和教育发展对中小学教师应有的道德品质和职业行为的基本要求。

一、新《规范》体现的基本原则

一是坚持"以人为本"。新《规范》一共六条,不仅是在原《规范》基础上的深化和升华,而且提出了更高的目标和要求,充分彰显了以人为本的思想,充分体现"教育以育人为本,以学生为主体""办学以人才为本,以教师为主体"的理念。如"爱国守法"强调了教师要爱祖国和人民;"爱岗敬业"要求教师"忠诚于人民教育事业";"关爱学生"强调对学生严慈相济,做学生的良师益友,"保护学生安全"更是注重以人为本的教育理念;"教书育人"进一步明确了教育要以学生的发展为中心;"为人师表"同样赋予了"以人为本"的时代含义,不仅与社会主义荣辱观紧密相连,而且对教师的衣着和言行举止、协作精神、廉洁奉公、不谋私利等方面要求具体细致,还增加了对待家长态度方面的要求;"终身学习"更是人本思想的全面要求。

二是继承与创新相结合。新《规范》在认真总结了原《规范》的基本经验基础上,汲取了原《规范》中反映教师职业道德本质的基本要求,如继承了师德规范主旨"爱"和"责任",又充分考虑经济、社会和教育发展对师德提出的新要求,将优秀师德传统与时代要求有机结合。

三是广泛性与先进性相结合。《规范》修订从教师队伍现状和实际出发,面向全体教师,对教师职业道德提出了基本要求,使之成为每位教师自觉遵守的行为准则。如在师德规范修改征求意见过程中,新修订的《规范》中有"十五处"广大教师意见被采纳,从而使《规范》更加具体,更加实际,更有利于全面贯彻落实。同时,在新《规范》中还提出了体现时代精神的新的倡导性要求。如在新《规范》中首次加入"保护学生安全""教书育人""关心学生健康""激发学生创新精神""终身学习"等,这些都是结合时代要求,与时俱进提出的新要求。

四是倡导性要求与禁行性规定相结合。本次修订实施的新《规范》是从教师职业道德的阶段性特征出发,针对当前师德建设中的共性问题和突出问题,在广泛征求意见的基础上,既做出了倡导性的要求,也做出了若干禁行性规定。

例如,倡导性的要求有:第一条"爱国守法"中,倡导"热爱祖国""热爱人民";第二条"爱岗敬业"中,倡导教师"志存高远,勤恳敬业,甘为人梯,乐于奉献";第三条"关爱学生"中倡导"做学生良师益友";第四条"教书育人"中倡导"遵循教育规律,实施素质教育";第五条"为人师表"中倡导"作风正派,廉洁奉公";第六条"终身学习"中倡导"崇尚科学精神,树立终身学习理念"等。

禁止性的规定有:第一条"爱国守法"中"不得有违背党和国家方针政策的言行";第二条"爱岗敬业"中"不得敷衍塞责";第三条"关爱学生"中"不讽刺、挖苦、歧视学生,不体罚或变相体罚学生";第四条"教书育人"中规定"不以分数作为评价学生的唯一标准";第五条"为人师表"中规定"不利用职务之便谋取私利"。

二、新《规范》的突出特点

一是突出了重要性。"教书育人",是旧规范第二条中的一句话,在新《规范》中升格为第四条的条目。这是非常必要的,因为"教书育人"是教师的第一要务,是教师职业区别于其他任何职业的根本所在(如同"治病救人"最准确地描述了医生的职业特征)。

二是体现了时代性。新《规范》新增了"志存高远""素质教育""知荣明耻""终身学习""探索创新"等词,这是21世纪对教师的时代要求,这也是与时俱进在新《规范》中的具体体现。

三是提高了针对性。应该说旧规范有"热爱学生"这一条,"保护学生安全"本是题中之意。但还是被"范跑跑"这样的人钻了空子,这说明旧规范存在意思不明确、针对性不强的漏洞。因此,新《规范》增加"保护学生安全"的内容,很有必要。类似意义上的增加,还有"自觉抵制有偿家教"等。

四是增强了概括性。把旧规范中分散在第五、六、七、八等条内的主要内容,精简压缩到新《规范》第五条"为人师表"之内,进行了概括整合。此外,删除了明显重复的词,如旧规范中的"以身作

📝《中小学教师职业道德规范(2008年修订)》

一、爱国守法。
二、爱岗敬业。
三、关爱学生。
四、教书育人。
五、为人师表。
六、终身学习。
(原文具体内容见附录)

则,注重身教",两词意思很近,新《规范》删去了"注重身教";另将"探索教育教学规律"改为"遵循教育规律"。

五是注重了操作性。新《规范》不仅是增加一条"终身学习",而且每一条都具体化了。比如,在"爱国守法"中,增加了"不得有违背党和国家方针政策的言行";在"爱岗敬业"一条中,又具体化为"三认真一不得",即认真备课上课,认真批改作业,认真辅导学生,不得敷衍塞责;在"关爱学生"一条中,使用了多个四字词组,如"关心爱护、平等公正、严慈相济、良师益友、歧视学生、变相体罚、保护安全、关心健康"等,通过这些词语,细化了关爱学生的具体做法;在"教书育人"一条中,增加了"不以分数作为评价学生的唯一标准"等;在"为人师表"一条中增加了"自觉抵制有偿家教,不利用职务之便谋取私利"。同时,还将"热爱学生"中的"热爱"改为"关爱"一词,将"无私奉献"改为"乐于奉献"等,更具有操作性。

三、新旧《规范》的区别

新旧《规范》的区别主要体现在四个方面:

1. 条目数量由 8 条改为 6 条

教育部新修订的《中小学教师职业道德规范》在条目上由之前的 8 条改为现在的 6 条,但在具体内容上却更充实。比如,在第三条"关爱学生"中,旧条款要求教师对学生严格要求,新条款则修改成"对学生严慈相济,做学生的良师益友"。与此前公布的新《规范》征求意见稿相比,正式公布的版本基本构架相同,但在一些词语使用方面进行了微调。在征求意见稿中,第二条款为"敬业奉献",而正式版中,改回到 1997 年版的"爱岗敬业";"勤勤恳恳,兢兢业业"也被改为更为简练的"勤恳敬业"。而第三条款将"热爱学生"改为"关爱学生",一字之差感觉更人性,更具亲情味。第四条款中的"勇于探索创新,不断提高教育教学水平"则被"循循善诱,诲人不倦,因材施教"所取代。

2. "保护学生安全"首次纳入新规

新修订是根据近年来教育和教师工作的新形势做出的更加科学和有针对性的修订,是根据近年来教育和教师工作出现的新情况、新问题、新特点,在前期充分论证、广泛征求意见、深入研究的基础上进行的。值得一提的是,"保护学生安全"被首次写入新规范第三条"关爱学生"中,明确了"保护学生安全"是教师应遵守的职业精神。

3. 明确抵制有偿家教现象

有偿家教的恶果很明显:一是导致教师"拜金主义",二是影响正常教学进行。新修订的规范首次明确将"自觉抵制有偿家教,不利用职责之便牟取私利""不违规加重学生课业负担,不以分数作为评价学生的唯一标准"列入其中。

4. "终身学习"被单独提出

作为一名教师,只具备与教学相关的专业知识已远远不够。现在社会发展这么快,几乎所有人都需要不断学习,更何况是教师这种特殊行业。所以在新《规范》中,"终身学习"被单独提出。

第四节 《新时代中小学教师职业行为十项准则》出台的过程与内容

2018年11月8日,教育部正式印发实施《新时代中小学教师职业行为十项准则》(以下简称《准则》),此次《准则》是结合新时代、新要求、新形势、新问题制定的教师职业行为规范,既有正面倡导、高线追求,也有负面禁止、底线要求,是对之前教师职业道德规范和"十条红线"等师德底线的继承和发展。《准则》规范的不仅是教师职业道德行为,还对教师提高政治素质、传播优秀文化、积极奉献社会等方面提出要求。《准则》是原则性规定,与此前制定的"红十条"等以及严禁教师违规收受学生及家长礼品礼金、严禁中小学校和在职中小学教师有偿补课的规定与准则结合执行。总之,《准则》是规范教师行为的底线,是每个教师必须遵守的规矩。

一、《准则》出台的重要意义及制定过程

教师是决胜全面建成小康社会、建设社会主义现代化强国的重要力量,是落实立德树人根本任务、培养德智体美劳全面发展的社会主义建设者和接班人的关键。我国各级各类学校有1 600多万专任教师,他们中的绝大多数都敬重学问、关爱学生、严于律己、为人师表,受到学生尊敬和爱戴。但是也有极个别人理想信念模糊,育人意识淡薄,放松自我要求,甚至出现严重违反师德的行为,损害教师队伍形象,影响学生健康成长。同时,在我国发展新的历史方位下,人民群众对更好教育的需要日益增长,知识获取方式和传授方式、教和学关系都发生了革命性变化,这些都对教师队伍能力和水平提出了新的更高的要求。制定教师职业行为准则,明确新时代教师职业规范,针对主要问题、突出问题划定基本底线,加强师德师风建设,是建设政治素质过硬、业务能力精湛、育人水平高超的高素质教师队伍的重要举措,也为教师严格自我约束、规范

职业行为、加强自我修养提供基本遵循。

《准则》研制工作坚持针对突出问题、回应基层声音、凝聚基层智慧，征集了中小学教师代表及全国教书育人楷模、从事教师职业道德及教育法律研究的专家学者、地方教育部门及高校相关负责同志的意见建议，对中小学教师职业道德规范以及教师自律公约进行系统梳理，充分研究分析有关课题研究中对教师、学生、家长关于教师行为规范的调查结果。在此基础上，邀请专家学者、教育部门有关同志、教师代表组成专班，对照新时代新要求、新形势新问题，研究起草了框架稿。之后广泛征求各省级教育部门、部分中小学意见，通过召开座谈会或书面方式征求专家学者和一线教师意见建议，反复讨论修改，形成准则的制度文件。

二、《准则》的特点

一是《准则》具有现实指导性。《准则》是教育部为弘扬高尚师德，明确底线行为，造就党和人民满意的高素质、专业化、创新型教师队伍，针对极个别人理想信念模糊，育人意识淡薄，放松自我要求，甚至出现严重违反师德的行为，损害教师队伍形象，影响学生健康成长而制定的。因为教师是决胜全面建成小康社会、建设社会主义现代化强国的重要力量，是落实立德树人根本任务、培养德智体美劳全面发展的社会主义建设者和接班人的关键，所以这是建设政治素质过硬、业务能力精湛、育人水平高超的高素质教师队伍的重要举措，也为教师严格约束、规范职业行为提供依据。

二是《准则》具有实际针对性。《准则》结合中小学教师队伍的不同特点，提出十条针对性的要求，包括坚定政治方向、自觉爱国守法、传播优秀文化、爱岗敬业、关爱学生、诚实守信、廉洁自律等方面，每一条既提出正面倡导，又划定师德底线。其中，坚定政治方向、自觉爱国守法、传播优秀文化等是共性要求，爱岗敬业、关爱学生、诚实守信、廉洁自律等几个方面，结合中小学教师中的不同表现、存在的问题提出了不同的要求，更贴合实际、更具现实针对性。

三是《准则》具有素养增强性。《准则》促进中小学教师提高政治思想道德素养。①《准则》政治站位正确，能增强四个意识。从教师职业承担的重要使命和责任上，处理好个人利益和国家、社会利益的关系，处理好个人理想和民族梦想的关系，集聚奋斗力量，做新时代的见证者、开创者、建设者。②《准则》增强底线意识，基本定位适当。准则中的禁行性规定是底线，是从事教师职业的最低要求，是各级各类学校教师必须遵守的，是不可触碰的红线。③《准则》思想行动一致，理解认识到位。准则中的禁止性规定，

25

不是"体检结果",是"预防保健手册",是对广大教师的警示提醒,是严管厚爱,引导广大教师结合教书育人实践,时刻自重、自省、自励,增强行动自觉,做以德立身、以德施教、以德育德的教师,承担职责使命。

三、《准则》的内容

《新时代中小学教师职业行为十项准则》(教师〔2018〕16号)

教师是人类灵魂的工程师,是人类文明的传承者。长期以来,广大教师贯彻党的教育方针,教书育人,呕心沥血,默默奉献,为国家发展和民族振兴做出了重大贡献。新时代对广大教师落实立德树人根本任务提出新的更高要求,为进一步增强教师的责任感、使命感、荣誉感,规范职业行为,明确师德底线,引导广大教师努力成为有理想信念、有道德情操、有扎实学识、有仁爱之心的好老师,着力培养德智体美劳全面发展的社会主义建设者和接班人,特制定以下准则。

一、坚定政治方向。坚持以习近平新时代中国特色社会主义思想为指导,拥护中国共产党的领导,贯彻党的教育方针;不得在教育教学活动中及其他场合有损害党中央权威、违背党的路线方针政策的言行。

二、自觉爱国守法。忠于祖国,忠于人民,恪守宪法原则,遵守法律法规,依法履行教师职责;不得损害国家利益、社会公共利益,或违背社会公序良俗。

三、传播优秀文化。带头践行社会主义核心价值观,弘扬真善美,传递正能量;不得通过课堂、论坛、讲座、信息网络及其他渠道发表、转发错误观点,或编造散布虚假信息、不良信息。

四、潜心教书育人。落实立德树人根本任务,遵循教育规律和学生成长规律,因材施教,教学相长;不得违反教学纪律,敷衍教学,或擅自从事影响教育教学本职工作的兼职兼薪行为。

五、关心爱护学生。严慈相济,诲人不倦,真心关爱学生,严格要求学生,做学生良师益友;不得歧视、侮辱学生,严禁虐待、伤害学生。

六、加强安全防范。增强安全意识,加强安全教育,保护学生安全,防范事故风险;不得在教育教学活动中遇突发事件、面临危险时,不顾学生安危,擅离职守,自行逃离。

七、坚持言行雅正。为人师表,以身作则,举止文明,作风正派,自重自爱;不得与学生发生任何不正当关系,严禁任何形式的猥亵、性骚扰行为。

八、秉持公平诚信。坚持原则，处事公道，光明磊落，为人正直；不得在招生、考试、推优、保送及绩效考核、岗位聘用、职称评聘、评优评奖等工作中徇私舞弊、弄虚作假。

九、坚守廉洁自律。严于律己，清廉从教；不得索要、收受学生及家长财物或参加由学生及家长付费的宴请、旅游、娱乐休闲等活动，不得向学生推销图书报刊、教辅材料、社会保险或利用家长资源谋取私利。

十、规范从教行为。勤勉敬业，乐于奉献，自觉抵制不良风气；不得组织、参与有偿补课，或为校外培训机构和他人介绍生源、提供相关信息。

思考与练习

1. 请谈谈为什么教师职业道德要坚持高标准的要求？
2. 案例分析。

案例一： 2002年2月，美国一所中学28名学生在完成一项生物课作业时，从互联网上抄袭了一些现成的材料，被任课女教师发现，28名学生生物课得零分，他们还将面临留级的危险。在一些学生家长的抱怨和反对下，学校要求女教师提高学生的分数，女教师愤然辞职，学校有近一半的老师表示，如果学校要求老师改分数，他们也将辞职。教师们认为：教育学生成为诚实的公民比通过一门生物课的考试更为重要。社会上一些公司要求学校公布这28名学生的名单，以确保公司永远不录用这些不诚实的学生。

（1）案例说明了什么道理？
（2）那位女教师为什么要这样做？

参考答案：（1）案例说明了诚信的重要性。

（2）那位女教师之所以这样做是因为诚信是为人之本、治家之本、立企业之本，也是社会之本、国家之本。每个人的生存都依赖于别人的诚信。诚信是一切道德的基础和根本，是人之为人的最重要的品德，是一个社会赖以生存和发展的基石。一个民族或一个国家一旦丧失或弱化了诚信意识，各种不道德和腐败现象的产生就是必然的了。一个信用缺失，道德沦丧的国度，不可能有快速、持续发展的经济。只有讲诚信，才能建立正常的政治秩序，维护安定团结的政治局面；只有讲诚信，才能建立正常的经济秩序；只有讲诚信，才能建立正常的生活秩序。而学校作为教育的重要阵地，理应承担起对学生品行教育的重要责任。作为教师理应学高为师，身正为范，要教育学生诚实守信，教师必须要严格要求自己,处处为学生做出榜样和表率作用。

案例二:高中历史课上,教师让学生阅读有关古希腊和中国古代神话的两段描述,然后,提问:"从这两段描述中,可以发现古希腊和古代中国神话有什么不同?"学生甲回答:"希腊神话有比较完整的系统,而中国神话比较零散。"

教师点评道:"这位同学的回答很不完整,哪位同学来补充一下?"这时,甲同学羞得满脸通红,而班里则是一片宁静。

(1) 教室里为什么会出现"一片宁静"?

(2) 请对老师的"点评"进行点评。

参考答案:(1)教室里出现"一片宁静"的原因是因为教师对甲学生的回答虽然没有批评、指责,但没有准确点评,反而用"很不完整"予以了否定,使答题的学生缺乏自信心,同时教师的态度情感也直接影响了答题学生的学习情绪,而且也感染了其他同学并产生了不良的消极情绪。

(2)课堂点评,应有利于师生之间、生生之间的交流与沟通,有利于教师对自身教学活动的反省并做出恰当的教学决策,有利于激发学生的学习热情,促进学生的自主人格健康发展。良好的课堂点评在引导学生思维步步拓展、引导课堂讨论走向深入,使课堂教学得以升华方面起着重要的作用。

该老师的"点评"问题在于对学生的回答给予了无情的否定,这会直接影响答题学生的学习情绪,因此教师要用富有感情、精练的语言去点评,这样势必会在学生的心中激起感情的涟漪,让他们得到心理上的满足。为此,老师要善于倾听。善于倾听意味着平等与尊重。当然,新课程也不拒绝指正性、否定性的点评。对于处在成长期的学生来说,教师应该多激励,少批评,但教师过度的激励、赏识会造成学生自我感觉太好,对学习、工作的困难性产生低估,同时使激励性评价贬值。但是,指正性、否定性评价要以尊重学生人格、不伤害其自尊心为前提。同时教师对学生回答问题的点评有时不应只局限于答案的正确与否。学生答题时出现偏颇在所难免,此时教师不能一叶障目,以偏概全,简单以答案的对错来下结论,而应全面看待学生的回答。可以对他们的思路、语言、体态等做出具体分析,努力去发现其中的积极因素,给学生以某一方面、某种程度的肯定。

第二章
爱国守法

聚焦考试大纲

1. 掌握爱国守法的内涵与意义。
2. 掌握爱国守法的行为要求。

新《规范》的具体内容

热爱祖国,热爱人民,拥护中国共产党领导,拥护社会主义。全面贯彻国家教育方针,自觉遵守教育法律法规,依法履行教师职责权利。不得有违背党和国家方针政策的言行。

《新时代中小学教师职业行为十项准则》要求

一、坚定政治方向。坚持以习近平新时代中国特色社会主义思想为指导,拥护中国共产党的领导,贯彻党的教育方针;不得在教育教学活动中及其他场合有损害党中央权威、违背党的路线方针政策的言行。

二、自觉爱国守法。忠于祖国,忠于人民,恪守宪法原则,遵守法律法规,依法履行教师职责;不得损害国家利益、社会公共利益,或违背社会公序良俗。

三、传播优秀文化。带头践行社会主义核心价值观,弘扬真善美,传递正能量;不得通过课堂、论坛、讲座、信息网络及其他渠道发表、转发错误观点,或编造散布虚假信息、不良信息。

📲 扫描目录二维码,观看微课视频:爱国守法。

"爱国"是每一个公民对国家和民族的深厚情感,是一种对国家的高尚情怀。"守法"就是遵守国家的宪法和法律法规。爱国守法是对每个公民的基本要求,也是教师职业的政治伦理要求,它是教师与国家、民族、事业间道德关系的概括。

第一节 爱国的概念与内涵

一、爱国的概念

爱国,是每一个公民都应当自觉履行的责任和义务,是一种高尚的道德情感,也是每个教师的神圣职责和义务。在我国公民的基本道德规范中,摆在首位的是爱国,这充分说明了爱国是每个公民都应履行的首要道德责任。

国家,是人类社会发展到一定阶段的组织形式。有了国家,就有了爱国这个概念。国家是什么呢? 较为完整的现代国家概念应该包括以下几方面的解释:① 从地理意义上来说,国家是指地球上的一部分人民长期生活的某一些相对固定的国土(包括领土、领海、领空)。② 从权利意义上来说,国家是地球上的某一些已经确定了所有权和管理权(统治权)的相对固定的区域。③ 从职能意义上来说,国家就是保卫一定区域内人民不受其区域以外势力侵犯与压迫,并保证区域内人民安居乐业,自由、平等、有序地工作、生活的权力机构。一般来说,这个权力机构就是指政府。由以上解释,我们可以发现组成国家的三项基本要素:国土(包括领土、领海、领空),国民(民族或人民),政府(根据国家的性质不同,可以被称为统治者、管理者、服务者)。另外,组成国家的次要素还有自然资源(包括江河湖海、高山冰川、动植物、地下矿藏等)、自然风光、基本固定的地理与气候特征、历史文化、政治制度、经济制度、宗教信仰、民俗民性、价值观等。

爱国作为公民的道德责任,反映了个人与国家关系中的行为规范,反映了个人与国家的依存关系。一方面,国家要保护自己公民的合法权益,改善民生,不断为本国公民谋求福利。同时,国家制定法律规则,建立秩序社会,维护社会的公平正义,使她的每个公民不受歧视,不受到不公正对待。在与别国的各种交往活动中,国家会保护本国公民(法人组织、社会团体)的人身、财产等相关利益。另一方面,作为对等的要求,国家也要求本国公民树立国家利益至上的意识,维护国家的利益,维护和争取祖国的独立、统一、富强和荣誉,并期待公民能为国家做出自己力所能及的贡献,如期待公民在日常的生产生活、国际交往中,积极践行细小的点滴的爱国行为;如在国外旅游时,注重自己的言行,节约用水,爱护环境都是爱国。这就是爱国这种道德的内在逻辑。

因此,爱国不全是宏大的情怀,也不一定要在国家冲突中才能展现,它更多的是体现在对单位的尽职,对社会的尽心,对国家的尽力。当然,在国家冲突的过程中,这种情感会更加强烈,人民会更加团结,同心协力一致对外。

爱国就是热爱自己的国家,就是热爱你"生于斯,长于斯"的国家,热爱你祖祖辈辈生活的国度。列宁曾说:"爱国主义就是千百年来巩固起来的对自己祖国的一种最深厚的感情。"习近平在中共中央政治局第二十九次集体学习时强调:"爱国主义是中华民族精神的核心。爱国主义精神深深植根于中华民族心中,是中华民族的精神基因,维系着华夏大地上各个民族的团结统一,激励着一代又一代中华儿女为祖国发展繁荣而不懈奋斗。5000 多年来,中华民族之所以能够经受住无数难以想象的风险和考验,始终保持旺盛生命力,生生不息,薪火相传,这同中华民族有深厚悠久的爱国主义传统是密不可分的。"

弄清楚爱国的概念及其含义之后,我们可以得出一个为什么要爱国的基本推论:因为国家是生养我们的地方,养育我们祖先的地方;因为国家有我们的亲人、朋友,有我们喜爱的文化传统和民俗风情;因为国家保护我们的安全与幸福,尊重我们的自由与权利;因为国家让我们感到温暖、亲切,充满希望,所以,我们才爱国,由衷地热爱自己的国家。

在这种道德逻辑中,隐含一个问题,就是如果国家没有承担起应有的责任,不能保障个人的权益,甚至有对个人的不公平,是否会产生不爱国的思想、情感和行为呢? 客观讲,一定程度上会有这种现象。但是爱国主义是一个民族长期凝结起来、积淀起来的对祖国最深厚、最高尚的感情,当情到深处,许多爱国志士,会对国家存在的问题哀其不幸、恨其不争,从而发愤图强,报效祖国。面对个别地方、政府部门与个别人的贪污腐化行为,面对自己受到不公正待遇而以理智的行为、正常的途径表达自己的诉求,相信国家给自己一个公正的说法,这是一种爱国行为。我国历史上有无数的爱国志士的爱国行为,正是这种情感的真实写照。陈毅元帅说:"祖国如有难,汝应作前锋。"周恩来总理说:"我们爱我们的民族,这是我们自信心的泉源。"再如,从屈原的"虽九死亦犹未悔"到司马迁的"常思奋不顾身,而殉国家之急";从班固的"爱国如饥渴"到诸葛亮的"鞠躬尽瘁,死而后已";从顾炎武的"天下兴亡,匹夫有责"到徐锡麟的"只解沙场为国死,何须马革裹尸还";从林则徐的"苟利国家生死以,岂因祸福避趋之"到毛泽东的"问苍茫大地,谁主沉浮",再到邓小平的"我是中国人民的儿子,我深情地爱着我的祖国和人民",他们都自觉肩负起救国救民的重任,他们的伟大思想和光辉实践都说明了爱国主义情感的高尚性、无私性和排他性。

个人利益服从祖国利益、民族利益,是爱国主义道德规范最基本的要求。之所以要求个人利益服从祖国利益、民族利益,是因为离开祖国提供的环境,离开国家的长远发展,个人的利益就没有保障。同时也应清醒地看到,在祖国利益、民族利益和个人利益根本一致的前提下,也会由于不同原因产生这样或那样的利益矛盾。爱国主义道德规范要求即使在发生利益矛盾时,也要坚持个人利益服从祖国利益、民族利益。

二、教师热爱祖国的重要意义

爱国主义从内涵上来看,有这几个层次:对自己祖国的一种归属感、认同感、尊严感和荣誉感,这种情感随着理性的认识要升华为爱国,也就是说热爱祖国,不仅表现在热爱自己生活的地域、疆土、国度,而且要关心国家的前途和祖国的命运;不仅表现在对祖国的深厚情感,更表现为民族自尊、自信、自强的精神。

人民教师强烈的爱国之情,则表现为深深地爱自己的教育事业,满腔热情地教书育人,竭尽全力为祖国培养优秀人才;把热爱祖国之情,倾注到学生身上,全身心地投入教育事业中。

(一) 热爱祖国是教师献身教育事业的思想基础

马克思在《青年在选择职业时的考虑》中说过这样一段话:在选择职业时,我们应该遵循的主要指针是人类的幸福和我们的完美,不应该认为这两种利益是敌对的、相互冲突的,一种利益消灭另一种的。人类的天性本来是这样的:人们只有为同时代人的完美、为他们的幸福而工作,才能使自己也达到完美。伟大的人生目标往往产生于对自己祖国深厚的爱。一个人对祖国爱得越深,历史责任感就越强烈,人生目标就越明确,人生信念就越坚定。古往今来,彪炳中华民族史册的,无一不是忠诚的爱国者。他们之所以能够做出一番事业,使自己的人生有意义、有价值,根本原因在于对自己祖国和人民有一颗滚烫的赤子之心。

(二) 热爱祖国是教师献身教育事业的动力源泉

爱国主义是一种精神支柱,也是一种动力源泉。一个教师只有热爱祖国,才能把个人的命运同国家前途和命运统一起来,才能充分认识到祖国的存在和发展是个人存在和发展的前提,祖国的命运和个人的命运有着血肉一般不可分割的关系。要充分认识到没有祖国,没有中国共产党,没有社会主义,教师的个人价值就无法实现,更不可能实现自己的人生理想。因此,教师必须自觉地与祖国同呼吸,共命运,把祖国的利益、党的利益、人民的利益看成高于一切、重于一切,把教育事业看成祖国社会主义事业的一部分,甘愿为此奋斗一生。苏联教育家苏霍姆林斯基在给儿子的信中有这样一句话:一个真正热爱祖国的人,在各方面都是一个真正的人。

特级教师霍懋征是这样说的:我知道孩子是祖国的花朵,是祖国未来的建设者,爱孩子就是爱祖国,我要把热爱祖国、热爱教育事业之情,倾注到我的学生身上,全身心地投入小学教育事业中。北京景山学校著名特级教师马淑珍老师是这样说的:"我虽然天天战斗在三尺讲台前,每节课教儿童识几个汉字,但这几个汉字却连接着祖国。"是的,对祖国的爱,能不断激励教师努力工作。

资料链接

湖南省郴州市苏仙区塘溪乡五马垅小学是一座海拔1 100米的瑶族村寨学校。2000年之前,这所学校不通电,不通邮,不通电话,不通公路。没有班车,没有有线电话。在这里,38岁的女教师盘振玉度过了22个春秋。22年间,这个只有二三百人的小山村,有167人先后成为盘振玉的学生。她教书育人,传递知识,播撒快乐,感受着独特的幸福和快乐。22年来,五马垅小学先后有13名学生考上了大中专学校,其余的也大都完成了九年制义务教育。近10年,这个村的适龄儿童入学率和巩固率均达到100%。2000年,她当选为郴州市苏仙区政协委员。2004年教师节前夕,盘振玉荣获"全国师德标兵"的称号。

谈到是什么使自己在这样艰苦的环境中坚守了22个春秋时,她说:在我心中,教师是一个神圣的职业,我深深地热爱自己的教师职业。让瑶山孩子掌握文化知识,改变贫穷落后面貌,是我执着于教育事业的精神源泉和不竭动力。为了这些孩子,我宁愿一辈子与大山厮守。

(选自中国网2004年11月11日)

三、爱国道德的心理结构

任何一种道德都包含道德认知、道德情感、道德行为,爱国道德也一样。认知是灵魂,情感是基础,行为是体现。只有做到爱国的思想认识、情感与行为一致的人,才是真正的爱国者。

(一) 爱国的道德认知

爱国的道德认知不仅在于,每个人能想明白,我为什么要爱国?我怎样才算爱国?还在于对一些关于国家与民族及国际关系有正确的认识。

1. 爱国主义与国际主义

国际主义是指一个国家及其国民要坚持国际团结的根本观点,它的基础是全世界各国人民具有共同的利益和奋斗目标。国际主义要求各国在独立自主的前提下,在马克思主义基本原理的基础上联合起来,各国劳动人民在反对霸权主义,反对剥削和压迫,争取民族解放,建设自己国家的过程中,相互支持,相互援助。

无产阶级的国际主义和爱国主义是相统一的。无产阶级的国际主义是从本国人民和世界各族人民共同的根本利益出发的。离开了对祖国的爱戴,就谈不上实行国际主义;离开了祖国的独立富强,也不能很好地履行和坚持国际主义义务。离开国际主义的爱国主义,是不彻底、不完整的;离开爱国主义的国际主义是空洞的,没有根基的。

践行国际主义是各国无产阶级应尽的义务。无论是哪个国家和民族的无产阶级,都肩负着消灭剥削制度,建设社会主义,实现共产主义的历史使命。无产阶级只有解放了全人类,才能最后解放自己;只有坚持国际主义,才能实现共产主义;只有全世界无产者联合起来,才能取得最后胜利。

毛泽东同志在《纪念白求恩》一文中,对爱国主义和国际主义有一段论述:"我们要和一切资本主义国家的无产阶级联合起来,要和日本的、英国的、美国的、德国的、意大利的以及一切资本主义国家的无产阶级联合起来,才能打倒帝国主义,解放我们的民族和人民,解放世界的民族和人民。这就是我们的国际主义,这就是我们用以反对狭隘民族主义和狭隘爱国主义的国际主义。"[1]

2. 爱国主义与民族主义

可以从心理和政治两个层面来界定民族主义。在心理上,民

---

[1] 《纪念白求恩》(1939年12月21日),《毛泽东选集》第二卷,第653页。

族主义是一种心理状态。这种心理状态是一种民族自豪感。在政治上,民族主义是一个民族追求建立自己国家的政治运动。政治上的民族主义是一把双刃剑,它曾唤醒了被压迫民族要求解放和独立的意识,也引起过军国主义、帝国主义、种族优越主义及战争等罪恶。在历史上,不同的政治制度和意识形态都曾经利用过民族主义。

一个理性的爱国主义者,都是认同本民族,热爱本民族,反对狭隘的民族主义的。那些只认为本民族是最优秀的,其他民族都是落后的观点是不正确的。如孤立不与其他民族交往,闭关锁国的民族主义;幻想自己的民族统治世界,其他民族臣服的幻想式民族主义;等等,都是狭隘的民族主义。

另外还有一种民族主义,就是争取自己民族的权力,同时承认其他民族也有相应的权力,承认民族之间的矛盾,同时也积极解决矛盾,不将责任推给别人,这是具有国际主义精神的民族主义。

在每个国家中,各种形式的民族主义都有其现实存在,这反映了社会意识形态的丰富多样性。当代科学技术高速发展,信息交流迅速与频繁,以往不发达时代形成的民族之间的鸿沟将日益缩小。

(二)爱国情感的特点

爱国主义情感是人们在一定的理想信念指导下,按照一定的行为规范和模式,与祖国这个自然的、社会的、精神的环境整体长期交互作用下产生,并不断巩固和发展起来的对自己祖国的一种具有肯定性质的心理倾向。

1. 爱国主义情感具有持久性

爱国主义情感是由祖国这个情感对象引起的。祖国是爱国主义情感产生的客观前提。人总是生活在祖国这个自然的、社会的、精神的环境中,人的各种价值需要总是在祖国这个环境中得到满足的。得到越多,情感越浓厚,经历时间越长,情感越持久。这种情感还可以通过代际的学习得以传承。祖国的前途和命运决定着个人的前途和命运,个人和祖国的关系是血肉相连、唇齿相依、不可分割的关系,只要有这种关系的存在,就有爱国主义情感的存在。

2. 爱国主义情感具有稳定性

爱国主义情感的稳定性,是指爱国主义情感能够反复起作用的特性。人类的高级情感是具有稳定性的情感。具有稳定性的情感是由稳定的社会关系决定的。爱国主义情感主体与祖国的关系是一种稳定的社会关系,这种稳定的社会关系,决定了情感主体对自己祖国具有肯定性质的稳定的心理倾向。无数事实证明,爱国主义情感具有较强的稳定性,主要表现为爱国主义情感既不会因主体所受的时空变化而转移,也不会因外力对主体的压制而扭曲,还不会因祖国的贫穷落后而改变,更不会因祖国遇到了灾难而背离。

3. 爱国主义情感具有深刻性

爱国主义情感的深刻性,是指爱国主义情感的体验、表现及对主体的作用较之其他情感具有最深刻的特性。历史的熔铸和提炼使爱国主义情感具有无比深刻性。爱国主义情感的产生和发展,和一个民族的历史一样深远和久长。中华民族的爱国主义情感是在中华民族漫长的历史岁月中,在中华民族世世代代改造山河、建设家园的劳动中,在改造社会、反抗剥削和压迫的斗争中,在保卫家园、抵御外敌入侵的战斗中,在中国人民的精神世界中,不断熔铸和提炼而成的。

环境的熏陶和影响,也使得爱国情感具有深刻性。民族共同体的成员在祖国这个大家庭中,每天都接受着中国各族人民所创造的物质文化、政治文化、精神文化的熏陶;每天都享用着中国各族人民所创造的物质文明、政治文明和精神文明成果的恩惠。爱国主义情感在祖国这个环境中不断得到强化和积淀,从而变得刻骨铭心。

4. 爱国主义情感具有爆发性

爱国主义情感的爆发性,是指爱国主义情感有时以爆发的形式表现的特性。

重大社会事件是爱国主义情感爆发性形成的直接原因。由于重大事件对人的心灵震动最大,对人的命运关系最大,对人的生活影响最大,因此最容易引起人们情绪激动,使爱国主义情感以激情的形式爆发出来。当爱国情感以激情形式在大规模的公众场合出现时,最容易产生"循环连锁反应",引起集体的激动,互相感染,从而使情感占据心灵的主导地位,意志和理智则被挤到次要的、服从的地位。这时更需要理智的引导和冷静的思考。

(三)爱国的行为是爱国道德的根本

爱国主义经常依靠各种形式的行为来表达。爱国的道德行为有多种类型,有人把它分为由衷的自觉、感性的自愿和被动的自愿三种。由衷的自觉就是人们对爱国高度认知,情感高度认同,行为极其自觉;感性的自愿就是依凭个人的直观感知,凭一腔热血,报效祖国;被动的自愿就是不知爱国的方式、方法、方向,往往在别人的带领、要求下,愿意为国家服务、效力。

也有人把爱国的行为分为个人爱国主义、官方爱国主义、符号爱国主义、对他国的爱国主义。[①] 个人爱国主义是一种建立在自我对国家认识基础上的感性、自愿的爱国主义。这种类型的爱国者有着某种确定的爱国观,如对国旗保持尊敬、对领袖的爱戴等。不仅如此,他们坚持认为,所有的公民,都应该具有与其本人相同的爱国观,而不允许有例外。

官方爱国主义,即政府倡导的爱国主义一般有高度象征化和仪式化的内容,这些内容的陈述对爱国主义的推行有着逻辑性的关联,它是国家自身的逻辑推论。如国家纪念碑、阵亡将士纪念日、伟人/历史事件纪念节等都是象征化、仪式化的典型例子。政府也可能会出于各种原因,发起一些爱国主义运动,来提升公民对国家与国家标志物的认同。官方爱国主义通常有着严格的仪式,比如对升降国旗的规定、致敬礼和忠诚的形式。

符号爱国主义极度依赖于一些符号行为,如升国旗、唱国歌、举办大型国家庆典。也有个人的一些符号行为,如在车驾上贴上爱国的标签、身体上画国旗图案等来表达对国家的忠诚。在战时,符号爱国主义常用于提升士气、增加战时的努力。而在和平时期,更多是表现于日常细小的行为中,例如,重大活动中向国旗致礼、唱国歌的行为,在与外宾交往中的不卑不亢,在国外学习、工作、旅游时的文明言行都是爱国的行为。

对他国的爱国主义,也有人出于对他国的国家理念的认同、情感的转移等,而坚定地热爱别国。历史上的确有一些人为了他国而战斗。

四、习近平同志对新时代爱国主义内涵的论述

关于如何弘扬爱国主义精神,习近平同志曾提出五点具体要求,对于我们正确把握当代中国爱国主义精神内涵、进行爱国主义思想教育具有重要指导意义。

1. 要把爱国主义教育作为永恒主题

全国各族人民一定要弘扬伟大的民族精神和时代精神,不断增强团结一心的精神纽带、自强不息的精神动力,永远朝气蓬勃迈向未来。

---

① http://baike.sogou.com/v458286.htm? fromTitle=％E6％84％9B％E5％9C％8B％E4％B8％BB％E7％BE％A9.

——2013 年 3 月 17 日,习近平在第十二届全国人民代表大会第一次会议上的讲话

要把爱国主义教育贯穿国民教育和精神文明建设全过程。

——2015 年 12 月 30 日,习近平在中共中央政治局第二十九次集体学习时的讲话

我们要弘扬社会主义核心价值观,弘扬以爱国主义为核心的民族精神和以改革创新为核心的时代精神,不断增强全党全国各族人民的精神力量。

——2016 年 7 月 1 日,习近平在庆祝中国共产党成立 95 周年大会上的讲话

广泛开展理想信念教育,深化中国特色社会主义和中国梦宣传教育,弘扬民族精神和时代精神,加强爱国主义、集体主义、社会主义教育,引导人们树立正确的历史观、民族观、国家观、文化观。

——2017 年 10 月 18 日,习近平在中国共产党第十九次全国代表大会上做的报告

2. 要坚持爱国主义和社会主义相统一

广大留学人员要把爱国之情、强国之志、报国之行统一起来,把自己的梦想融入人民实现中国梦的壮阔奋斗之中,把自己的名字写在中华民族伟大复兴的光辉史册之上。

——2013 年 10 月 21 日,习近平出席欧美同学会成立 100 周年庆祝大会时的讲话

我国爱国主义始终围绕着实现民族富强、人民幸福而发展,最终汇流于中国特色社会主义。祖国的命运和党的命运、社会主义的命运是密不可分的。只有坚持爱国和爱党、爱社会主义相统一,爱国主义才是鲜活的、真实的,这是当代中国爱国主义精神最重要的体现。今天我们讲爱国主义,这个道理要经常讲、反复讲。

——2015 年 12 月 30 日,习近平在中共中央政治局第二十九次集体学习时的讲话

广大家庭都要把爱家和爱国统一起来,把实现家庭梦融入民族梦之中,心往一处想,劲往一处使,用我们 4 亿多家庭、13 亿多人民的智慧和热情汇聚起实现"两个一百年"奋斗目标、实现中华民族伟大复兴中国梦的磅礴力量。

——2016 年 12 月 12 日,习近平在会见第一届全国文明家庭代表时的讲话

爱国,不能停留在口号上,而是要把自己的理想同祖国的前途、把自己的人生同民族的命运紧密联系在一起,扎根人民,奉献国家。

——2018 年 5 月 2 日,习近平在北京大学师生座谈会上的

讲话

3. 要维护祖国统一和民族团结

团结稳定是福,分裂动乱是祸。要坚持各民族共同团结奋斗、共同繁荣发展的主题,深入开展民族团结宣传教育,使各民族同呼吸、共命运、心连心的光荣传统代代相传。

——2014 年 3 月 4 日,习近平看望出席全国政协十二届二次会议的少数民族界委员时的讲话

要教育引导全国各族人民像爱护自己的眼睛一样珍惜民族团结,维护全国各族人民大团结的政治局面,不断增强对伟大祖国、中华民族、中华文化、中国共产党、中国特色社会主义的认同,坚决维护国家主权、安全、发展利益,旗帜鲜明反对分裂国家图谋、破坏民族团结的言行,筑牢国家统一、民族团结、社会稳定的铜墙铁壁。

——2015 年 12 月 30 日,习近平主持中共中央政治局第二十九次集体学习时的讲话

维护国家主权和领土完整,实现祖国完全统一,是全体中华儿女共同愿望,是中华民族根本利益所在。

——2018 年 3 月 20 日,习近平在第十三届全国人民代表大会第一次会议上的讲话

4. 必须尊重和传承中华民族历史和文化

"求木之长者,必固其根本;欲流之远者,必浚其泉源。"中华优秀传统文化是中华民族的精神命脉,是涵养社会主义核心价值观的重要源泉,也是我们在世界文化激荡中站稳脚跟的坚实根基。

——2014 年 10 月 15 日,习近平在文艺工作座谈会上的讲话

弘扬爱国主义精神,必须尊重和传承中华民族历史和文化。对祖国悠久历史、深厚文化的理解和接受,是人们爱国主义情感培育和发展的重要条件。

——2015 年 12 月 30 日,习近平主持中共中央政治局第二十九次集体学习时的讲话

我们常讲,做人要有气节、要有人格。气节也好,人格也好,爱国是第一位的。我们是中华儿女,要了解中华民族历史,秉承中华文化基因,有民族自豪感和文化自信心。要时时想到国家,处处想到人民,做到"利于国者爱之,害于国者恶之"。

——2018 年 5 月 2 日,习近平在北京大学师生座谈会上的讲话

5. 要坚持立足民族又面向世界

中国人是讲爱国主义的,同时我们也是具有国际视野和国际胸怀的。随着国力不断增强,中国将在力所能及范围内承担更多

爱国主义是中华民族的民族心、民族魂,是中华民族最重要的精神财富,是中国人民和中华民族维护民族独立和民族尊严的强大精神动力。爱国主义精神深深植根于中华民族心中,维系着中华大地上各个民族的团结统一,激励着一代又一代中华儿女为祖国发展繁荣而自强不息、不懈奋斗。

——中共中央 国务院《新时代爱国主义教育实施纲要》(2019 年 11 月)

39

国际责任和义务,为人类和平与发展做出更大贡献。

——2013 年 3 月 19 日,习近平在出席金砖国家领导人第五次会晤前夕接受媒体采访时表示

中国的先人早就知道"国虽大,好战必亡"。自古以来,中华民族就积极开展对外交往通商,而不是对外侵略扩张;执着于保家卫国的爱国主义,而不是开疆拓土的殖民主义。

——2014 年 5 月 15 日,习近平在中国国际友好大会暨中国人民对外友好协会成立 60 周年纪念活动上的讲话

中国的命运与世界的命运紧密相关。我们要把弘扬爱国主义精神与扩大对外开放结合进来,尊重各国的历史特点、文化传统,尊重各国人民选择的发展道路,善于从不同文明中寻求智慧、汲取营养,增强中华文明生机活力。

——2015 年 12 月 30 日,习近平主持中共中央政治局第二十九次集体学习时的讲话

五、正确处理爱国与爱党、爱社会主义、爱人民的关系

任何一种爱都是有内容,有指向的。国家不是一个虚拟的物体,而是有着丰富内容的实体。不同的时代,爱国的精神实质是一样的,但内容会有侧重。国家组成要素就应该是完整的爱国主义内容。爱国主义并不仅仅是指爱国家的某一项要素,也不是仅仅爱一些自己需要的或喜欢的要素。爱国主义应该是对国家的整体性特质所产生的强烈而持久的感情,是对构成国家基本要素的认识、理解、认同。在国家要素中,除了领土、人民、政府、政党这些要素之外,还有自然资源、自然风光、地理气候特征、历史文化、政治制度、经济制度、宗教信仰、民俗民性、价值观等要素。从爱国主义内涵而言,无论哪一种都是不可或缺的。

1. 爱国与爱党

爱国和爱党在中国是一致的,爱中国就要爱中国共产党。中国共产党凝聚了这个复杂的国家,全面推动了中国的现代化进程,它对中国社会的影响几乎无处不在。客观说,要从现代中国的概念中抽掉中国共产党元素,是做不到的,那样的中国几乎是空的、假想的。

中国共产党促进了中国复兴,扭转了中国自近代以来的颓势,创造了当代最突出的大国经济成就,形成中国几百年来最轰轰烈烈的民生改善运动,中国从一个任列强宰割的软弱国家重新成为世界性强国,且仍在强劲上升的途中。

在绝大多数国家里,爱国都有着天然的正当性,它既是政治

坚持爱党爱国爱社会主义相统一。新中国是中国共产党领导的社会主义国家,祖国的命运与党的命运、社会主义的命运密不可分。当代中国,爱国主义的本质就是坚持爱国和爱党、爱社会主义高度统一。要区分层次、区别对象,引导人们深刻认识党的领导是中国特色社会主义最本质特征和最大制度优势,坚持党的领导、坚持走中国特色社会主义道路是实现国家富强的根本保障和必由之路,以坚定的信念、真挚的情感把新时代中国特色社会主义一以贯之进行下去。
——中共中央 国务院《新时代爱国主义教育实施纲要》(2019 年 11 月)

概念,也是道德概念。如今在中国舆论场上针对爱国的含义不断出现争议,一些似是而非的说法甚至歪理邪说不断冒头,这绝不是正常的。这些现象的真实背景是西方操纵的一些人要否定中国共产党执政的合法性,否定国家利益同大众利益的紧密关系。

在当代中国,爱党与爱国本质上是完全一致的。从政党理论上讲,欧美政党本质上明确代表资产阶级内部不同的利益集团。中国共产党的主张与欧美政党理论有本质上的不同,除了中华民族、中国人民的根本利益,中国共产党没有任何特殊利益,更不允许任何共产党员维护代表任何一种特殊利益。中国共产党是中华民族和中国人民利益的集中体现和杰出代表。这是爱国与爱党完全一致的最为根本的理论基础。西方多党制不能代表和实现最广大发展中国家和人民的根本利益。进入 21 世纪后的西方多党制,即使在欧美国家,也日益为资本利益集团所绑架从而逐渐丧失国家治理能力。而中国特色的政党制度,无论在发展经济、扩大民主、完善法治,还是在改善民生、应对危机的国家现代化治理方面,都显示出巨大的优越性。

历史和实践证明:办好中国的事情关键在党。中国人民正是在民族和国家生死存亡的关键时期,认识和选择了中国共产党;在改革开放 40 多年的实践中,中国共产党又以其所开创的中国特色道路,引领中华民族重新崛起。可见,中国共产党是中华民族、中国人民利益最为优秀的杰出代表。

从过去"没有共产党就没有新中国",到现在"没有共产党就没有中华民族的伟大复兴",中国公民爱国就要爱党,反党就是祸害中国;爱党与否,是每个中国人是否真爱国的主要衡量标准。西方一些媒体出于政治目的不断鼓噪,把爱国和爱党对立起来,用国家、政府和党这些概念编出各种绕口令一样的东西,欺骗、搞晕了一些人,尤其是在党领导国家进入改革深水区的时候,这种行为的危害更大。它是利用西方政治材料做成的射向中国爱国主义的一支毒箭。我们一定要高度警惕。

2. 爱国与爱社会主义的关系

社会主义是我国人民半个多世纪以来所走过的基本道路,也是改革开放以来中华民族取得一个又一个胜利的历史经验。胡锦涛同志曾在北京大学师生代表座谈会上特别肯定了这条基本道路和历史经验,提出"坚持爱国主义与社会主义的高度统一",大力弘扬爱国主义精神,满怀"以天下为己任"的赤诚,与全国人民一起投入民族振兴的伟业。他强调:"时刻心系民族命运、心系国家发展、心系人民福祉,使爱国主义精神在新的时代条件下发扬光大。要不断深化对我国历史和国情的认识、对改革开放40多年伟大进程的认识,进一步增强民族自尊心、自信心和自豪感,进一步坚定跟党走中国特色社会主义道路、实现中华民族伟大复兴的信念。要切实强化社会责任感和历史使命感,把个人的成长进步融入推动国家发展、民族振兴的时代洪流中去。"这些精辟阐述和殷殷嘱托,既科学地总结了我国人民的历史经验,又及时地引导当前涌动的爱国主义热潮,为进一步弘扬爱国主义精神、使爱国主义在新的时代条件下发扬光大指明了方向。坚持爱国主义与社会主义的高度统一,需要在以下几方面提高认识:

爱国主义情感不是天上掉下来的,而是人们在社会生活实践中对祖国、对社会主义制度不断深入认识的结果。改革开放以来我们所取得的伟大进步,是爱国主义思想情感的源泉。继续深化对我国历史和国情的认识,尤其是加深对改革开放40多年伟大历史进程的认识,进一步体会到我们祖国的伟大,体会到社会主义制度的无比优越性,从而进一步增强民族自尊心、自信心和自豪感,树立爱国主义与社会主义相统一的思想情感。

时刻心系民族命运、心系国家发展、心系人民福祉。这是爱国主义与社会主义相统一的基础与前提。只有不断提升自己的思想境界,满怀"以天下为己任"的赤诚,把个人的命运与民族、社会的命运结合起来,看到它们之间的联系和一致性,进而养成识大体、顾大局的胸襟,才能做到心系国家命运和民族福祉。

进一步坚定跟党走中国特色社会主义道路、实现中华民族伟大复兴的信念。这是爱国主义与社会主义相统一的核心和关键。中国特色社会主义道路是党领导人民经过几十年探索奋斗找到的一条中国真正的复兴之路、强国之路。爱国主义与社会主义相统一,必须统一在这里。走中国特色社会主义道路,实现中华民族伟大复兴,这是我们的奋进方向。

爱自己的国家,建设和发展中国特色社会主义。这是坚持爱国主义与社会主义相统一的落脚点。坚持爱国主义与社会主义相统一,不能仅停留在口头上,而应变成实际行动。要不断提高社会责任感和历史使命感,从我做起,从实际工作做起,脚踏实地,真抓实干,把个人的成长进步融入推动国家发展、民族振兴的时代洪流中去。

3. 爱国与爱人民

不管一个人爱国家的哪一项、哪一些要素,如果没有人民(或者称之为民众、国民、公民、老百姓),这样的爱国主义是没有灵魂的,是片面的、肤浅的,甚至是势利的。人民是国家的主体和根本,没有人民,国土没有意义,政府不可能存在;人民是国家要素中的第一要素,是国家进步发展的动力。所以,爱人民才是最大的爱国,爱人民才是真正的爱国,爱人民才是爱国主义的核心要义。一般说来,我们爱一个国家的要素越多,对这个国家也就爱得越深、越久,然而,如果爱国主义最终不能把爱落实到普通民众身上,那么这种爱国主义有什么意义呢?

对于个人而言,爱国主义首先应该爱这个国家的人民,对于政府或国家政权以及国家管理者而言,爱国主义更应该是爱人民,其爱国主义的核心要义就是爱人民,就是要给予人民安全、幸福、利益。也就是说,没有人民内涵和人民利益的爱国主义是虚伪的,是一种欺骗,是无法凝聚人民爱国热情的。毛泽东同志是把爱国与爱人民有机统一的坚定捍卫者,由他领导建立的社会主义制度,就是社会主义大家庭人民当家作主的制度,是把为人民谋福祉作为党和国家决策出发点和归宿的制度。从领导角度实现爱祖国与爱人民的辩证统一,一个至关重要的任务,就是必须使做出的包括改革在内的决策决定,都必须符合国家和人民的普遍性利益。从担负领导职务和实施科学领导的意义上讲,只有符合绝对多数人的普遍性利益,而不是只符合极少数人的特殊利益,才是区分真假爱国与爱民的分水岭和试金石。

4. 爱国与热爱中国优秀传统文化的关系

爱中国传统优秀文化与爱国是密不可分的。中华优秀传统文化是中华民族赖以生存的精神支柱,也是我们民族意识和民族精神的光辉体现,更是民族凝聚力和国家认同的主要依据。当下中国社会正处于向着实现中华民族伟大复兴的"中国梦"的宏巨目标的行进途中,这一行进过程以及目标的实现需要一种来自历史深处的文化精神予以有力的支持与驱动,让优秀传统文化成为滋养我们文化自信心的源泉之一。

中华优秀传统文化是中国文化的"根"和"魂",是"中国人民在修齐治平、尊时守位、知常达变、开物成务、建功立业过程中逐渐形成的有别于其他民族的独特标志"。作为5 000年中华文明的传承人,学生理应传承优秀的传统文化精神,保存中华传统文化的特质,并通过学习现代科学技术和融合国内外先进文化体系创新传统文化,发展及赋予传统文化"和"的内涵。党的十九大报告中有一部分专门谈到要坚定文化自信,推动社会主义文化繁荣兴盛。作为"教书育人"之人,开展中华民族优秀传统文化教育,教师更要先行。

传承中华优秀传统文化,教师要建立文化自信,推陈出新。习近平同志指出:"为什么中华民族能够在几千年的历史长河中顽强生存和不断发展呢? 很重要的一个原因,是我们民族有一脉相承

为什么我们在"道路自信、理论自信、制度自信"之外还需要"文化自信"? 为何习近平同志如此重视文化的作用?

因为"文化特别是思想文化是一个国家、一个民族的灵魂。无论哪一个国家、哪一个民族,如果不珍惜自己的思想文化,丢掉了思想文化这个灵魂,这个国家、这个民族是立不起来的";因为"中国优秀传统文化,可以为治国理政提供有益启示,也可以为道德建设提供有益启发。我国今天的国家治理体系,是在我国历史传承、文化传统、经济社会发展的基础上长

43

期发展、渐进改进、内生性演化的结果";更因为"只有坚持从历史走向未来,从延续民族文化血脉中开拓前进,我们才能做好今天的事业","没有文明的继承和发展,没有文化的弘扬和繁荣,就没有中国梦的实现"。

的精神追求、精神特质、精神脉络。"更为重要的是,中华民族的优秀传统文化在今天和未来仍然具有永恒的生命力。弘扬中华民族优秀传统文化,不是复古,不是盲目排外,而是要辩证取舍,推陈出新,摒弃消极因素,继承积极思想。只有这样,才能建立真正的文化自信,才能与时俱进,推陈出新。

第二节 爱国的行为要求

一、作为教师应做到的爱国要求

自身爱国只是尽了一个公民的责任,作为教师,应当在教育教学实践过程中,积极实施和倡导爱国主义教育,让学生充分认识到热爱祖国、奉献祖国和建设美好国家的重要性,要把自己的爱国情怀传递给学生。具体要做到:

1. 要把爱教育与爱国统一起来

要不断从爱国主义情怀中汲取力量,爱国主义是一种精神支柱,是一种动力源泉。一个教师只有爱祖国,才能把个人的命运同国家前途和命运统一起来,才能充分认识到祖国的存在和发展是个人存在和发展的前提,祖国的命运和个人的命运有着血肉一般不可分割的关系。人有地域和信仰的差别,但报效祖国不受限制。科学没有国界,但科学家有祖国。因此,教师必须自觉地与祖国同呼吸,共命运,把祖国的利益、党的利益、人民的利益看成高于一切,重于一切,把教育事业看成祖国社会主义事业的一部分,甘愿为此奋斗一生;要深刻地认识到自己的工作是和祖国的未来发展、国家的繁荣昌盛联系在一起的,自己日常平凡的工作不是简单的上课、下课、批改作业,而是像陶行知那样把教育事业当作"一大事来",为一大事来,做一大事去,有了这种认识,才能自觉担负起这份责任和接受这样一种重托。

拓展阅读

陶行知的爱国爱教追求①

1917年秋,陶行知在哥伦比亚大学师范学院毕业之后,怀着"要使全中国人民都受到教育"的理想,回到了阔别三年的祖国,投身于祖国的教育事业,通过教育提高国民的素质,建立民主共和国。以教育救国、教育建国、教育治国为途径,实现民主共和国。

陶行知的理想是和祖国的未来结合起来的,所以他为着崇高理想锲而不舍、呕心沥血、矢志不渝,无怨无悔。他自愿放弃优越的生活,率领青年在老山一片蔓草遍野、荆棘丛生的荒凉之地艰苦创业,开辟新教育基地,创建晓庄师范,一直为实现自己的理想而努力。他当时的处境不仅异常艰苦而且还充满危险。抗战胜利后,当时国家内战危机迫在眉睫,他身处逆境,时有遭暗杀的危险,却对中国前途抱着乐观的希望,对自己的理想毫不动摇,仍"要在上海创办社会大学、函授大学、新闻大学、无线电大学、海上大学、空中大学,让整个上海,都变成学校,让上海500万市民都能得到受教育和再受教育的机会",真是矢志不渝。

陶行知自觉选择教育专业,放弃政治专业,与其共和国实现之途径——教育救国、教育建国、教育治国的社会观念不无关系。他不想跻身政界,选择教育为自己的立命之所,安身之处。陶行知的理想是建立民主共和国,途径就是通过教育提高国民的素质。

2. 要树立为祖国教育事业而献身的崇高理想

一位教师只有认识到、体验到自己所从事的工作的崇高,意识到自己肩上担负着祖国和民族的未来,从而树立献身教育的坚定信念,才能做到言行一致;不论遇到什么困难,都处处为事业着想,一切无私地献给他所爱的工作和学生,不为名,不为利,不计较个人得失,一心扑在教育工作上;把培育祖国的下一代当成自己义不容辞的天职,忠于职守,埋头苦干,为国尽力,为民造福,呕心沥血,矢志不渝地为培养一代新人而默默奉献自己的一生。

3. 在教育教学中加强对学生的爱国主义教育

这是教师的神圣使命,同时也是教育功能的体现,教育的重要功能就是培养现代化建设的合格人才。试想,一个不热爱自己祖国的人,怎么谈得上为国家民族的繁荣富强贡献自己的力量呢?因此,爱国主义教育须臾不可忽视,热爱祖国不仅表现在热爱自己

---

① 余子侠.山乡社会走出的人民教育家:陶行知[M].武汉:湖北教育出版社,1999.

生活的地域、疆土,而且要关心国家的前途和祖国的命运;不仅表现在对祖国的深厚情感,更表现为民族自尊、自信、自强的精神,更要体现在为祖国的繁荣富强而努力奋斗的行动上。正如苏霍姆林斯基所说的:"对祖国的忠诚要靠忠诚地为祖国服务来培养。"陶行知为了人民教育事业,他不仅置自己的名誉、地位于不顾,甚至置身家性命于不惜。为了人民的幸福,祖国的强盛,他无怨无悔。爱国教育,不只是一句挂在口头上的空话,必须落实到我们的实际行动中来。

二、教师作为一个公民应做到的爱国要求

爱国是每一个公民应有的行为,每一个公民都应该有民族自尊心、自豪感,爱国的行为也体现在自己的日常生活中。爱国的内容十分广泛,如热爱祖国的山河,热爱民族的历史,关心祖国的命运。爱国是一种凝聚力,当冰灾、地震等灾害来临时,中国人牢牢地团结在一起,这就是爱国。爱国是一种态度,爱国是一种理性,爱国不是泄愤,爱国是让自己的国家变得更好,不是去伤害自己的同胞,等等。具体要做到以下几点:

1. 拥护政府的外交行动,保守国家机密

国际政治是一个非常复杂的问题,它涉及政治、经济、精神、文明、国力等。主权必争,但目前更希望是通过外交去解决,人民群众在此发挥的力量就是坚定不移地拥护政府的外交行动,这样才可以让政府在国际说话更有底气。毕竟,和平与发展才是这个时代的主题,那个战火纷飞的岁月,我们都不想再看到。国家秘密关系到国家安全和利益,它是依照法定程序确定,在一定时间内只限一定范围的人员知悉的事项。《宪法》第53条规定:"中华人民共和国公民必须遵守宪法和法律,保守国家秘密……"《宪法》第54条还规定:"中华人民共和国公民有维护祖国的安全、荣誉和利益的义务,不得有损害祖国的安全、荣誉和利益的行为。"《中华人民共和国保守国家秘密法》第3条规定:"一切国家机关、武装力量、政党、社会团体、企业事业单位和公民都有保守国家秘密的义务。"这就是说,凡是中华人民共和国的公民,根据我国《宪法》和法律的规定,在享有公民权利的同时,必须承担公民的义务。保守国家秘密,关系到国家的安全和利益,关系到社会的稳定,关系到改革开放和经济建设的顺利进行。因此,保守国家秘密是每个公民应尽的义务。

2. 维护国家形象

近年来,随着我国经济的迅速崛起,中国在国际社会的影响力

📝 新时代爱国主义教育要面向全体人民、聚焦青少年:充分发挥课堂教学的主渠道作用。培养社会主义建设者和接班人,首先要培养学生的爱国情怀。要把青少年作为爱国主义教育的重中之重,将爱国主义精神贯穿于学校教育全过程,推动爱国主义教育进课堂、进教材、进头脑。

——中共中央 国务院《新时代爱国主义教育实施纲要》(2019年11月)

不断扩大，国家形象的重要性也愈益凸显。但也有少数人做出了一些有损国家形象的事情。如，世界著名旅游胜地清迈曾拒绝过中国游客；新加坡曾出现过"应将中国人赶出新加坡"的声浪；法国某时尚品牌酒店声称不欢迎中国人；一些外国酒店的自助餐不接待中国游客等，这些都对我国的国家形象造成了不良影响。因此，国家形象的建立取决于公民在细节上一点一点的积累、集聚与提升。爱国，是一种责任，无论做什么事，都要有责任感。比如最简单的，如果看到街道脏了，顺手把垃圾捡起来丢进垃圾桶，那么街道还会继续脏下去吗？有人说：那是清扫工的事。我们每个人都生活在这个地方，这个地方的干净整洁与谁没有关系？所以，我们现在要做的爱国行为，就是遵守公德。不乱丢垃圾，不随地吐痰，不破坏公物，看到有公物损坏能主动修理或者主动通知相关部门修理，节约用水用电，人走关灯，主动关闭滴水的水龙头，等等，这些不起眼的小事都是爱国行为。

保守国家秘密，维护国家形象，建设国家，不损害国家利益，这些都是爱国。形象毁易树难，一个小的疏忽、懈怠或是失误，都有可能让曾经的努力大打折扣。因而，塑造国家形象，要从每一个产品、每一个行业、每一个环节乃至每一个公民做起，切实树立起形象意识。

3. 遵守国家法律

爱国要以守法为前提，要正确理性地表达爱国热情。离开了法律，国家就会乱套，要理性爱国，千万不要让爱国行动蒙羞。由于日本不肯正视历史、反省历史，并不断在参拜"靖国神社"问题、历史教科书问题上惹怒中国和亚洲人民，青年人通过不买日货、网上抗议等行动来表达对日本错误行为的不满，表达爱国热情，这是爱国情绪的释放。但在表达爱国情感的同时要尊重公民的财产权，例如：国人买卖日货是他们个人的权力，他们手上的日货是受法律保护的私人财产。爱国需要表达，有"洋装虽然穿在身，我心依然是中国心"的默念式爱国，也有在法律许可范围之内的爱国情绪表达。可参与合法的抗议示威，不参加民间自行组织的游行活动，因为在这种没有带头人或者带头人公信力不足的情况下难以把控大局，容易出现不理性的事件。

4. 批评建议，督促改革

政府职能在实际运行过程中，会因人为的各种因素而出现一些偏差，并因为制定计划过程中受到各种主客观条件的限制，而出现许多不足，这些都需要有人来指出，这就是公民的责任，这种责任的驱动就是爱国心。我国《宪法》第41条规定：中华人民共和国公民对于任何国家机关和国家工作人员,有提出批评和建议的权利;对于任何国家机关和国家工作人员的违法失职行为,有向有关国家机关提出申诉、控告或者检举的权利,但是不得捏造或者歪曲事实进行诬告陷害。因此,公民可通过口头、提议和媒体等渠道把他们对政府的看法和发现的问题向政府指明。在我国社会中,参政议政是公民一种权力,是被法律用一系列的手段和方式确定下来的。公民可通过法定程序来完成督促工作。

5. 参加选举

选举权和被选举权是公民的基本政治权利之一。选举权是公民选举国家代表机关的代表与其他公职人员的权利。被选举权则是公民被选任为国家代表机关的代表或其他公职人员的权利。这是公民爱国的最直接的表现形式。我国宪法规定,国家的一切权力属于人民。人民行使权力的途径有两条,一是通过全国人民代表大会和地方各级人民代表大会行使当家作主的权力;二是人民依照法律规定,通过各种途径和形式,管理国家事务,管理经济和文化事业,管理社会事务。其中,第二种途径就包括直接民主的方式,即公民直接行使自己的各项民主权利,管理各项事务。而通过全国人民代表大会和地方各级人民代表大会行使权力的方式,是间接民主,即公民必须先选举产生自己的代表组成各级权力机关,再由各级权力机关代替公民去行使当家作主的权力,公民的选举权和被选举权就是实现这种间接民主的必经程序。公民的选举权和被选举权涉及的范围包括三个方面:一是直接选举产生或者被选举成为县乡两级人大代表的权利;二是间接选举产生或者被选举成为设区的市、自治州以上各级人民代表的权利;三是通过人民代表大会选举或者被选举成为国家公职人员的权利。建立一个好的政府是每一个公民所期望的,参加选举是建立一个有效政府的必由之路。选出最优秀的管理者,这是建立好的政府,并使这个政府把国家建设得更好的保障和前提。

6. 做好本职工作,用自己的点滴行为报效国家

做好本职工作,建设好国家是表达爱国热情的最好方式。一些大学生认为,他们来上大学的目的是为了以后有个好工作,找个伴侣幸福地度过一生,这是需要的,但不是人生的全部。一些发达国家在技术上对我国进行封锁,或用技术优势欺压我们,我们只有用自己的辛勤劳动,创造更多更好的中国制造,才能实现自我的报国责任。

第三节　守法的内涵与行为要求

一、守法的内涵

守法本身就是爱国的体现。法律体系是实现国家长治久安的重要保证，为国家的发展建设提供充分的保障。严格守法，在法律允许的范围内办事，就是对国家稳定做贡献。每一位公民都有合法表达自己爱国热情的权利，前提是不能妨害公共秩序和国家利益，决不能因为个人的自由造成对公共秩序和国家利益的损害。守法主要包括守法主体、守法范围、守法内容等构成要素。

1. 守法主体

守法主体是指在一个国家和社会中应当遵守法律的主体，即守法行为的实施者。按照宪法的规定，在我国，守法的主体可以分为以下几类：

（1）一切国家机关、武装力量、政党、社会团体、企业事业组织。

（2）中华人民共和国公民。

（3）在我国领域内的外国组织、外国人和无国籍人。

2. 守法范围

守法的范围，是指守法主体必须遵守的行为规范的种类。在我国，守法的范围主要是各种制定法，包括我国的宪法、法律、行政法规、部门规章、地方性法规、地方政府规章、民族自治地方的自治条例和单行条例、特别行政区法、经济特区的规范性法律文件等。

3. 守法内容

守法的内容包括履行法律义务和行使法律权利，两者密切联系，不可分割。守法是履行法律义务和行使法律权利的有机统一。对教师来说，守法不仅仅是法律层面的要求，而且也是教师个人道德层面的基本要求。公民的基本道德规范，就是要求公民不仅有知法、懂法、遵法的法律意识，还要把法律意识转化为自觉依法行使权利、履行义务的法律行为，使自己的言行举止合乎国家法律的规范；同时，在教育教学实践中，教师要严格遵守《宪法》《教师法》

等有关教师、教育的法律法规,使自己的教育教学活动合法、规范,时时事事处处做到依法执教。

如对体罚学生,一些法律有明确规定。我国《未成年人保护法》第21条规定:"学校、幼儿园、托儿所的教职员工应当尊重未成年人的人格尊严,不得对未成年人实施体罚、变相体罚或者其他侮辱人格尊严的行为。"第49条规定:"未成年人的合法权益受到侵害的,被侵害人及其监护人或者其他组织和个人有权向有关部门投诉,有关部门应当依法及时处理。"第63条规定:"学校、幼儿园、托儿所教职员工对未成年人实施体罚、变相体罚或者其他侮辱人格行为的,由其所在单位或者上级机关责令改正;情节严重的,依法给予处分。"我国《义务教育法》第16条规定"禁止体罚学生"。《教师法》第37条规定"体罚学生,经教育不改的",要给予教师"行政处分或者解聘","情节严重,构成犯罪的,依法追究刑事责任"。学生或学生家长可对老师的违法行为,向校领导或者向学校上级机关反映,要求责令老师纠正其错误做法,也可以要求对其给予行政处分。

二、守法的意义

没有规矩,不成方圆。要建设高度文明、高度民主的社会主义国家,实现中华民族的伟大复兴,就必须在全社会形成"以遵纪守法为荣、以违法乱纪为耻"的社会主义道德观念,让遵纪守法成为我们的荣誉。"法律"可以说是黑色的,因为它在犯罪人面前,意味着判决、处罚;"法律"亦可以说是红色的,因为它在无辜者面前,代表着正义、公平。当某人被证据确凿地证明有罪或无罪的时候,法律就得到了体现,正义就得到了伸张。"法"是体现统治阶段的意志,是国家制定和颁布的公民必须遵守的行为规则,"律"是具体的规则、条文。"法"与"律"结合起来,组成了这个社会中神圣的词语。

古罗马的西塞罗曾在《论法律》中说道:"法律是根据最古老的、一切事物的始源自然表述的对正义与非正义的区分,人类法律受自然指导,惩罚邪恶者,保障和维护高尚者。"法律在这个社会中是一种权威,人们需要参照它来生活;法律是一扇屏障,是那些弱小的人温暖的家,他们的利益在这里得到了保障,他们的权利在这里得到了自由;法律更是一条粗大的铁链,它紧紧地绑住犯罪分子,让他们无法在这个社会中胡作非为。

遵纪守法是每个公民应尽的社会责任和道德义务。一个国家即使经济实力再强,假如没有健全的法制,没有遵纪守法的国民,仍不能算是一个真正文明、强大的国家,照这个标准来看,我们离真正的"强盛"还有相当一段距离。虽然,我国当前已经构建起了比较完备的法律框架,普法教育也有多年,但实事求是地讲,"遵纪守法"四个字还远没有成为所有公民的自觉行动。随着经济的高速发展、社会的进步,法律同样也会进一步完善,因为整个世界的和平发展是要依靠法律才能稳步地前进。法律离我们并不遥远,无论是在家庭生活、社会生活中,法律都与我们息息相关。我们需要学法,懂法,用法,不犯法,才能像法国的泰·德萨米在《公有法典》中说的那样:"这些神圣的法律,已被铭记在我们的心中,镌刻在我们的神经里,灌注在我们的血液中,并同我们共呼吸;它们是我们的生存,特别是我们的幸福所必需的。"民众对法纪是忠诚的,他们甚至希望像苏格拉底那样用生命去追随自己心中神圣的法律。古希腊雅典的"当权者"以对神不敬等罪名逮捕了苏格拉底并判他极刑。临刑前,他的弟子们决定帮他越狱,而且一切都准备妥当。但苏格拉底却说:"我的信仰中有一条就是法律的权威,既然法律判处我极刑,作为一个好公民,我必须去遵守。"苏格拉底最终带着对法纪的忠诚离开了人世,但他的守法的精神流芳百世。在大多数国人来看,苏格拉底确实有点迂腐,既然法纪本身不公正,那为什么还要服从呢? 也有人认为,由于人们的道德准则与正义原则并不完全一致,也就必然存在意见分歧与矛盾。因而,为了建立良好社会秩序,人人都应当遵纪守法。

在人民当家作主的现代中国,法律是人民代表大会代表人民制定出来的,反映了人民的基本意志,我们更应当自觉遵守和维护。什么时候,我们国家不仅经济实力足够强大了,而且"以遵纪守法为荣、以违法乱纪为耻"的荣辱观也真正成为一种被全社会广泛认同、自觉追求的公共时尚时,中华民族的实力才能软硬兼备,傲立于世界民族之林。遵纪守法是现代社会公民的基本素质和义务,是保持社会和谐安宁的重要条件。在社会主义民主政治的条件下,从国家的根本大法到基层的规章制度,都是民主政治的产物,都是为维护人民的共同利益而制定的。"以遵纪守法为荣、以违法乱纪为耻",就是遵从人民意愿、维护人民利益的高尚之举,必将受到人民的肯定和赞同。这应该是每一个积极向上的人所追求的荣誉所在。国无法不治,民无法不立。人人守法纪,凡事依法纪,则社会安宁,经济发展。倘若没有法纪的规范,失去法度的控制,各项秩序就无从保证,人们生存、发展的环境就会遭到破坏,人民群众就不可能安居乐业。

今天,我们强调"以遵纪守法为荣、以违法乱纪为耻",就是要进一步告诫人们,无论一个国家、一个社会、一个军队,还是一个地区、一个单位,须臾不可没了法纪的规范,须臾不可乱了正常的秩序。社会主义和谐社会本质上是民主法治社会。在民主法治的背景下，违法乱纪就是践踏民意，危害社会。有人似乎觉得违法乱纪可以捡便宜、捞好处，所以不惜以身试法，铤而走险，甚至沾沾自喜于钻一下法纪的空子。这是一种极其危险的玩火行为。那些最终被绳之以法的人，在最初都毫无例外地抱有侥幸心理，以为可以超越于恢恢法网，乃至为自己的违背法纪而骄傲。当正义的宣判来临之际，他们才开始悔恨、自责，留下了多少以警后人的教训！如果当初多一点遵纪守法的光荣感，少一点违法不遵的行为；多一点违法乱纪的耻辱感，少一点违法乱纪的侥幸心，又何至于此！总之，只有遵纪守法才能获得自由。法纪不仅反映人民的意愿，也是人类对社会生活的深刻总结，反映社会发展的客观规律。遵纪守法是遵从规律的表现，是聪明睿智的表现。马克思曾经讲过，"法典是人民自由的圣经"。逆法而动，越规而行，不是什么勇敢的举动，恰恰是无知和愚昧的表现。这种无视实践经验、无视客观规律的行为，绝不会带来什么好的后果，终究难逃客观规律的制裁。

三、守法的行为要求

改革开放以来，我国在教育法制化建设方面取得了巨大的成绩，颁布实施了《义务教育法》《未成年人保护法》《教师法》和《教育法》等一系列与教育、教师、学生等有关的法律法规，其中大多数都涉及教师的行为规范问题，《教师法》中更是对教师的职业资格、权利和义务等做了十分详细的规定。所有此类的法律法规非同儿戏，需要教师认真学习和领会其意图，依法执教，按章办事。因此，教师的教育教学活动，一定要合法、规范、严谨，要用相关的法律法规来指导自己的教育教学实践。守法就是要做到学法、知法、守法、用法，不违法。

1. 学法、知法

教师要模范地遵守国家《宪法》和其他一切法律、法规，首先就要学法、知法，其中尤其是要认真学习有关教育、教师和未成年人保护等方面的法律法规。通过学习了解哪些是可以促进教师更好地行使权力和履行义务的，哪些是需要认真遵守以实现教育目标并促进学生健康成长的。广大中小学教师要认真学习、深刻理解、坚决贯彻教育法律法规，在合法维护教师自身权益的同时严格"依法执教"。学法才能知法，才能增强法律法制意识；知法才能守法，要遵守单位、行业纪律和规范，要遵守劳动纪律、遵守财经纪律、遵守保密纪律、遵守组织纪律，做个文明公民。

2. 守法、用法

教师职业的神圣性、示范性，要求教师成为守法的楷模，进而对受教育者的守法行为产生潜移默化的影响,实现全体国民法律素质的提升,为建设社会主义法治国家奠定基础。对于教师来说,除了遵守我国各类法律法规,还需要"依法执教"。从某种意识上来说,教师的教育教学活动,实际上就是在"执法"。既然是"执法",就要求教师从教育的方法到手段都符合相关法律的规定。在日常教育教学过程中,经常会发生教师在不知不觉中出现了一些违法的行为,例如截留学生的信件、偷看学生的日记,为应付上级检查或评奖评优而弄虚作假,公开学生成绩并张贴红榜白榜,大量代订复习资料并收取回扣,等等。

3. 不违法

我国教育法和教师法都规定,教师的行为选择如果不符合法律,就要承担法律责任,受到法律制裁。作为人类灵魂的工程师,教育工作者们需要不断学法、知法、守法和不违法,争做模范教师。具体讲,教师的不违法就是不得有以下行为:

一是不得在教育教学活动中及其他场合有损害党中央权威、违背党的路线方针政策的言行。1978 年 4 月 22 日,邓小平在全国教育工作大会上坚定地说:"毫无疑问,学校应该永远把坚定正确的政治方向放在第一位。"政治方向是学校工作的灵魂,学校把坚定正确的政治方向放在第一位。"讲政治"包括有明确的政治方向和政治观点、坚定的政治立场、高度的政治敏锐性和严明的政治纪律及政治鉴别能力。在新时代,"讲政治"表现为坚持社会主义政治方向,坚持马克思主义的世界观、人生观、价值观,坚持习近平新时代中国特色社会主义思想。这不仅是对教师的政治要求,同时也是教师应具备的最基本的素质。教师是人类灵魂的铸造师,应该站在时代的高度去"讲政治",时刻保持清醒的政治头脑。只有具备坚定的政治信仰、崇高的政治理想,始终牢记自己的使命与责任,胸怀大局,才能肩负起党和人民赋予的重托,教书育人。因此,要坚持正确的政治方向,就必须提高教师政治思想水平,要使他们真正认识到自己的工作关系到党的事业、我们国家的前途和命运。决不允许在课堂出现各种攻击诽谤党的领导,损害党的形象、党的权威,抹黑社会主义的言论;决不允许在课堂上出现歪曲党的路线方针,违反宪法和法律的言论;决不允许教师在课堂上发牢骚、泄怨气,把各种不良情绪传导给学生。

世界上任何国家对教师在课堂上的言论都是有一定限制的。即便在所谓高度民主自由的美国,也有同样的规定,在政治教育方面的硬性规定更为突出,如政治科目的教学计划中就规定"资本主义制度优越性的教育、国民精神教育、反共产主义教育"等,其政治浓厚程度可见一斑。对从事思想政治教育工作方面的校长、教师、

53

督学等进行招聘选拔时,也都有严格的政治道德要求。同样,在德国,教师有自己的各种权利,但"政治正确"仍是德国对教师要求的一项重要内容;法律规定:教师在课堂上不能有侮辱国家、歪曲历史的言论,也不能把自己的政治观点强加给学生。

二是不得损害国家利益、社会公共利益,或违背社会公序良俗。一般认为,国家利益是指满足或者能够满足以国家生存发展为基础的各方面需要并且对国家在整体上具有好处的利益。社会公共利益是指特定范围的广大公民所能享受的利益。《民法通则》第 7 条规定,民事活动应当尊重社会公德,不得损害社会公共利益。《民法总则》规定,民事主体不得滥用民事权利损害国家利益、社会公共利益或者他人合法权益。

公序良俗,即公共秩序与善良风俗的简称。所谓公序,即社会一般利益,包括国家利益、社会经济秩序和社会公共利益。所谓良俗,即一般道德观念或良好道德风尚,包括社会公德、商业道德和社会良好风尚。我国民法虽然未采纳公共秩序和善良风俗的概念,但是确立了社会公共利益的概念,如违反社会公共利益的合同应当确认为无效。

社会公德是全体公民在社会交往和公共生活中应该遵循的行为准则,涵盖了人与人、人与社会、人与自然之间的关系。教师职业道德是教师在教育教学活动中应该遵循的行为准则,是随着现代社会分工的发展和专业程度的增强,由社会公德发展而来的。教师,首先是社会的一员,首先应遵守社会公德。其次是从事教师职业的人,应该遵从教师职业道德,教师职业道德是对教师的特别要求,是教师有别于其他人的重要方面。在教师职业道德中,也明显地包含着社会公德的内容,社会公德是教师职业道德的重要组成部分。

三是不得通过课堂、论坛、讲座、信息网络及其他渠道发表、转发错误观点,或编造散布虚假信息、不良信息。有个别教师以言论自由为幌子,或搞自我标榜,耽于夸夸其谈,不切实际地吹捧自己;或夹带个人私怨,在课堂上公开贬低其他老师,甚至披露他人个人隐私;或滥用"教学自由",讲一些不当言论。还有个别教师在教学过程中言语粗鲁,忽视自身作为教师担负着对学生起到言传身教的重要职责,运用粗俗、低级、反动言语对社会现象及他人进行随意抨击;在课堂上对学生缺乏耐心,学生稍有言语不顺,就恶语相向。中小学生是最容易被挑唆撩拨的群体,他们涉世未深,缺乏足够的辨别是非能力。教师的不当言论一旦被学生听从,很容易误导学生形成错误的思想或做出一些错误的事情。

中小学教师是人类灵魂的工程师,教师的思想意识对学生的

"社会认知""国家认知"都有非常大的影响。教师如同园丁,是灌溉、养护"花朵"的"知识之泉",又如同染色剂一样,会在学生身上留下明显的烙印。错误的观点,虚假信息、不良信息一旦肆意传播,低俗、颓废、暴力的种子会在学生群体中生根发芽。所以说,教师"言论"必须要上个"紧箍咒",必须要加把"安全锁"。

思考与练习

1. 结合身边的具体事例,谈谈你对爱国守法的理解。
2. 学习爱国英雄的事迹,写一篇爱我中华讲演稿。
3. 案例分析。

有人说教师"言论有自由,但课堂教学有纪律",试从相关法律解释这一观点。

参考答案:

第一,我们从《宪法》相关规定看,《宪法》序言就已经明确指出,"中国新民主主义革命的胜利和社会主义事业的成就,是中国共产党领导中国各族人民,在马克思列宁主义、毛泽东思想的指引下,坚持真理,修正错误,战胜许多艰难险阻而取得的。"面向未来,"中国各族人民将继续在中国共产党领导下,在马克思列宁主义、毛泽东思想、邓小平理论、'三个代表'重要思想、科学发展观、习近平新时代中国特色社会主义思想指引下,坚持人民民主专政,坚持社会主义道路,坚持改革开放,不断完善社会主义的各项制度"。在这段论述中,《宪法》已经明确了中国共产党的领导地位和马克思主义的指导地位。《宪法》第1条明确规定:"社会主义制度是中华人民共和国的根本制度。中国共产党领导是中国特色社会主义最本质的特征。禁止任何组织或者个人破坏社会主义制度。"这表明,任何破坏社会主义制度的言论和行为都是禁止的。的确,《宪法》也明确规定,"中华人民共和国公民有言论、出版、集会、结社、游行、示威的自由"。但这种自由是有限的,是以不破坏社会主义制度为限的。因此,按照《宪法》规定,任何公民有言论自由,但这种自由不能破坏社会主义制度。否则,就是违宪。

第二,从《中华人民共和国教育法》的相关规定看,第3条就明确规定:"国家坚持以马克思列宁主义、毛泽东思想和建设有中国特色社会主义理论为指导,遵循宪法确定的基本原则,发展社会主义的教育事业。"第5条规定:"教育必须为社会主义现代化建设服务、为人民服务,必须与生产劳动和社会实践相结合,培养德、智、体、美等方面全面发展的社会主义建设者和接班人。"根据这些规定,任何否定、抹黑马克思主义、社会主义,违背国家教育方针,企图颠覆中国特色社会主义制度的言论和行为,都是法律所不允许的。教育法的这些规定是与宪法规定完全一致的,不做到这些,同样也是违宪。

第三,从《中华人民共和国教师法》的相关规定看,第7条规定了教师享有的各项权利,接着第8条明确了教师应当履行的各项义务:其中第一款就是遵守宪法、法律和职业道德,为人师表;第二款就是要广大教师贯彻国家的教育方针,遵守规章制度,执行学校的教学计划,履行教师聘约,完成教育教学工作任务。因此,教师在言论上有自由,但课堂教学一定有纪律。教师在课堂上的一言一行,都必须遵守宪法和相关法律法规。

第三章
爱岗敬业

聚焦考试大纲 ▶

理解教师爱岗敬业的内涵、意义,掌握其践行要求。

新《规范》的具体内容 ▶

忠诚于人民教育事业,志存高远,勤恳敬业,甘为人梯,乐于奉献。对工作高度负责,认真备课上课,认真批改作业,认真辅导学生。不得敷衍塞责。

爱因斯坦曾经说过："我认为，对于一切来说，只有热爱才是最好的老师，它远远超过责任感。"一个人不论从事什么行业，首先必须热爱自己的职业，只有这样他才会全心全意地投入。而热爱自己职业的动力在于能在工作中得到快乐。

第一节 爱岗敬业的内涵

古今中外各种职业都有各自不同的行业规范和责任，但是各行各业对爱岗敬业都有要求，可以说，爱岗敬业是各种职业道德、文化传统的共同要求。

一、爱岗敬业的内涵

爱岗敬业就是人要对自己所从事的职业具有敬重的情感，并恪尽职守，通过履行自己的岗位职责来践行自己的社会义务。爱岗敬业是社会主义核心价值观的重要内容，是社会主义职业道德一切基本规范的基础。

爱岗，就是热爱自己的工作岗位，热爱本职工作，是指教育工作者以正确的态度对待教育事业和教师这个工作岗位，努力培养热爱自己所从事的工作的幸福感、荣誉感。它体现的是一个人对自己的本职工作所产生的一种热爱情绪和高度负责的工作态度。没有爱就没有教育，没有责任就难以做好教育工作；教师热爱教育事业的具体体现就是热爱教师这份工作，在教育教学过程中处处关爱学生。

敬业，是指教师对国家教育发展和学生成长的使命感和责任感。它表现在具体工作上就是指教师用一种严肃的态度对待自己的工作，勤勤恳恳、兢兢业业，忠于职守，尽职尽责，对学生热情关怀、尽心尽力。孔子称之为"执事敬"，朱熹解释其为"专心致志，以事其业"。

爱岗敬业是贯穿各种具体的职业道德的一般要求。职业道德具有鲜明的职业性和历史性，不同的职业有着相应不同的职业道德要求，不同的历史阶段职业道德也打上不同时代的烙印，但是，爱岗敬业无疑是其共同性的要求。中华民族历来将忠于职守、敬业乐业作为职业道德的基本原则。敬业体现着人们对职业的独特理解和从事职业的高尚境界。在一个有道德的人那里，职业不仅是谋生的手段，它更是作为特定的社会成员所承担的社会责任；从事职业不仅是做事，也是在做人，要在职业中成事、成业、成人。从这个意义上讲,爱岗敬业不仅仅是一种道德原则,更是一种道德精神。

爱岗敬业能够把内在的价值转化为外在的行为,因此,爱岗敬业体现了道德行为在意愿与目的方面的特征。爱岗敬业的价值也体现为一种道德他律向道德自律的提升,仅有他律还不是敬业,只有由他律上升为自律,才是爱岗敬业的本质,这是爱岗敬业出于意愿的品质;事业既是个人的理想所在,也是民族梦想的依托,是个人价值与民族价值的结合,这是爱岗敬业的目的性特征。

1. 爱岗敬业是价值自觉向行为自觉的转化

每个人都要认清自身所处的位置,想清楚我为什么要做这件事、要做好这件事,从而才能建构爱岗敬业的道德。中国特色社会主义目标的实现需要全体人民的辛勤劳动,需要全体人民的敬业和奉献。在 2015 年庆祝五一国际劳动节的讲话当中,习近平同志强调,"全面建成小康社会,进而建成富强民主文明和谐的社会主义现代化国家,根本上靠劳动、靠劳动者创造",劳动是实现两个一百年目标的根基和动力所在。习近平同志向全国人民发起号召:"让劳动光荣、创造伟大成为铿锵的时代强音,让劳动最光荣、劳动最崇高、劳动最伟大、劳动最美丽蔚然成风。"习近平同志希望每一个人都能在他的劳动中凝结起敬业精神和奉献精神,目的就是"于实处用力,从知行合一上下功夫,核心价值观才能内化为人们的精神追求,外化为人们的自觉行动"①。劳动就是敬业精神的外化,使敬业精神由一种价值自觉转化为行为自觉。

2. 爱岗敬业是道德他律向道德自律的提升

社会主义核心价值观中的敬业作为一种道德,具有主动与积极的主体意愿性特征。道德他律的特点就是需要外在的强制约束才去完成工作,它的标准和对自身的要求就是完成即可,不会对自己提出更高的标准和要求。与之相比,道德自律就是在完成应尽道德行为的同时,对自己提出更高的要求,它的标准不仅是做与不做的问题,而是做得多与不多、好与不好的问题,从道德行为的量和质两个方面对自己提出更高的要求。道德他律指道德规范的外在约束力,其直接含义是道德主体赖以行动的道德标准或动机受外在根据的支配和节制,即道德主体是用外在的道德要求来表现自己的道德行为。中国特色社会主义是需要全社会的人们积极主动并且有创造性地来加以实现的事业,因此,中国特色社会主义需要的是道德他律向道德自律的提升。然而由于社会的经济水平和发展阶段决定了多数人还处在道德他律的阶段,是以,作为由道德

---

① 习近平. 习近平谈治国理政[M]. 北京:外文出版社,2014:173,175.

他律向道德自律的过渡,敬业精神就成为一个重要中介。当前,多数人还处在为满足生计、维持生活、过更好生活而劳动的阶段,在满足人们的生存和生活需要的同时,这种对职业的爱能够满足人们的精神需要,这是道德他律向道德自律的准备与提升。

3. 爱岗敬业是个人理想与民族梦想的融合

爱岗敬业的目的性特征决定了个人和民族都要有自己的理想,才能推动人们去不懈地追求。人生理想主要是自己想成为什么,也就是实现某种职业生涯,或者是某种职业想要达到的成就。有理想,才有希望和目标,有前进的力量和方向;有理想,才有敬业可言,才能把工作上升到理想和事业的高度。同时,个人理想可以高于现实,但一定要立足于一个最大的现实之上,这就是中国特色社会主义,它是我们整个民族的共同目标。只有树立中国特色社会主义道路自信、理论自信和制度自信,才能坚定正确的政治方向,才能使自己的人生拥有可靠的政治保障,并把自身的利益与国家、民族、人民的利益结合到一起,达到个人价值与社会价值的统一。

二、教师"爱岗敬业"在不同层面的表现

20世纪20年代,梁启超先生对上海中华职业学校的师生所做的"敬业与乐业"的演讲,全面地阐释了敬业的内涵,他认为敬业就是:① 有业之必要:人人都要有职业,因为必先有业,才有可敬可乐的主体。人人都要有正当职业,人人都要不断地劳作。② 敬的含义:凡做一件事,必忠于一件事,将全副精力集中到这件事上头,一点不旁骛,便是敬。③ 敬业的原因:人类一面为生活而劳动,一面也是为劳动而生活。只有敬业才能把工作做到圆满。一个人对自己的职业不敬,从学理方面说,便是亵渎职业之神圣;从事实方面说,一定会把事情做糟,结果自己害自己。④ 敬业的表现:讲求素质。工作的过程要专注,尊重这份工作;工作的结果就是要完成那件事。⑤ 敬业的方法:专心工作是敬业的态度和最基本的方法,唯一的秘诀就是忠实,应聚精会神地完成工作。

爱岗敬业作为一种道德规范,在职业实践中,至少应体现在以下四个方面:

1. 畏业

敬业者对职业必有"敬而畏之"之心。畏业就是敬畏自己的职业。敬畏是一种智慧而严肃的人生态度,它体现了对人性的洞察,对规律与秩序的尊重,以及对人自身局限的认知。在孔子那里,"敬"包含两层意思,一是外在的恭敬之行,一是内在的敬畏之心,内在的敬畏之心是外在恭敬之行的根基所在。敬畏感即人类自觉

己身之微渺,而产生的谦卑之心,自觉事业之重大而产生的责任之感。到了朱熹那里,更突出了"敬"中的"畏"之含义,即以"畏"释"敬",要人们的内心总处于一种敬畏状态,一种警觉、警省的清醒冷静的状态,由此去体悟"万事之根本"。古语说,人之虚妄、怠慢、鄙诈,必待敬畏而后去;而诚实、谦卑、宽和,必待敬畏而后至。只有唤醒敬畏之心,我们才能认识到任何职业都是那么博大精深,都需要从业者谦恭待之。

2. 知业、研业

"知业"才能敬业,但更需要对职业的信仰。爱岗敬业是需要有精神追求的,作为社会主义核心价值观的敬业需要有家国情怀。首先,我们每个从业者都是在做某项具体的"事",而无数个这样具体的"事"就汇成了中国特色社会主义"事业",这是我们理解职业应该具有的高度。没有这样的高度,敬业就不能成为社会主义核心价值观。其次,在社会主义社会,各种职业之间是平等互动、相互服务的关系,服务对象和服务者的统一、权利和义务的统一体现出了新型的道德关系。这就在本质上决定了敬业的时代内涵是全心全意为人民服务,只有树立起全心全意为人民服务的职业理念,才能将敬业化为个人的职业精神。因此,敬业虽然是一种职业价值观,但是,只有将它摆到社会主义核心价值观的总体中去观察、去理解、去落实,它才能真正落地生根。

敬业者对职业必有"敬而研之"之求。研业就是探求、研究职业的内在规律,以使自己合乎职业规律的要求,按职业规范行事,做个行家里手。研究道,才能合于道。敬业强调尊重和掌握事情的本然规律,通过研究钻研使敬业落脚于求真、合真、成真。卓越的职业者告诉我们,尊重职业规律才是真正的敬业。那么,怎么才能合乎职业之道?儒家认为,要有"格物致知"的精神。所谓格物致知,就是推究事物的原理法则而获得理性认识。它包含现在所说的实事求是、求真务实精神,但其内涵要更为丰富。在现实中,对职业的种种漠视、蛮干,凡事不做深究,浅尝辄止,以及功利主义表现,都是对职业本质和尊严的伤害。我们对待职业应确立研业意识,秉持格物致知精神,将这种精神贯穿于职业生活的方方面面。只有有了这种精神,我们的职业实践才能在更大程度上合乎职业之道的要求。

3. 爱业、乐业

敬业者对职业必有"敬而爱之"之情。爱业就是热爱自己的职业。不同的人在同样环境下工作效果不同,技术性因素固然是一个方面,更加重要的还在于职业者对职业的态度。"知之者不如好之者,好之者不如乐之者"。乐业精神就是要将职业当作乐生之道而非谋生之道,这是敬业精神的审美之境。只有达到了这一境界,才能摆脱职业分工带来的束缚,最大限度地发挥自己的创造力。在这一点上,庄子"庖丁解牛"的故事对我们是极具启发意义的。对于教师而言,乐业集中表现为热爱教育事业,热爱教育教学工作,关心学生成长进步;关注自我职业发展前景,明确职业发展规划,关注学校未来发展,愿意在平凡的教育岗位上将有限的生命投入无限的教育事业之中,为实现伟大的"教育梦"贡献力量。真正"敬业"的教师对自己从事的职业有一种情感上的欣然接纳,有的教师甚至达到对教师职业"迷恋"的程度;同时,对自己工作的学校也有一种剪不断的"情结";更有甚者能把自己的情感世界与学生的健康成长、学校的兴衰和教育的兴衰等联系在一起,为教育之忧而忧,为教育之乐而乐。

4. 精业

敬业者对职业必有"敬而精之"之愿。精业就是把工作的细节做精致,把职业的要求做到位。所谓细节,就是一个整体中极为细小的组成部分或一个系统中极易被人们忽略的环节,就是细枝末节的意思。注重细节是中国的优良职业传统。老子说的"天下难事,必作于易;天下大事,必作于细",荀子在《劝学》中的"不积跬步,无以至千里;不积小流,无以成江海",讲的都是同一个道理:细节在每件事中起着重要的作用。许多人一贯认为细节并不重要,曾有"成大事者不拘小节"之说,把细节等同于鸡毛蒜皮,大有重细节就是浪费时间之嫌,于是做事日趋大而化之,只求大概,不求精确,满足于"差不多"。20世纪初,鲁迅先生便意识到,当时不少国人得了一种叫作"马马虎虎"的病,如果这个病不治好,中国就没救了。汤因比曾认为文明的进步,来自对困境所提出挑战的应战,以一种积极进取的精神实现对困境的超越。敬业中表现出的进取就是追求工作的不断完善,精益求精。

我们要清醒地看到,当今世界,已进入"细节时代"。"细中见精""小中见大""寓伟大于平凡""细节决定成败"的真理,反映了时代发展的主题。当今的中国社会决不缺少经营的策略和"点子",缺少的是精益求精的执行者;决不缺少各类管理制度,缺少的是对规章条款不折不扣的执行者。认认真真从小事做起,扎扎实实把普通工作做好,以高度的责任心对待每个细节,这是振兴民族最基本的一条准则。[①]

---

① 任者春.敬业:从道德规范到精神信仰[J].山东师范大学学报(人文社会科学版),2009(5).

拓展阅读

　　日本人对工作的态度比较认真,无论从事什么工作,想的都是把该做的做好,不给别人添麻烦,很少偷工减料或投机取巧。每天早上走进校园时,都可以看到门卫满含热情地对每一个人点头说"早上好";而在商店买完东西,扭头走了后店员还照样要鞠躬致谢,并用很长的日语说"欢迎再来"。可以说无论高低贵贱,敬业是日本人的一种生活方式。

　　家住武汉市老城区的余先生,前不久收到一封来自德国法兰克福市的信,写信人是余先生所住房子的承建商,内容是告诉余先生,这栋老房子的详细资料一直保存在他们那里,如今这栋房子已建成满80年,需要进行一次小型维修。承建商给出了详细的维修方案,并承诺如果维修到位,老房子再使用50年没有任何问题。原来,余先生所住区域矗立着一栋栋老建筑,它们见证了百年历史的沧桑。余先生的父亲曾说过,房子是上个世纪30年代初德国人建造的,距今已有80年了。看了信的余先生被深深地感动了。80年的斗转星移,沧桑巨变,物是人非,当年修建这栋房子的承建商恐怕早已作古,何况又相距万里,可不管怎样,他们对于产品的跟踪服务却丝毫没有受到影响。德国人用鲜活的事实,给我们上了生动的一课,直观形象地告诉了我们什么是敬业,什么是责任。我国历来也有"敬业乐群""忠于职守"的传统,孔子就主张人的一生始终要勤奋刻苦,为事业尽心尽力。当然,今天已经进入了专业主义的时代,需要的是更多具备职业精神的工作者,而这应是敬业应有的时代解读。

拓展阅读

中国最美教师的事迹

　　11月10日《武汉晚报》报道:左脚踝骨粉碎性骨折,打入了三根固定钢钉,武汉小学教师尹作娟却不顾医生的劝阻,出院后的第二天就拄着双拐重返课堂。

　　由于被树脂板包裹,尹作娟受伤的左脚不能着地,学校领导酌情考虑,给她搬了一把椅子放在教室,让她坐着讲课,但尹作娟却坚持授课时要站在讲台旁边。

　　尹作娟说,"我有17年教龄,每一节课都是站着上完的,突然让我坐着上课,感觉很不习惯。"

　　"单膝跪椅"上课的代价是,身体的重量都压在右脚,每天回家后，右脚都很酸痛。不过尹作娟仍在坚持。尹作娟"单膝跪椅"给学生上课的图片在网上流传，被赞为"最美的风景"。

三、爱岗敬业的意义

习近平总书记在参观"复兴之路"展览时提出："实现中华民族伟大复兴，就是中华民族近代以来最伟大的梦想。"这是一个形象化的概括。此后，习总书记在多次讲话中又谈到实现中华民族伟大复兴的"中国梦"。可以说，"中国梦"承接实现中华民族伟大复兴的主要内容，同时又赋予其新的内涵。"中国梦"，说到底就是每个中国人的梦。实现"中国梦"，我们该做什么？就是恪尽职守，爱岗敬业。如果每个人都能够恪尽职守，爱岗敬业，"中国梦"一定能够实现。

（一）爱岗敬业是实现中华民族"教育梦"的保证

"中国梦"对教师而言就是"教育梦"。每一个人的努力，都会为"教育梦"增光添彩。古人云："国将兴，必贵师而重傅，国将衰，必贱师而轻傅。"在全球化时代，一个国家或民族的教育事业的发展状况，直接影响到国家、民族的发展潜力和发展路径的选择，关系到国家和民族能否持续发展并立于不败之地。教育事业的健康发展离不开庞大的爱岗敬业的教师群体。当教师自主选择育人这一职业并具备了爱岗敬业的职业道德时，就会对教育工作的社会意义有更深刻、更全面的理解。如此就会对教师的责任和义务有更自觉、更主动、更深层次的认知与体会，并将师德原则、师德规范等自觉内化于心，在具体的教育教学中刻意遵守并最终达到"随心所欲不逾矩"的境界。爱岗敬业就会真心付出，真心付出才能进一步发现教育工作所特有的乐趣，进而享受到培育人才的幸福体验。

具有爱岗敬业精神的教师，面对任何不义之利、不当之欲的引诱，任何社会"潮流"的冲击，都不会动摇自己的教育信念和职业追求。因此，要适时促使教师着力修养爱岗敬业精神，培养广大的教师职业责任感、义务感、自豪感、荣誉感。只有当所有教师都培育或发展自己的爱岗敬业精神，任劳任怨，奉献和忠诚于教书育人的大业时，教师队伍才能稳定发展。

（二）爱岗敬业是做好教书育人工作的前提

教师承担着为社会培养人才的重任，教师忠诚于自己所从事的教育事业是教师为人民服务在职业规范中的具体化，也是教师敬业精神的首要标准，是一个教师必备的、最基本的心态。具有

📝 人民教师无上光荣，每个教师都要珍惜这份光荣，爱惜这份职业，严格要求自己，不断完善自己。做老师就要执着于教书育人，有热爱教育的定力、淡泊名利的坚守。

——习近平在全国教育大会上的讲话（2018年9月10日）

"忠诚于人民教育事业"信念的教师，在任何情况下都会主动、自主、自觉地意识到自己职业的社会责任和道德责任，都会凭借隐藏在内心的意识活动尽职尽责，一丝不苟地对待教育中的任何一件事。

教师爱岗敬业，不仅表现在自己的愿望与决心上，更重要的是表现在自己工作态度、工作成绩上。有了这种精神，教师才能在教育实践中做到勤勉、严谨、诚实、热情，充分发挥自己工作的积极性与主动性，认真备课、上课，认真批改作业，认真辅导学生，心甘情愿地为学生服务，自觉地、主动地、创造性地完成教书育人的艰巨任务；才能把教育这种平凡而且艰苦的劳动当成光荣而充满趣味的工作来对待。换句话说，爱岗敬业精神是教师做好教书育人工作的巨大精神动力和前提基础。

（三）爱岗敬业是成就教师个人事业的阶梯

首先，爱岗敬业是教师获得成功的基本条件和内在动力。爱岗敬业是一个人的"才华"得以显现并发挥、发展的动力。具有爱岗敬业品质的人，他们在工作中兢兢业业，默默奉献，最终将取得骄人的工作成绩。

其次，爱岗敬业是教师完美人格的构成要素，是塑造教师完美人格的重要条件。完美的人格应该是一个人的气质和风度、学识和才华、品质与品格的总和，爱岗敬业精神无疑是构成教师完美人格的重要品质、品格之一。完美人格的塑造既靠社会条件的制约和影响，又靠自己的锻炼和修养。具有敬业精神的教师往往因为其以大局和工作为重的行事作风、团结协作的处世原则、乐于奉献的生活理念而获得良好的人际关系，不断地完善自身的人格。

再次，敬业精神是教师实现其人生价值、社会价值的重要保证。一个人的人生价值是通过他们的品格、劳动态度和对社会的实际贡献来实现的。

教育是一项需要生命激情的事业。爱岗敬业不但告诉广大教师应如何处理个人与事业、个人利益与国家利益这些最重要的关系，也指明了教师在职业实践中，应该朝着什么样的方向去努力、去发展。当"爱岗敬业"从一种道德准则或道德规范转变成教师个人的道德理想的行为表现时，在"爱岗敬业"的道德价值观和道德理想的引导下，教师就会兢兢业业，勤于奉献，淡泊名利，默默地耕耘在三尺讲台之上，而且以苦为乐，甘于寂寞，勤勤恳恳，才能领悟从师的乐趣，以从师为荣，以师为自豪；教师会把坚持为人民服务的宗旨作为实现自己人生追求的价值。

第二节　爱岗敬业的要求

爱岗敬业的规范可分为三个方面,一是对教育事业的忠诚与理想的要求;二是对奉献精神的要求;三是爱岗敬业的具体行为要求。真正在教育教学工作中自觉践行这一师德规范,必须做好以下几个方面:

一、忠诚于人民教育事业,志存高远

广义上的忠诚指对所发誓效忠的对象(国家、人民、事业、上级)、朋友(盟友)、情人(爱人)或者亲人(亲戚)等真心诚意、尽心尽力,没有二心。"天下至德,莫大于忠。"作为教师,对教育工作就应该有一种叫"忠诚"的情感,这种情感就是对所担负工作的誓言。这样的忠诚往往需要经历得与失、荣与辱等重大的考验和锤炼。只有敢于、善于付出牺牲,只有真正做到了危难时刻,如在地震、火灾中保护学生的生命安全,舍生忘死救学生,才能得到人们的认可和肯定。忠诚于人民教育事业,就是战胜疾病,坚守岗位;就是在团队合作中先人后己;就是当金钱与权力考验你的时候,能够始终以学生的利益为重,以教育事业为重。

在我们国家,不论做什么工作,其根本宗旨是为人民服务,为社会主义服务。教师则是通过从事教书育人的职业,来集中体现这"两为"的思想。一个教师的成就,不仅在于他的教育才能和本领,更重要的是取决于他对教育事业的热爱程度和忠诚态度;没有强烈的事业心和无私奉献精神是不行的。教师要热爱教育,献身党的教育事业,必须不为名利地位所诱惑,不为任何困难和挫折所动摇,树立崇高的职业理想和共产主义信念;始终把从事教育、培养社会主义"四有"新人作为自己的志向和抱负,逐渐培养对教育工作真挚而深厚的感情;以从事教育工作为荣,献身教育事业为乐,以身立教,以教育人,全心全意为人民教育事业服务。这是教师从教取得成就的思想基础。

忠诚人民的教育事业,和热爱人民的教育事业密不可分,唯有热爱才有忠诚。忠诚人民的教育事业就是要始终不渝地贯彻党的教育方针,坚持正确的办学方向,把培养又红又专、德才兼备的人才放在第一位。党的教育方针是教育工作的根本指导思想,是办教育、办学校的总方针。党的教育方针强调教育为社会主义现代

化建设服务,为人民服务,要求与生产劳动和社会实践相结合,培养德智体美劳全面发展的社会主义建设者和接班人。当前,就是要全面实施素质教育,始终把立德树人、人才培养放首位。

忠诚人民的教育事业就必须自觉地、旗帜鲜明地抵制社会上各种错误思潮的影响和侵蚀,始终保持人民教师政治上的坚定性、道德上的纯洁性。当前,政治多极化、经济全球化、社会信息化的进程向纵深发展,多元文化相互激荡,社会生活领域发生着深刻而复杂的变化,思想政治道德建设面临着许多新情况、新问题和新矛盾,教师必须在思想道德上做到防微杜渐。

忠诚人民的教育事业,首先是政治上与党中央保持一致。政治方向是学校工作的灵魂,学校把坚定正确的政治方向放在第一位,就是要求教师必须坚持社会主义办学方向,为社会主义现代化建设服务,为社会主义现代化建设培养合格人才。当然,把坚定正确的政治方向放在第一位,并不是说要把大量的课时用于思想政治教育。邓小平说:"学生把坚定正确的政治方向放在第一位,这不仅不排斥学习科学文化,相反政治觉悟越高,为革命学习科学文化就应该越加自觉,越加刻苦。"除了政治上保持高度一致外,更要注意抵制社会上一些非理性思维对自身和学生的影响。特别是那些"庸俗幽默""黄色段子""黑色笑话"等,不应该也不允许传播和带到课堂上来。在多元文化相互碰撞的今天,一些非理性的东西,如网络不良信息等,都必须引起教育工作者的高度注意。

做一个光荣的人民教师还需要有高远之志。职业理想是人们在职业上依据社会要求和个人条件,借想象而确立的奋斗目标,即个人渴望达到的职业境界。它是人们实现个人生活理想、道德理想和社会理想的手段,并受社会理想的制约。职业理想是人们对职业活动和职业成就的超前反映,与人的价值观、世界观、人生观、职业期待、职业目标密切相关。职业理想是职业道德的重要组成部分,有了崇高的职业理想才能产生模范遵守职业道德的行为。习近平总书记指出,没有理想信念,就会导致精神上"缺钙"。对于教师而言,其职业理想应是通过在教育过程中的不懈努力,使自己成为一个德才兼备、品学兼优的学者,为人类的科学文化的发展,为培育更多更好的优秀人才而奋斗终生的崇高境界。教师只有树立了崇高的职业理想,才会终生奉献于教育事业,不把教育作为职业,而是要作为终生的事业去看待。只有培养教师的职业理想,才能从根本上确立教师对职业信念孜孜不倦的追求。

职业理想就是把职业做到一种什么样的水准的期待。树立崇高的职业理想道德就是要以党和国家的要求为宗旨,《教育部关于进一步加强和改进师德建设的意见》指出:"广大教师要有强烈的职业光荣感、历史使命感和社会责任感，以培育优秀人才、发展先进文化和推进社会进步为己任，站在时代的前列，努力成为为人民服务的践履笃行的典范。要志存高远，爱岗敬业，忠于职守，乐于奉献，自觉地履行教书育人的神圣职责，以高尚的情操引导学生全面发展。要正确处理个人与社会的关系，反对拜金主义、享乐主义和极端个人主义，把本职工作、个人理想与祖国的繁荣富强紧密联系在一起。"

　　教师职业理想的核心要素是教育价值观。教师要以培育优秀人才、发展先进文化和推进社会进步为己任，这是教师的职业责任、历史使命，也是教师职业的价值所在。教师职业的这种神圣使命和特殊的社会作用决定了教师职业的特殊价值。教师确立正确的教育价值观，就是充分认识教育的价值功用及教育的伟大意义。教师只有意识到教育的意义和价值，意识到教育是一项伟大的事业，才会喜欢教师职业，才能理智处理个人与社会、奉献与索取的关系，把"勇于承担社会责任""为社会做贡献""树立社会责任意识"等一个国家、一个社会必不可少的价值取向作为自己的价值取向。习近平同志指出："广大教师要自觉做中国特色社会主义的坚定信仰者和忠实实践者……要注重加强中国特色社会主义理论体系的学习，加深对中国特色社会主义的思想认同、理论认同、情感认同，不断增强道路自信、理论自信、制度自信，积极引导学生热爱祖国、热爱人民、热爱中国共产党。"教师应在人才培养、科学研究、社会服务工作中以极端负责的精神来对待每一个环节，对待每一个学生的成长发展，以此来实现自己的职业理想。[1]

二、甘为人梯，乐于奉献

教师资格考试结构化面试题例：

为什么说教师职业是高尚的，你是怎么理解的？

　　由于教育工作清贫且艰苦，从业者奉献多而获取少，所以在公私义利关系方面最能检验和体现教师的敬业精神。毫无疑问，那些专心教书、潜心育人、甘为人梯、淡泊名利的教师具有崇高而伟大的敬业精神。那些成长成才、获得发展的学生，无一不是踩在老师的肩膀上，以老师为人梯向上攀登。相反，那些万事当前"私"字当头、斤斤计较、只关心个人名利得失、不肯奉献只问索取的人，是无法体会到教师工作的艰辛和幸福的，即使因各种原因混进教师队伍，也往往会成为不被学生认可甚至厌恶的人。

　　孔子之所以被后人颂为"万世师表"，虽颠沛流离、累累遑遑却教诲不辍，一生始终如一倾心执教的道义性追求是一个主要原因。教育工作者只有在深刻理解教育事业地位和作用的基础上，才会

---

[1]　李继宏.教师的职业品格[J].全球教育展望，2010(2).

全身心地投入教育事业中；教师只有不断超越个人的私利，提升精神境界，才能具有甘为人梯、淡泊名利的胸怀，进而把学生的成长和进步视为自身人生价值的体现。

应该强调的是，在现代社会中，"爱岗敬业"的师德规范不是要求为人师者"净尽人欲"，而是要人们通过辛勤的教育劳动谋取合理正当的利益满足。反而观之，教育是关乎他人幸福、民族和国家利益的大事业，在它面前，他人利益和集体利益、国家利益当然是最重要的。所以，要求教师"淡泊名利"，以教育人才为乐，是合情合理的；而如果教师以追名逐利为乐趣，那么教育目的就无法实现，教育事业的发展就无从谈起。

三、对工作高度负责，认真备课上课，认真批改作业，认真辅导学生

（一）勤奋钻研，认真施教

勤奋钻研，认真施教是教师在教育教学过程中践行"爱岗敬业"的重要要求之一。习近平同志在文章《之江新语》中曾经说过这么一段话："对待本职工作，应常怀敬畏之心，专心、守职、尽责，干一行、爱一行、钻一行，尽心竭力、全身心地投入。要精其术，不拘泥于以往的经验，不照搬别人的做法，力求做得更好，成为本行业的行家里手。人生不满百年，做的也就是那么些事。做一件事情，干一项工作，应该创造一流，力争优秀。要竭其力，对待事业要有愚公移山的意志，有老黄牛吃苦耐劳的精神，着眼于大局，立足于小事，真抓实干，务求实效，努力在平凡的岗位上做出不平凡的业绩。要乐其业，对工作有热情、激情，始终保持良好的精神状态，把承受挫折、克服困难当作是对自己人生的挑战和考验，在克服困难、解决问题中提升能力和水平，在履行职责中实现自身的价值，在对事业的执着追求中享受工作带来的愉悦和乐趣。"

教师育人有其自身的客观规律，教师个人对这些教育规律的认识、理解、把握和运用的能力和水平，直接关系到其工作效率和育人成效。一个爱岗敬业的教师，不会满足于仅仅依靠已有的经验育人，他会着力总结教育规律，发现真理，与时俱进，并按照教育规律的要求科学施教；无论是备课、上课，还是批改作业、管理班级，他都会将自己的教育行为在教育规律限定的范围内科学地规划、组织、实施，科学施教。比如在教学的过程中，学生是主体，让学生学好知识是老师的职责。因此，在教学之前，教师要认真细致地研究教材，研究学生掌握知识的方法。通过钻研教学大纲和教材，不断探索，尝试各种教学的方法，提高课堂教学质量。

69

互联网时代,知识的更新日新月异,知识量的增加呈几何级速度增长;学生对教师教育教学方法和教学内容的新颖性要求不断提升,这就要求教师不断地完善自身、扩大知识面,通过勤奋钻研和科学施教来提高自己的业务水平。所以不管工作有多忙,教师应坚持反复钻研教材,大量阅读参考书,以提高自己的业务能力。

韩愈说:"业勤于精,荒于嬉;行成于思,毁于随。"每一位教师,不论你学历、天赋如何,只要勤奋钻研,虚心求教,不断总结经验教训,积累教育教学方法与技巧,就可以通过科学施教来实现提高自己教学水平的目的。

教书育人一事,看似简单,实则繁难。影响人发展的有诸多因素,它们可能与教育导向相一致,也可能和教育导向相悖逆。因此,教育过程具有长期性、复杂性,教师的担子非常艰巨。这就要求教师要以锲而不舍的精神,着力雕塑学生的心灵,引导学生自我发展,勤奋努力,教诲不倦。

(二)不敷衍塞责

这是教师爱岗敬业必备的工作态度,是对教师职业道德规范的底线要求。教师的勤恳敬业是爱岗敬业的具体表现,培养和造就时代需要的人才和企业生产"产品"是不一样的,没有现成的、严格的"工序"规定,教育是一种教师以人格魅力影响学生的活动。因而,在育人工作中不可能有严格而清晰的职责划分,不能说谁负责教书,谁负责育人,谁专职管理。每一个教育者都要为学生的健康成长负责,为民族和国家的未来负责,因此,每一个教育者都应当认真对待学校的全部工作,勤恳敬业,不敷衍塞责,团结集体,精诚合作,共同做好教育工作。

任何一名教师的敷衍塞责,都会对我们的整个教育事业和学生的成长发展造成无法弥补的损失。教师的敷衍塞责主要体现在以下两个方面:一是教学工作中的敷衍塞责,比如有的教师在备课中做不到全面备课,课堂教学中不能体现新课改的精神,更有甚者根本就没有体现新课改的意识,按原有的课程规范和使用了多年的教案得过且过;二是在育人工作中的敷衍塞责,最典型的就是只管教书不管育人、事不关己高高挂起的心态和意识,表现为不愿意做班主任,不愿意承担育人的责任,更有甚者自己不追求专业发展,还会用"当一天和尚撞一天钟"的消极心态影响年轻的教师和成长中的学生。

教师勤恳敬业,不敷衍塞责,就意味着需要付出更多的时间和精力,甚至会在一定程度上降低教师的物质生活质量,但是付出过后因问心无愧、心地坦荡而受到学生、家长和社会认可的幸福和快乐,也是常人难以体会到的。

拓展阅读

做教师的三个层次①

近代学者王国维认为:"古今之成大事业、大学问者,必经三种境界。"并以三句诗加以形容——"昨夜西风凋碧树,独上高楼,望尽天涯路",此为第一境界;"衣带渐宽终不悔,为伊消得人憔悴",此为第二境界;"众里寻他千百度,蓦然回首,那人却在灯火阑珊处",此为最终境界。实际上,这不只是做学问的境界,从事创作的境界,也是我们生活的境界,事业的境界,人生的境界。

做教师也是如此。教师之道,也可以划分为三个层次:

第一个层次,把教师当作一种职业。在自己的工作岗位上勤勤恳恳,任劳任怨,认真备课,上课,批改作业,辅导学生。既然选择了教师职业,就要耐得住寂寞,受得了清贫,在"下海"的人大把数钱时不眼红,在歌星影星大受追捧时不发烧,也就是做到"独上高楼,望尽天涯路"。

第二个层次,把教师当作一种事业。把教师当作一种事业,就是实干加巧干,既踏踏实实地工作,为学生倾尽心血,"衣带渐宽终不悔,为伊消得人憔悴",又做一个有心人,时刻动脑子,探索规律,发现真理,追求成功。

第三个层次,把教师当作一种艺术。把教师当作一种艺术,就是要晓古通今,博采众长,信手拈来最恰当的事例,将其融入课堂,天衣无缝,使学生在和谐的课堂气氛中汲取知识的芬芳,不再有学习之苦,不再觉背书之累。这种境界,是每一位教师都要追求的,但是,要经过长期的磨炼和坚持,才能体会到"蓦然回首,那人却在灯火阑珊处"的乐趣。这是师德境界的最高层次。

思考与练习

1. 结合身边的具体事例,谈谈你对爱岗敬业的理解。

2. 案例分析。

例一:学生张某是初中一年级的学生,有些厌学,数学成绩特别不好。老师为此十分着急,多次与他谈话,试图帮助其提高数学成绩,但是一直没法改变他的学习状况。一次数学课上,老师讲评

① 选自《中国教育报》2003年7月15日。

完期中试卷之后调侃学生说，你整天爱穿"李宁"牌服装，"李宁"牌可一直都是"√"号，而你的试卷上却总是"×"号，我看，以后你还是改穿"特步"吧！

思考与探究：请从教师职业道德的角度评价这位数学老师的做法。

例二：

国宝教师霍懋征

1943年，霍懋征从北京师范大学数理系毕业，作为多次获得奖学金的品学兼优的好学生，本来可以留校工作，但她选择到师范大学第二附属小学（现北京第二实验小学）当一名小学老师。在小学教师的岗位一干就是60年。1956年，她被评为共和国首批特级教师，被周恩来总理称为"国宝"。

半个多世纪以来，她经历了共和国教育改革的全过程，在小学的校园里和课堂上为教育教学改革创造了新经验，做出了巨大贡献。1956年，她被评为特级教师，周总理握着她的手，称她为"国宝"。后来，教育部要调她去工作，她答应只能"借调"；人民教育出版社请她当编辑，她不去，只承担了教材的编审工作；全国妇联、北京妇联等单位都邀请她任职，但她最终都没有离开孩子和小学课堂。霍懋征认为，小学教育是启蒙教育，是一个人一生中最重要的教育；基础打好了，才能盖起高楼大厦。当记者问起霍老师做了一辈子小学老师，放弃了那么多"高升"的机会，后悔不后悔时，霍老师坚定地说："不后悔，因为我喜欢小孩子。"

霍懋征认为，"教师是一种职业，但在我眼里更是一项事业。这种观念在我的脑子里越来越清晰。"一个优秀的教师，最重要的素质就是"爱这个事业"，教育是一个事业，不是一个职业，要有很强的事业心和责任心。"好的教师的标准"，在霍懋征看来，只有深沉的四个字"敬业""爱生"。从"职业"到"事业"，这也许是一个优秀教师的必经之路。对一个人来说，最重要的支撑就是思想支撑，也只有这样的思想支撑，一个人才能在自己选择的区域内排除万难，取得成就。

1993年，在人民大会堂召开的"霍懋征从教50周年研讨会"上，霍懋征老人将自己的感受归结为六个字：光荣、艰巨、幸福。她说："做一名老师实在是一件非常幸福的事情。"

组织上希望她能出任北京市实验二小的校长，霍懋征的态度无比坚决："不！我的生命在课堂，我的事业在课堂，我要重新回到课堂中去，而且，我要教语文。"霍懋征一生扑在基础教育事业上，经历几番打击都未放弃。1962年6月，霍老师正在给学生上课时,二女儿病逝;1966 年 6 月,她被打成"资产阶级反动学术权威",不能回家,孩子们丢在家里无人照管,13 岁的儿子被人扎死,15 岁的小女儿吓傻了;在一年零九个月的"牛棚"生活后,她没有屈服,依然坚持着基础教育事业。

"当老师是最辛苦的,但也是最光荣的、最幸福的。当你的学生一批又一批地成为国家栋梁之材的时候,你获得的欣慰是任何人也理解不了的。"霍懋征对自己从事基础教育 60 年感到无悔。

思考:霍懋征老师为什么在小学教师的岗位无怨无悔地奉献 60 年?

参考答案:

首先,来自她对教师这一职业价值的深刻认识。她说:"教师是一种职业,但在我眼里更是一项事业。这种观念在我的脑子里越来越清晰。"霍懋征认为,小学教育是启蒙教育,是一个人一生中最重要的教育。基础打好了,才能盖起高楼大厦。当记者问起霍老师做了一辈子小学教师,放弃了那么多"高升"的机会,后悔不后悔时,霍老师坚定地说:"不后悔,因为我喜欢小孩子。"

其次,来自她对教育事业和学生的爱。霍懋征认为,一位优秀的教师,最重要的素质就是"爱这个事业"。教育是一项事业,不是一种职业,要有很强的事业心和责任心。"没有教不好的学生,只有不会教的教师。""好教师的标准",在霍懋征看来,只有深沉的四个字:"敬业""爱生"。

再次,来自她对教师这一职业自觉地克服困难,排除障碍而进行行为抉择的力量和坚持精神。霍懋征一生扑在基础教育事业上,经历几番打击都未放弃:女儿病逝;儿子被人轧死,小女儿吓傻了;在一年零九个月的"牛棚"生活后,她没有屈服,依然坚持着基础教育事业。组织上希望她能出任北京市实验二小校长,霍懋征的态度无比坚决:"不! 我的生命在课堂上,我的事业在课堂上,我要重新回到课堂中去,而且,我要教语文。"

从"职业"到"事业",这也许是一位优秀教师的必经之路。对一个人来说,最重要的支撑就是信念的支撑。也只有这样的支撑,一个人才能在自己选择的区域内排除万难,取得成就,忠诚地履行自己教书育人的道德义务。

霍懋征老师敬重自己所从事的职业,对自己的职业有着强烈的认同感和责任意识,自动自发地投入全部的精力和热情,有着成就事业的高尚情感,努力践行的作风和奉献精神,这是霍懋征老师履行职责的自觉性和承担使命责任感的集中体现。

　　例三:2018 年 3 月 20 日午间,王学乐老师在批改五年级二班数学作业时发现,7 名学生在解答"一个长方体,底面是个正方形,它的高是 12 cm,所有棱长的和是 112 cm。这个长方体的体积是多少立方厘米?"这一问题时,出现一模一样的答案。由于是学校作业,同在教室自主完成,因此定性为抄袭。事后,王老师挨个询问,7 名学生先是否定,最后一致承认是抄袭。处理结果是警告,并要求做书面检查,并联系家长说明情况,要求家长引起注意。请结合教师职业道德对此案例进行分析。

参考文献

[1] 杨鼎家,李占舫等.教师职业道德规范与素质修养[M].北京:中国言实出版社,2012.

[2] 段文阁,赵坤.教师职业道德[M].济南:山东人民出版社,2012.

[3] 黄正平,刘守旗.教师职业道德新编[M].南京:南京大学出版社,2010.

[4] 教育部师范教育司.中小学教师职业道德规范学习手册[M].北京:高等教育出版社,2008.

[5] 宋志红.现代教师形象透视——师德建设百例评析[M].上海:上海科学技术出版社,2004.

[6] 梁启超.饮冰室合集[M].北京:中华书局,1989.

[7] 王春玲.从范美忠事件再谈教师职业道德[J].北京电力高等专科学校学报,2010(7).

第四章
关爱学生

1. 理解教师关爱学生的意义。
2. 理解教师关爱学生的具体要求。
3. 怎样做到关爱学生。

新《规范》的具体内容

关心爱护全体学生，尊重学生人格，平等公正地对待学生。对学生严慈相济，做学生良师益友。保护学生安全，关心学生健康，维护学生权益。不讽刺、挖苦、歧视学生，不体罚或变相体罚学生。

《新时代中小学教师职业行为十项准则》要求

五、关心爱护学生。严慈相济，诲人不倦，真心关爱学生，严格要求学生，做学生良师益友；不得歧视、侮辱学生，严禁虐待、伤害学生。

六、加强安全防范。增强安全意识，加强安全教育，保护学生安全，防范事故风险；不得在教育教学活动中遇突发事件、面临危险时，不顾学生安危，擅离职守，自行逃离。

关爱学生,是教师职业道德的基本内容。关心爱护每一位学生是我国教师职业道德的灵魂所在。关心爱护每位学生,不仅是教师职业道德的外在要求,更应该成为每位教师的内在追求。

第一节   关爱学生的内涵

一、关爱学生的内涵与特征

(一) 教师关爱学生的内涵

📝 **教师资格考试结构化面试题例:**

你怎么看待《中小学教师职业道德规范》中的"关爱学生"?

所谓关爱学生就是指在教育教学活动中,教师关心爱护全体学生,尊重学生的人格,平等公平地对待学生。著名教育家赞科夫说过:"当教师的必不可少的,甚至几乎是最主要的品质,就是要热爱儿童。"高尔基说过:"谁爱孩子,孩子就爱他,只有爱孩子的人,他才可以教育孩子。"鲁迅先生也说过:"教育是植根于爱的。"爱是教育的源泉,教育是爱的共鸣,是心和心的呼应。没有爱,就没有教育。爱是教师和学生心灵沟通的桥梁。教师给定学生的爱是一种强大的力量,它会促进学生从"亲其师"到"信其道"。无数教育成功的事例都说明,教师对学生的爱是打开他们心扉的钥匙。学生一旦感受到教师的关心和爱护,就会产生凝聚力,把教师对他们的关怀和爱护化作改正缺点、奋勇向上的动力。

教师爱生之"爱"是一种"师爱"。师爱是一种社会的、政治的、高级的情感,是教师在教书育人的过程中表现出来的一种对学生的关心、真诚、热情、尊重、理解、信任和严格要求等师德行为。它在教育工作中,有着极其神奇的作用和力量。师爱是一种自觉而理智、纯洁而全面、普遍而持久的爱,是一种无私、高尚、伟大的爱。这种爱是一种教育爱,在整个教育过程中发挥着不可替代的重要作用。这种爱是博大的,惠及每一个学生。这种爱是神圣的,是教师教育学生的感情基础,学生一旦体会到这种感情,就会"亲其师",从而"信其道",也正是在这个过程中,教育实现了其根本的功能。我国近代教育家夏丏(miǎn)尊说:"教育之没有情感,没有爱,如同池塘没有水一样,没有水就不能称其为池塘,没有爱,就没有教育。"教师的爱是一种强大的力量,它不仅能够提高教育质量,也会促进学生的成人和成才,影响学生的身心发展、人格形成、职业选择和人生道路的拓展。

教师对学生的爱与一般人的爱有所不同,它不是源于血缘关系,也不是源于教师某种单纯的个人需要,而是源于教师对社会主义教育事业的深刻了解和个人责任感,是在对学生价值的高度认识基础上产生的爱。徐特立曾经说过"我看见青年就高兴",这种发自内心的喜悦是一份"工作"带不来的。斯霞曾经说过:"工人爱机器,农民爱土地,解放军爱武器,那么教师就应该爱学生。"钱焕琦教授认为:"师爱是教育者基于对职业的理解,为实现职业理想和道德,在教育实践中产生的一种超越血缘关系的爱,它是以受教育群体为对象,在教育过程中表现出来的一种高尚的道德境界、执着的敬业精神、富于人道的教育艺术和对自我职业行为充分肯定的价值取向。"[1]

(二)教师关爱学生的特征

师爱是一种源于教育者的责任和义务并具有强烈社会性的教育爱,同时也是教师在教育过程中表现出来的促进教师与学生教学相长的积极的情感和能力。师爱的特征有:

1. 职业性

教师以培养人为职业。这一职业的特点在于,教育者必须热爱他的教育对象。如果你讨厌学生,那么你的教育还没开始就结束了。师爱不是教师可有可无的副产品,而是教师必须具备的道德要求,是教师职业道德的集中体现。这一点与其他自愿型的爱有着明显的不同之处。

2. 服务性

当前,高等教育不是免费教育,会收取学生部分费用,学生在一定程度上是教育消费的购买者。学校必须通过优质服务,为学生提供各方面的关心帮助,而高质量服务的标志是要有热诚之心和关爱之心。因此,教师应常以服务为宗旨,把对学生的爱融于高质量的服务过程中,这是师爱服务性的体现。

3. 广博性

师生的广博性是指教师对学生要一视同仁,要爱自己所教的所有学生,时时处处表现出教育者的公正。教师既要爱勤快伶俐的学生、爱聪明健美的学生,也要爱不善言辞的学生;既要爱活泼上进的学生,也要爱特立独行的学生。要多和学生交流,善于发现每一个学生的优点,坚信他们都是国家未来的栋梁,不以个人的好恶影响对每个学生的关爱。现在许多教师上完课就离开,也没有

---

① 钱焕琦. 教师职业道德[M]. 上海:华东师范大学出版社,2008:165.

对学生的辅导和课后指导环节,与学生的交集少,交往少,这极大地影响了师爱的实现。

4. 原则性

师爱既含有母爱的慈,又含有父爱的严,却又远远高于母爱和父爱。因为教师对学生的爱中包含党和国家对学生的爱和期望。按照国家规定的目标严格要求学生,是师爱原则性的体现。因此,对学生要严格要求,对达不到培养要求的学生不迁就,以规则、规矩为底线,以制度、纪律为指针,加强对学生成长过程各环节的管理。[①]

二、"关爱学生"的重要意义

(一)关爱学生——教师进行教育的原动力

关爱学生是师德的灵魂。没有爱,就没有教育。爱是人的天性,是人的生命需要,爱的满足与否直接影响到人的快乐与否、幸福与否。日本著名的美学家今道友信认为,爱是人的原体验,爱是使真、善、美这些价值得以实现的动力;爱是人存在价值的支柱。教育是一种感化人心、塑造灵魂的工作,是引人向善的工作。教师要成为实现教育使命的使者,担当这一使命,必须要有爱。因此,关爱学生是教师特有的一种职业情感,是教师应具备的重要道德品行。一个不关爱自己学生的教师不可能成为一名合格的教师。

关爱学生是教师教育活动中起决定作用的品质,是教育艺术的前提和基础。离开了爱学生这一基础,一切方法、技巧将会变得苍白无力。教师的劳动对象是有血有肉、有情意、有现实个性的人,教师对学生的态度决定对教学的态度,决定对知识的态度,决定教师自我修养的态度。教师对学生的态度,直接影响学生情感智慧的发展,进而影响学生智力的发展。教育思想家伯特兰·罗素说过,凡是教师缺乏爱的地方,无论品格还是智慧都不能充分地或自由地发展。托尔斯泰讲得更深刻:"如果教师只爱事业,那他会成为一个好教师。如果教师只像父母那样爱学生,那他会比那种通晓书本,但既不爱事业又不爱学生的教师好。如果教师既爱事业又爱学生,那他是一个完美的教师。"

必须注意的是,教师之爱不同于父母的爱,它不仅仅是出自个人的思想,也是出自社会的需要,是一种包含着深刻社会内容和社会意义的情感。这种爱是对民族的爱、对祖国的爱的具体体现,是

---

① 蒋乃平.论师爱的性质、功能及方法[J].中国职业技术教育,2007(10).

一种无私的、不求回报的爱,是一种"给予",但这种"给予"不是为了学生而牺牲自己的生命,而是教师生命潜能的表达,也是对教师自己的生命、成长、自由的肯定。正是在爱的"给予"中,教师体验到自己的力量,体验到自己生命的存在。

教师的根本任务是把学生培养成为德智体美劳全面发展的社会主义事业的建设者和接班人,这是教师对全社会负有的职责和义务。要完成这一重任,不仅取决于教师的育人才能,更取决于教师对学生的热爱。热爱学生,是激励教师在教育劳动中兢兢业业、尽心竭力、有所作为的精神动力。相反,如果一个不热爱学生的教师,他就肯定不会兢兢业业、尽心竭力地做好教育工作,甚至表现为一种应付了事、敷衍塞责、消极懈怠的态度和行为。

(二)关爱学生——取得教育效果的前提

教师与学生之间有无友爱之情和信任之情,教育工作的效果是大不一样的。古罗马著名教育家昆体良强调教育者在教育过程中要与教育对象建立深厚、和谐的师生关系,尤其是要建立师生之间的亲密友谊。"因为在这种感情影响之下,学生不仅将愉快地听讲,而且会相信老师的教导,愿意仿效教师……他们的错误被批时不会生气,他们受到称赞时会感到鼓舞,他们会专心学习尽力争取教师的珍爱。"加德纳的多元智力理论和罗森塔尔的皮格马利翁效应告诉我们:人们的学习活动不仅依靠大脑皮层结构,而且是在情感的参与下进行的。在现实教育实践中,我们还会发现许多爱屋及乌的现象。不少学生,特别是青少年学生,由于喜欢某一老师,而爱上该老师所教的课程,随之该科成绩较好。还有的学生因种种原因讨厌某一老师,因而不喜欢该老师教的课程,该科的成绩便十分糟糕。更有甚者,因受到某一老师的伤害,而讨厌所有的老师,讨厌教师职业,厌恶学习和厌恶学校。师之爱,关系重大;师之恨,危害非常。因此,教师应真诚地热爱学生,关心学生,以建立与学生的互爱、互信关系,并以互相信赖、互相尊重的关系为纽带,启发学生求知、做人的兴趣,启发求知欲,不断为教学质量的提高和人的发展完善服务。

教学是教师的教和学生的学的双边活动,是师生双方的共同活动。教师爱学生,学生乐意接受教师的教育,就能激发学生的学习兴趣,调动学习积极性。学生有了兴趣和积极性,就会"善学",就能认真听取教师的知识传授,教师也能取得良好的教学效果。实践早已证明:当一位热爱学生、受学生敬佩爱慕的教师一走进课堂时,学生肃然起敬,学习兴趣油然而生,教师传授的知识,学生学得好,记得牢。这种情感同时又激励教师越讲越有劲,教学的效果更好。苏联教育家苏霍姆林斯基说:"我坚信,教师对学生的真正的爱,是一种强烈的不可抑制的愿望,这是一种要把你认为是自己身上最好的东西献给学生(不是献给某个人,而是献给集体)的愿望,是努力使学生从思想上和政治上也达到和我们同一水平的愿望。……哪里有这种爱,哪里的教师本人就是吸引集体和每个学生的巨大力量。"无数事实证明:如果教师对学生抱有积极的态度或较高的期望,其与学生相处时的心理气氛就比较和谐、融洽,师生之间同教学有关和无关的相互作用就表现得更为充分,教师也就更容易给学生创造学到更多东西的机会,从而促成教学相长。

资料链接

爱是阳光　爱是春雨　爱是魔法

记得刚毕业的那一年,我担任二年级班主任,班上有一个叫小佳的孩子,异常调皮,分给谁都不要。安排到我们班时,我想:不就一个孩子吗,不信凭我的热情转化不了他。于是,初生牛犊不怕虎,二话不说就接了下来。没想到还不到一个月,这小家伙的"威力"就显示出来了,迟到、旷课、不完成作业、欺负同学……在屡次叫到办公室谈心、说教失去效果后,我再也忍不住了,决定到他家去一趟,准备让他的父母亲好好教训他一顿。到他家时,意外地发现他在屋外打扫庭院。见到我,他吃了一惊,但还是喊了一声"老师好"后跑回屋里。在同他母亲交谈时,我了解到,由于家庭贫困,父母亲每天早出晚归,疏于教导,因此让孩子养成了一些坏习惯,但这孩子在家还挺懂事,也能帮忙干活。于是,我把本来要告状的话收了回来。

回到班级后,我告诉学生们:"昨天老师到了小佳家里。今天,要表扬小佳同学两点,一是讲礼貌,见到老师能主动问好;二是能帮家里干活。希望同学们能向小佳同学学习,也希望小佳同学能让大家找到更多的优点。"随后,我又安排让他负责班级的卫生工作,并对他的尽职尽责及时予以表扬。再往后,他在课堂上认真多了,有一天居然拿了一道题来请教。一学年后,他已经是老师的得力助手,成绩也升到了中等。是什么力量把一个人见人烦的孩子变成人见人爱的孩子?是爱。爱是阳光,可以把坚冰融化;爱是春雨,能让枯萎的小草发芽;爱是魔法,可以点石成金。

第二节 关爱学生的要求

一、关心爱护全体学生

热爱学生,教师首先要关心学生。教师之爱不仅是一种打动人的高尚情感,它还展现了一种主动性,即为教育事业尽心尽力,使学生健康成长。有了这种主动的关心,教师就会真诚地为学生的点滴进步而欣喜,为学生的不佳表现而难过。他们会关心学生的各方面——学习、健康、思想品德,关心学生的进步和成长,并积极地投身到教育教学中,毫无保留地贡献出自己的精力、才能,力求找到最好的教学方法,进行创造性的教学。

关爱学生是教师的基本思想感情。从这一点出发,教师可以也应该善于成为学生(包括学习成绩较差的学生)的知心朋友。这种朋友没有上下、高低之分,没有做作、应付之意,也没有责怪、教训口吻,只有倾心交谈,真情交融。无数成功教育实例都说明,谁能成为孩子的朋友,谁能听到孩子的悄悄话,谁能赢得孩子的心,谁就取得了教育的主动权,甚至可以说他已经赢得了教育成功的一半。

要关爱学生,教师必须要有很多的付出。这种付出一般都会获得学生真情的回报。而且这种回报是无价的,它既密切了师生关系,为教育工作铺就了坦途;又使学生健康地走向全面、和谐、自由发展之路。其实,学生是最懂情、最讲情的,也是最动情的。老师对学生的真爱必然赢得学生对老师的真爱,而且学生的那份纯洁无瑕、无比真诚的爱足以催人泪下,震撼老师的心灵。古语说得好:"滴水之恩,当涌泉相报。"

无数事实也证明:只要你给学生一滴真爱,学生报答你的往往是热血沸腾的涌泉。教师要教育培养学生,就要了解学生。了解学生是热爱学生的起点,是进行教育的前提,没有了解的爱,只是盲目的爱,没有了解的教育,只是主观主义教育。为此,教师要全面地了解学生,要了解每个学生的过去和现在,了解学生成长的家庭环境和经常接触的各种人和事,了解学生表现在外的优点和缺点以及学生的内心世界。每个学生都是有思想、有情感、有个性的活生生的人,一个老师如果对每个学生的实际情况心中不明,缺乏深入、全面的了解,那么,他不但不能从每个学生的实际情况出发,

🖊 **教师资格考试笔试真题:**

并不富裕的汪老师时常资助一些家庭经济困难的学生,还鼓励他们克服困难,在学习上给予切实的帮助。这体现了汪老师能够做到( )。

A. 长善救失

B. 严慈相济

C. 因材施教

D. 关爱学生

答案:D。

在思想上、学习上全面关心学生、爱护学生,而且也不能真正做好教育教学工作。教师只有对学生了解越深,才会爱得越深,师生之间的感情才会日益深厚。

资料链接

因人而设的动物兴趣小组

开学第一天的第一堂课,因一只被李小明放在一个学生书包中的青蛙蹿出来"呱呱"直叫,影响了上课,班主任当着全班同学的面狠狠地批评了他。可是,第二天,教室里出现了一只小猫,接着又出现了小狗、麻雀、老鼠……有一次,李小明竟将一条蚯蚓放到了讲台上。班主任对他批评、监视、处罚,都没有使他转变,认为他是不可救药的"皮大王"。到了初二,李小明依然是那样调皮。新来的班主任仔细地观察他,不久发现他喜欢上生物课,于是找他谈话,非但没有批评他,还告诉他班上要成立一个动物兴趣小组,准备让他当小组长。他非常激动,向班主任表示了决心。半年后,李小明从观察昆虫的活动中,懂得了学好各门功课的重要性,对学习产生了深厚的兴趣,也逐渐改掉了散漫的坏习惯,认真学习,有了很大的进步。他写了科学小论文《蚯蚓在农业生产中的作用》;在全市昆虫考察比赛中,动物小组制作的标本还得了奖。

二、尊重学生人格

热爱学生就要尊重学生,尊重学生的人格和自尊心。尊重是现代教育应把握的一个重要原则,没有尊重就没有教育。因为青少年学生都有较强的自尊心和上进心,都希望得到教师、家长和他人的尊重。教育的过程本来就是一个促进学生独立性不断生长的过程,这需要在学生的自我肯定、对自我判断的信任中积累获得。教师尊重学生,就能激发他们身上积极美好的东西,给予一种教育力量和鞭策力量。在具体的教育活动中,教师对学生的尊重主要表现为尊重个体生命的自主选择、兴趣爱好、情感愿望、行为方式、生活方式等。教师对学生的尊重可以概括为:一是在制定明确的规章制度以后,坚持原则,但尽量避免师生之间出现敌对局面,照顾学生的面子,不伤害学生的自尊心。二是允许学生保持自己的尊严。三是课堂上或私下里不公开损害学生的名誉。四是对学生表示信任,乐意与学生交朋友,鼓励学生为班级做贡献,不打击学生的积极性。五是允许学生保守自己的"小秘密"。在现实的教育中,无论是教师还是父母,在一定程度上都存在着比较严重的不尊重学生的现象。教师不能歧视、讽刺、体罚学生，否则，就会伤害学生的自尊心，使学生产生反感或丧失进取心，这也往往成为建立良好师生关系的最大障碍。

尊重学生首先要信任学生。教师应充分理解学生、信任学生、欣赏学生，呵护学生的创造潜能，切勿伤害学生的自尊心和自信心。具体而言，对学生的信任表现为：相信学生有积极向上、向善、向美的愿望，有自主学习、自主选择的能力，有自觉改正错误的心向与能力等。因此，信任学生要求教师对学生的成长始终满怀期望，并通过肯定信任的语言，满意、喜悦的神情来传达这种期望，才能给学生带来巨大的力量。信任学生还要求老师给学生个体生命的成长"留有时间"，教育是一个"静待花开"的等待过程，不能无条件地追求立竿见影。

资料链接

学生的"忠告"①

学生对教师的尊重具有强烈的期望与要求。一位班主任曾从班级的周记中得到学生的 36 条"忠告"，其中有 12 条涉及对学生的尊重：(1) 虚心接受学生提出的意见，敢听学生的逆耳之言；(2) 平易近人，不摆架子，不训话，多谈心；(3) 要言而有信；(4) 该管的管，该放的放，要给同学更多的自主权；(5) 批评学生时尽量少讲粗话；(6) 多多体谅学生的难处，要善解人意；(7) 要批评就明来，不要暗来(师生坦诚相待，那多好!)；(8) 可以对某个同学有意见，但不能有成见；(9) 不要采取打的措施(我们大多数同学"吃软不吃硬")；(10) 不要说学生笨；(11) 如果能把更多展现自己的机会公平地分给每一位同学，你会发现许多同学会让你大吃一惊，包括成绩差的；(12) 班主任的轻蔑会打击同学的自尊心。

三、平等公平对待学生

教师关爱学生就要公平对待每个学生。教师要一视同仁，不偏爱，不歧视。尤其对待后进生，更应特别关心、爱护。教师处事应公平合理，要杜绝成见，客观公正，关心爱护全体学生，不能人为地将学生分成好和坏，厚此薄彼。但在教育实践中，一些教师固守个人成见，轻率地评价学生的优劣，人为地"创造出差生"，如安排

---

① 胡东芳，陈炯. 谁来塑造"人类灵魂的工程师"[M]. 福建:福建教育出版社，2000:97.

座位,竟然可以依据考试成绩,优秀者坐在最佳座位,而成绩差的学生却被安排在较偏或较远的位置,这些学生似乎在老师的视野中消失了,学不学无关紧要,这直接造成对学生心灵的伤害。教师同时要考虑到学生的差异是客观存在的,应承认和尊重这种差异,不能硬性地按整齐划一的标准来评价、要求每个学生。这种差异要求教师创造适合不同学生健康成长的教育,而不是选择适合教育的学生。

资料链接

座位排好了,学生心伤了

一名初三学生发来邮件说:"按成绩排座位是非常不合理的一件事。以往班上每次考完试,就按考分从前到后排座位,我几乎每次因成绩优异都排在前面,可越是这样,每次考试的心理压力就越大,总想着不能多丢一分,不然就可能到后排去了。我记得有次考试失利后,座位忽然跌到了中间位置,那段日子,坐在那个座位上,感觉就是恨不得自己是透明的,惧怕任何一丝他人的目光。"

学习好的有压力,而对成绩排名靠后的,则起不到激励作用。几位在老师眼里属于"差生"的同学来电说:"课堂上一抬头便见前方人头攒动……这般望去,心中又怎会不生出几分自卑?为什么要用'鞭子'抽我们呢,我们不是陀螺呀!"

教师公正面面观①

1. 家长眼中的教师公正

(1) 能做到一视同仁,能把自己的学生当作自己的孩子一样看待;

(2) 对学习好的学生和学习不好的学生一视同仁;

(3) 对待每个学生态度一致,不论其出身、家境、俊丑等;

(4) 公正无私、不分好坏、不只关注好学生;

(5) 不对任何学生抱有成见,不论是"好学生"还是"差学生";

(6) 对待学生一视同仁,没有偏见。不论与家长是否认识,都不影响教师与学生的关系;

(7) 让学生轮流做班级的干部,培养他们的综合素质和能力。

2. 学生眼中的教师公正

(1) 对待学生机会平等;

---

① 陈会昌.德育忧思——转型期学生个性心理研究[M].北京:华文出版社,1999.

（2）平等待人，不偏向他人、不嘲讽及轻视；

（3）不考虑学生的家境、服装以及学习成绩，对所有的学生都一视同仁；

（4）没有特别偏爱的学生，也没有特别厌恶的学生，对所有的学生都一视同仁；

（5）一视同仁，不对学习不好或纪律不好的同学怀有瞧不起的心理；

（6）不给优秀学生开小灶；

（7）对学生没有偏向心理，对每一个学生都给予一定的进步机会；

（8）对学生一视同仁，不把学生分成三六九等，不论学生学习成绩如何，在同一事上采取同一态度对待；

（9）一视同仁，对谁都一样，比如上课发言，应该每个人都叫，不光叫一个人或几个人；

（10）对待所有同学都一视同仁，不用有色眼镜看人；

（11）一碗水端平，不在投票选举时说一些暗示的话。

3. 平等对待学生的 12 条标准

首先，平等，既不是对少数人的平等，也不是对多数人的平等，而是对所有人的平等，特别是对处于各种不利地位的学生，必须平等对待。这包括六种情况：① 平等对待智力和能力不同的学生；② 平等对待学习成绩不同的学生；③ 平等对待男学生和女学生；④ 平等对待个性特点不同的学生；⑤ 平等对待家庭背景不同的学生；⑥ 平等对待自己喜爱和不喜爱的学生。

其次，给学生提供平等的机会。这包括：① 在公布成绩时平等；② 在进行各种选拔时平等；③ 在上课时平等；④ 在评价学生时平等；⑤ 在处理学生之间发生矛盾冲突时平等；⑥ 在自己心情愉快和不愉快时对学生平等。

资料链接

歧视"差生"现象不容忽视

呼声

当前，在一些中小学校，所谓的"差生"常常受到学校、教师不公平对待。这个问题，应当引起社会关注。

学校歧视

分快班和慢班。一些学校（特别是初中）为了提高升学率，将学生按考试分数的高低分班。学校抓快班是为了培养优等生，安排任课教师优先考虑,在其他教育资源的分配上也优先。

取消考试机会。有的学校为了不让"特差生"拉后腿,每逢统考、升学考试等大型考试报名,千方百计给"特差生"做工作,让其放弃参加考试机会。

教师歧视

座位安排上歧视。教师安排学生座位是"以分数论英雄","优等生"的座位都在教室的黄金地段——中间位、靠前位,"差生"则分布在两边和后排。

课堂上歧视。对于老师的课堂提问,"差生"往往不能较好地回答,甚至答不上来,有些教师认为提问"差生"是浪费时间,索性就不提问或少提问。如果遇到公开课,就更轮不到"差生"了。

作业批改上歧视。老师在批改"差生"的作业时往往不像批改其他学生的作业那样认真,有时为了节省时间,干脆就不批改。

处理问题上歧视。"差生"和"优等生"犯同样的错误,老师对"优等生"往往能网开一面,手下留情,而对"差生"却严格"依法办事",甚至"从重处理"。

同学歧视

"优等生"看不起"差生"。快班的学生因为自己进了快班而自感高人一等,有很强的优越感。慢班的学生,多数失去自信心,学习成绩一落千丈,加之许多慢班教师不愿在提高学生学习成绩上多下功夫,结果慢班中一部分学生荒废了学业。"优等生"对"差生"往往不屑一顾,认为"不值得"交这样的朋友。所以"差生"的伙伴多是"差生"。

原因分析

造成歧视"差生"的原因很多,但主要是现行的教育评价体系存在问题以及部分教师的素质不高。教育主管部门对学校的评价办法简单是造成歧视"差生"的主要原因。一所学校的办学成绩好坏,只看学校的学生升学率的高低。学校为了在同行业中有较高地位,就会片面追求升学率,其他的当然就不是学校工作的重点了。学校实行快慢班制度,大多是无奈的选择;学校、老师及家长对学生考试成绩的过分要求和渲染,使学生认为"学习成绩就是一切",导致"优等生"瞧不起"差生"。

我国《教育法》规定:学生有平等地接受教育的权利。学校、教师对"差生"的歧视,实际上是一种违法行为。学校、教育主管部门和社会各界应充分认识其危害性,尽可能地采取措施防止和减少"歧视"现象的发生。

四、对学生严慈相济,做学生的良师益友

(一)对学生严慈相济

　　严慈相济就是严厉和慈祥相互补充、相互结合的意思,苏联教育家赞科夫曾说:"不能把教师对学生的爱,仅仅设想为用慈祥的关注的态度对待他们,应当同合理的严格要求相结合。"许多教育家认为,教师必须对学生严格管理、严格要求。有道是:严是爱、松是害。但如果对严格的管理认识不到位,方法不得当,也会造成学生个性压抑、自卑感重、胆小怕事、处事能力差,或者造成学生逆反心理,导致师生关系僵化,这既不利于学生身心的健康发展,又不利于教师工作的进一步发展。实际上严格要求的本质是真爱学生,严格要求的力量源泉也是真爱学生。做老师最不易的也是最引以为荣的就是展示真正的爱心,即真心实意地、全心全意地热爱自己的学生。孟子把"如时雨化之"(《教学·尽心上》)列为五教者之首。教师有了真爱就能如春风化雨般,培育学生成长。

　　一些教师认为只要对学生"好",就是爱生,其实这是错误的,"打是亲,骂是爱"式"爱生"也是不行的。俗话说"严师出高徒","严是爱,松是害,不管不问要变坏"。严格要求也是师爱的一个重要表现。教师热爱学生最根本的就是要使学生在思想品德上、学业上都健康地成长,将来成为对社会有用的人。这就需要严格要求,没有严格要求就没有教育。严格要求学生,就是要求教师按照现行教育方针和教学大纲的要求,严格训练和教导每个学生。因此,严是有标准的严,是有利于学生德、智、体、美、劳全面发展的严,不是摧残学生身心健康的严。为此,教师要做到"严而有格""严而有理""严而有情""严而有方""严而有恒"。教师教育学生必须将严格要求与爱结合起来,对学生的严格要求是出于真诚的爱。做到严出于爱,爱寓于严,爱而不纵,严而不凶。教师只有掌握合理、适度的分寸,才能促进学生健康成长。

　　我国近代教育家魏源说得好,他说:"教以言相感,化以神相感,有教而无化,无以格顽;有化而无教,无以格愚。"意思是说,只要我们真爱学生,真情付出,即使是顽愚都可以教化。在教学实践中,接触到的学习成绩较差的学生,都存在着同样的情况,他们调皮捣蛋和聪明机灵同在,成绩较差与潜力巨大并存,逆反心理与信赖老师共处。他们渴望进步,渴望鼓励,一句话,渴望真爱。

　　他们的这种渴望就是对其进行教育的一种机遇,也是师生沟通的基础。这种沟通要从平等相处开始,平等相处的第一要务就是让他们说话,而且让他们说完。老师应该十分认真地听他们诉

说,因为对他们的关心、爱护和真爱必须从尊重学生的人格做起,承认和维护他的主体地位。当然,学生需要教师的耐心教育,也需要制定合理的规章制度来约束学生的不良行为,也不可能只有表扬、没有批评。关键在于教师要灵活运用各种教育手段,做到宽严适度、刚柔相济。

在关爱的前提下严慈相济,刚柔结合,该严就严,能慈则慈,这些渗透了真爱的教育必能让学生因亲其师、敬其师而听其言、信其道。

在实际工作中,当学生犯了错误,教师可以先听听他对这个事情的看法,让他自己找出不对的地方,以及产生的根源。大多数学生往往在教师教育之前,已经认识了错误,也有了改正错误的决心。这个时候如果教师再去严厉指责,反而会把事情搞僵。很多学生在犯错误之后,教师的慈爱和宽厚的态度,会比采取任何办法更有教育效果。有位教育家说:没有不合格的学生,只有不合格的老师。学生中会存在着各种问题,但总有导致它产生的原因。在这个时候,一个优秀的教师总能以足够的真情爱心,对学生晓之以理、动之以情,一定能带出一批优秀的学生。

(二) 做学生的良师益友

理解学生是做学生益友的前提和关键。学生渴望老师的理解,他们喜欢与活生生的教师打交道,喜欢有情有义的,能读懂他们、理解他们,对他们平等、坦诚相待的教师。教师只有真正懂得了、理解了学生的心理,教育才能既有人情味,又能收到极佳的效果。教师要经常以学生的思维方式,从学生的角度考虑问题,才能走进他们的心灵。如果你是班主任,你认为很小的事情在他们看来可能是天大的事情,当他们把你当成知心朋友,你就成功了,你可以毫无遮掩地看到他们的心,然后对症下药,引领他们的思想和行为。这个时代,孩子越来越敏感了,走进孩子的心理世界很难,关键是发现机会,当他们彷徨、沮丧之时,你走近他们,关心他们,这时,你付出一点真情,会在他们心里引起意想不到的轰鸣。

资料链接

惩罚与诺贝尔生理学或医学奖

美国著名解剖学家麦克劳德在获得诺贝尔生理学或医学奖后,在被问及成功的因素时,他却说对自己在小学受到的一次惩罚念念不忘。小时候的麦克劳德非常调皮,有一次他和小伙伴出于好奇,解剖了一条狗,想看看它的内脏,事后才知道那条狗的主人是校长。麦克劳德傻了,等着一个严厉的惩罚,但校长的惩罚却是让麦克劳德画狗的血液循环图和骨骼结构图。麦克劳德绞尽脑汁认真地画好图,交给了校长,最终,校长非常满意他画的图,不再追究杀狗事件。

资料链接

宽容的力量

一个孩子在赵老师上课没收了他的脸谱纸牌后,写下"赵某某你不得好死"的纸条。赵老师从举报人手中拿到这张纸条的时候,显得非常平静。她把这个吓得瑟瑟发抖的孩子叫到办公室。出人意料的是,赵老师不但没有大发雷霆,而且还为孩子耐心地纠正错别字,因为这个孩子把"得"写成"的",把"好"写成"号"了。她让孩子把写错的字抄写三遍,然后平静地告诉孩子:"其实每个人都是要死的,或早或晚,并不可怕,可怕的是活着的时候不好好读书,到死的时候就会后悔。你现在还小,有些话可能还不懂,以后你会明白的。你现在可以回教室了,去上课吧!"这个孩子满脸泪水,连连说道:"对不起,赵老师!"

宽容是教师之爱的一种重要体现。关爱本身就包含宽容。缺乏宽容,爱是不完整的。在一定意义上讲,不宽容的爱,并不是真正的爱。人类之所以需要宽容,原因在于,犯错误是每个人生命成长中不可避免的组成部分。人正是在错误中成长起来的。经验告诉我们:面对学生犯错,不要急于处罚,要认真思考一下,学生犯错的原因是什么,并设身处地地为学生想一想,进而相信他们会通过自己的努力,改正错误。宽容的一个重要表现就是"留有时间",教育要尊重个体生命成长的时间性,不要拔苗助长。教师要学会创造性等待,从积极的角度看待学生,要善于从正面激励、肯定学生。教师的宽容能够触及学生心灵最深处的角落,使学生产生内疚感,进而出现要弥补过失、改正错误的愿望。这也正是教育所期盼的结果。

五、保护学生安全,关心学生健康,维护学生权益

(一) 保护学生安全

保护儿童是人类社会的一种美德,保护学生安全,不论是从法律角度,还是从道德规范角度,都是教师不应回避的责任。中小学

教师面对的是未成年人,处在成长中的孩子,他们常常难以拥有成人那样的判断能力,教师当然要成为他们校园甚至社会生活中的引领者、组织者。主要表现在以下几方面:第一,教师应该时刻关注学生课间活动状况,尽可能避免一切安全隐患。中小学生处于青春期阶段,独立意识强,好奇心强,看待问题比较偏激,易引发斗殴事件。教师要注意学生之间的矛盾,合理地化解学生存在的问题,避免学生的生命安全受到威胁。第二,教师要关注校车情况,时刻监督校车设施安全,并且经常强调学生来回学校要注意交通安全的意识,学会爱护自己的生命。第三,教师要关注学生住宿安全,应该重视学校的安全设施,提醒学生不要做危险的动作,严抓住宿学生夜不归宿、校外住宿的情况。

(二)关心学生健康

学生健康包括身体健康和心理健康两个方面。在身体健康方面,目前我国中小学生身体素质严重下滑,近视率持续走高。教师要负起责任,引导督促学生加强锻炼,不得随意侵占学生的休息、娱乐、体育锻炼的时间。在心理健康方面,中学生处在青春期,容易在家庭教育、生活环境等因素的影响下出现心理障碍和心理缺陷。教师要避免歧视后进生、避免侮辱学生人格,不讽刺、挖苦、歧视学生,不体罚或变相体罚学生,主动和家长沟通,做好学生的心灵导师。

(三)维护学生权益

学生的权益是指学生在教育活动中享有的各种权利。中小学生,他们大多未满18周岁,是无民事行为能力和限制行为能力的人,他们的身心和社会性发展尚不充分,还不能完全准确地辨别是非和保护自己,因此法律对其权利必须给予特别的保护。我国颁布了《中华人民共和国义务教育法》《中华人民共和国未成年人保护法》等法规来保护学生的权利,如享有受教育的权利、人身安全不受侵犯的权利、民主平等的权利、发表意见的权利、隐私权等。教师要增强学生运用法律手段来维护自己权益的意识和能力。除了法律的约束,学校也有维护学生权益的责任。学校既是专门从事教育活动的场所,也是保护学生权利的主要部门。尤其是教师,要以学生健康成长为出发点,充分尊重和保护学生各项权利,做学生权利的维护者。另外,教师要既充分尊重学生,又必须约束自己的行为,以防伤害学生的心灵。

六、不讽刺、挖苦、歧视学生，不体罚或变相体罚学生，不得歧视、侮辱学生，严禁虐待、伤害学生

讽刺是用比喻、夸张等手法对人或事进行揭露、批评或嘲笑。挖苦用"俏皮话"讽刺，用刻薄的话讥笑人。歧视是因某个人的缺陷、缺点、能力不足、家庭问题等，而待之以不平等的观念与行为的现象。讽刺、挖苦、歧视学生严重地危害了学生的身心健康，损害了学生的人格尊严。"自尊心是一个人的基本品质，丧失了自尊心，也就丧失了人格。"自尊心也是和自信心连接在一起的。有了自尊心就会建立起自信心，而有了自信心又会促进自尊心的确立。学生的自尊心受挫后，容易与教师产生对立情绪，也容易使他们向两极发展。具体表现：一种是产生自卑心理，失去克服困难、争取进步的勇气和信心，甚至产生抗拒心理。有的学生受到讽刺、挖苦、歧视后，感到自己不被人理解，因此在性格上孤僻，行为怪异。另一种则是加倍表现自我，显示自己与众不同，但又常常朝错的方向发展，甚至以大欺小、以强凌弱，进而走上犯罪的道路。

讽刺、挖苦、歧视、侮辱学生的语言，如大声吼道："现在，让这些实习老师们一起看看咱们班的这些差生，你们每次考试拖班级后腿，也不嫌丢人，脸皮真是够厚的"；"他这两天就是个神经病，专找麻烦"；"我挺疑惑的，你平时数学成绩挺差的，这次怎么考得这么好？跟老师说，这次是不是抄你同桌的了"。

讽刺、挖苦、歧视不仅伤害了学生的身心，也严重损害了教师"学高为师，身正为范"的职业形象，包括教师在学生心目中的地位。当前，有少数教师存在一些不健康心理，导致行为错乱乖张，有的教师大搞"师道尊严"，把学生当成管制和训诫对象，学生一旦出错，轻则斥责，重则打骂。这也说明了这些教师在教育上到了"黔驴技穷"的地步。

体罚，是教师对学生肉体实施惩罚并使其受到伤害的行为，如殴打、罚站、下蹲、超过身体极限的运动、刮脸、打撕嘴巴等行为。变相体罚，是指采取其他间接手段，对学生肉体和精神实施惩戒并使其受到伤害的行为，如劳动惩罚、写过量作业、脸上写字、讽刺挖苦、谩骂、烈日下暴晒等。

体罚学生有许多危害：

（1）难以转变学生不正确的态度。虽然体罚可能达到在特定情境中制止某种行为的目的，却很难转变学生不正确的态度。体罚与变相体罚只能使学生学会逃避体罚，而不是诚心转变态度，改正错误。这种体罚与变相体罚显得相对无效。

（2）难以形成良好的教育氛围。"杀鸡儆猴"式的体罚使学生

在行为上谨小慎微,时时、事事消极防卫,害怕教师。这就不利于学生形成积极向上、勤奋学习的思想品质,也不利于班集体形成文明、和谐、轻松的氛围。

（3）会给学生带来不必要的焦虑。经常体罚会使学生对体罚极度反感,使学生对体罚反应迟钝,逐渐失去对体罚的敏感。为了达到应有的效果,教师往往又要加重体罚,这样就导致体罚的恶性循环,带来不堪设想的教育后果,不利于学生健康心理素质的培养。

（4）会导致师生关系紧张,使师生产生冲突乃至对抗。这既损害了教师的社会地位和人格魅力,也违反了《中华人民共和国未成年人保护法》《中华人民共和国义务教育法》《中华人民共和国教师法》等法律。

缺乏教育艺术是产生体罚的重要原因。学校应该运用多种途径来提高教师的教育艺术素养,使教师能依据学生的心理特点、行为特征采取行之有效的教育方法和教育手段,避免体罚。

拓展阅读

灾难发生时老师应该做什么?

① 四川桑枣中学:居安思危,地震发生时师生无一伤亡

四川安县桑枣中学是地震的重灾区。然而在地震发生时,桑枣中学师生无一伤亡,2 200多名学生、上百名老师,从不同的教学楼和不同的教室中,全部集中到操场,以班级为单位站好,用时1分36秒。究其原因,是桑枣中学有一个具有忧患意识、时刻绷紧安全这根弦的校长。

桑枣中学校长叫叶志平,是四川省优秀校长,他担任校领导后,不仅下决心对一栋不危险的实验教学楼进行了彻底的加固,消除了隐患,更为主要的是,从2005年开始,他每学期都要在全校组织一次紧急疏散演习。工作做得非常仔细,从每个班的疏散路线、楼梯的使用、不同楼层学生的撤离速度,到操场上的站立位置等,都事先固定好,力求快而不乱,井然有序。由于平时的工作做得扎实到位,虽然大地震时叶志平外出办事,但全校师生按照平时学校的要求,震波一来,所有学生都趴在桌子下,震波一过,学生们立即冲出了教室,2 200多名学生,仅用时1分36秒就全部跑到操场,胜利逃离险境。

② 日本:地震时,老师不能离开学生

据《国际先驱导报》报道,地震发生时,学校教师应该如何做,

在日本有明确的规范:"老师不能离开学生"。记者拿到了一份山梨县教委编写的学校地震灾害对策指导手册,上面详细介绍了地震发生时老师如何正确引导学生逃生的方法,还明确了老师在地震时必须要说的几句话,比如:"一切都听老师的!""藏在桌子下!"

③ 美国:不能扔下学生不管

美国《民法》第 3100 条规定:所有公职人员是灾难服务人员。此公职人员包括教师,因此当灾难发生时,美国教师有疏散学生的职责。

案例分析

受委屈的婷婷

婷婷 10 岁,是某市某小学二年级的小学生。一天,婷婷和同学妞妞在课间打闹玩耍,妞妞打了婷婷,婷婷也不示弱地还了手,结果妞妞哭了起来并且先去向班主任王老师告了状。婷婷向班主任解释说是妞妞先动手的,而且自己已经赔礼道歉了。可是王老师根本不听解释,让婷婷家长买东西给妞妞赔偿。婷婷只好回家告诉了父母,婷婷爸爸要来了妞妞家的电话和住址,准备改天去看妞妞。结果第二天,王老师当着全班同学的面说:"我让婷婷家长去看望妞妞,她说她爸妈都忙没时间,你爸妈是什么人物呀,是国家主席呀?"全班同学哄堂大笑起来。听到老师用这种语言来讽刺自己的父母,婷婷心里既气愤又难过。后来的 1 个星期中,王老师又多次讽刺挖苦婷婷,还在学业、活动方面故意为难婷婷。1 个星期的经历让婷婷幼小的心灵受到接二连三的打击,开始半夜惊叫、噩梦不断。后经专家诊断,婷婷出现了应激性心理障碍。请分析班主任王老师的做法有什么不妥的地方?

【分析】

教师在语言上的讽刺挖苦,是一种语言伤害,属于"软暴力",它造成的后果有时可能远远超过大人们的想象,轻则可能使学生失去学习兴趣,严重的还可能导致学生的心理问题,甚至造成学生自杀自伤、违法犯罪。学校要从制度上杜绝教师语言暴力,将语言暴力纳入对教师的考核范围,同时建立有效监督机制。

本案主要涉及未成年人受到教师歧视和侮辱的问题。班主任王老师没有做到公平对待婷婷,其行为违反了《义务教育法》和《未成年人保护法》的相关规定。

(1)《义务教育法》第 29 条规定了教师应当平等对待学生,尊重学生的人格,不得歧视学生,也不能侮辱学生的人格尊严。《未

【法律依据】
《义务教育法》第 29 条

教师在教育教学中应当平等对待学生,关注学生的个体差异,因材施教,促进学生的充分发展。

教师应当尊重学生的人格,不得歧视学生,不得对学生实施体罚、变相体罚或者其他侮辱人格尊严的行为,不得侵犯学生合法权益。

成年人保护法》第21条也规定了学校的教职员工应当尊重未成年人的人格尊严，不得侮辱未成年人的人格尊严。

（2）本案中，班主任王老师在没有认真调查事件真相的前提下，就偏袒妞妞，还公开对婷婷进行各种挖苦讽刺。不仅如此，王老师还在学业、活动方面故意为难婷婷，其行为严重伤害了婷婷的自尊心，违反了《义务教育法》和《未成年人保护法》的相关规定。

第三节　如何做到关爱学生

据上海进行的一项关于师生关系现状的调查报告显示，有58%的教师说自己"很爱"或"尚爱"学生，可是却只有5.61%的学生明白地感受到这种"爱"，"不注意，不知道"的占了46.5%。这也就是说，老师付出的"爱"，只有1/10左右被学生"领情"，另外9/10未产生预期的效果，甚至起到了事与愿违的副作用。教师确信自己付出了爱，孩子却很少体验到爱；投入如此之多，而效果却如此之少。我们的爱，哪里出了问题呢？[①]

如何才能做到关爱学生呢？

一、明确责任意识，关注学生内心世界

大量教育实践证明，教师对学生的关爱偶尔为之并不困难，难就难在面对学生身上总存在这样或那样的缺点时，仍能坚持发自内心地爱他们而无怨无悔。如有的学生学习不好，破罐破摔，还故意破坏课堂纪律，与老师作对，惹老师生气。面对学生这种表现，要让教师仍自发地关爱学生，是困难的，不近人情的。这时，教师必须从一种更高的职业境界出发，以一种较强的责任心，在内心不断提醒自己：为了实现自己的教育理想，为了不让一个学生落后，为了家长们能够安心工作，为了祖国的未来，为了孩子们的健康发展……我必须发现每一个学生身上的闪光点，必须细心感受每一个学生身上的可爱之处，必须尽自己所能关爱每一个学生！教师必须时时明确自己的责任，并在活动中培养这种关爱的责任心。

关爱学生还必须关注学生的内心世界。中小学生由于自身身心发展处于成长期，他们对世界的理解、感悟有着与成人明显不同的特点，他们的生活经历，他们所关注的事物和现象，他们好奇以

---

① 钱焕琦.论师爱之过当与恰当[J].道德与文明，2002(4).

至令他们兴奋的事情,教师往往认为是"小孩子们的事"而不屑一顾。教师固守着自己形成的对世界的认识习惯,久而久之,就会对儿童的感知习惯和特点产生陌生感,不一定能够经常关注到儿童的身心发展特点,也不一定能够重视和注意儿童对世界的理解和感悟。实际上,学生的需要常常被教师在一片关爱声中忽略了,在学校的教育实践中存在着这样的矛盾现象:有些老师认为自己是在关爱学生,却当遇到了学生的不满情绪和逆反心理时,教师感到学生不理解自己,产生委屈感。因此,只有关注学生的内心世界,关心学生的内在需要,才能让学生感受到教师的关爱。

二、及时调适师生关系中的矛盾

关爱学生,建立融洽的师生关系,需要及时化解师生关系中的矛盾冲突,拉近师生间的心理距离。正确地分析矛盾产生的各种可能原因,并做出适时的调整,才有助于关爱学生的真正实现。

1. 因观念不同产生的矛盾

传统的"师道尊严"观念影响根深蒂固,教师认为自己高人一等,学生应该绝对尊重他的劳动,尊重他的人格,不应该在课堂上消极听课,不把老师放在眼里。学生认为与教师有代沟,对老师的教学方法可能不感兴趣,加上自己对学习的信心不足等原因,而在课堂上表现出一种消极态度。但这并不能说明学生不尊重老师。观念上的差异可能导致师生对同一事物的评价标准也存在差异。如教师认为学习对个人和社会都有好处,而学生则不这样认为。或许学习在他那里是件痛苦的事,他认为通过其他途径照样可以达到自己的目的。

师生之间有了矛盾后,对不同年龄阶段的学生应不同对待。对小学生,教师更多应像父母一样地去爱学生,更多运用的是启发、引导、感化。对中学生,他们已具有一定的社会认知能力和判断能力,又隐藏着青春期的叛逆性和冷漠性,这就需要教师运用更多的智慧和理性,更多的是尊重、理解和倾听,以求达到师生的相互沟通。

2. 因期望不同产生的矛盾

应试教育往往会导致教师对学生的期望值过高,这是师生之间产生矛盾的现实根源。教师之所以对学生施加那么大的压力,是因为学生的学习成绩和升学率直接与教师的工资收入、职称职务、社会声誉等挂钩。这就迫使教师对学生提出过高的要求。如果学生达不到,教师若采用讽刺、挖苦等手段,则很容易加深师生矛盾。尽管教师有时出于好意,是"恨铁不成钢",但由于方式和方法简单、粗暴,挫伤了学生的自尊心,同时也挫伤了他们的学习积极性。因此,教师需要树立正确的教育观念,在尊重、理解学生的前提下,耐心、细致地展开教育、教学工作。

3. 因个性不同产生的矛盾

师生间由于年龄、经历、性格等方面的差异,也常产生矛盾。如受特定历史时期的政治、思想、经济、文化的熏陶,教师与学生在思维方式和待人处世的行为方式上往往带有一种时代特征,这种两代人之间的心理代沟常常会引起师生对某些事物的感知、理解、判断和评价的不一致。这就要求教师应尽可能多地与学生进行交流,求大同,存小异。同时老师也要向学生学习,紧跟时代步伐。另外,教师的性格特征也在很大程度上决定着学生对教师的评价和态度。师生交往是一种社会角色的交往,这种交往又是在双方的个性基础上展开的,由于教师在教育过程中扮演着多重角色,如知识传播者、家长、朋友、组织者、管理者等,社会、家庭、学校、学生都会向教师提出更多、更高、更严格的要求,因此教师应当十分注意自己的小节,不注意就会因小失大。

三、要培养教师爱的能力

各种形式的爱,基本要素有四个方面:关心、责任、尊重和了解。教师对学生的爱是一种理智的爱、积极肯定的爱、激励学生奋进的爱。教师关爱的能力主要包括创造爱的环境的能力,让学生处在一个充满爱的环境中,以便感受和模仿;把握爱的分寸的能力,既不能"越俎代庖",又不能"放任自流"(或溺爱);防止和避免病态的、扭曲的爱的能力;指导家长走出爱的误区的能力;引导学生正确表达爱的能力等。教师爱学生的能力最终必须落实到学生的具体发展上来,让学生感受到教师的关爱是实实在在的、他们乐意接受的,并具有人生教育引导价值的。具体来说,教师爱的能力至少应体现在如下几个方面:

(1) 要学会尊重学生。把学生当作一个完全独立的个体,尊重他的思想和行为。

(2) 要学会接纳不同个性的学生。你有自己的个性、价值观念和生活习惯,学生也一定有属于自己的东西,如果关爱他,就不应强求学生各方面都如你所期望的那样,而是接纳他,鼓励他成为他自己。

(3) 要能承担培养学生的责任。勇于承担教育责任是爱的核心,教好学生是教师义不容辞的责任,这一份责任是教师责无旁贷的。

(4) 要学会容忍学生。关爱学生有时要学会宽容。关爱要学会适时地放手。

关爱的能力涵盖方方面面,关爱,不仅仅是一种情感,还是一种能力。只要你拥有了爱的能力,就一定能让学生快乐地成长。

思考与练习

1. 如何看待有关调查中反映的学生对教师关爱的不领情现象?

2. 某位教数学的教师十分严格,学生的作业有潦草马虎的他必要其重做,作业不交的一定是点名批评,学生旷课的他主动约时间给学生补课,结果许多学生都不喜欢他。但这些学生工作多年后返校都非常尊敬爱戴他,感谢他当时的严格。这个现象较为普遍。请谈谈你的认识。

3. 案例分析。

学生写给老师的一封信

亲爱的老师:

知道今年您要教我,我好高兴。在这一年的开始,我想向您吐露我的心声,让您了解我的需要。希望这一年内,我能好好接受您的教导,同时也让我从内心钦佩敬爱您。

1. 老师,我希望您常是一个有感情的人,而不仅是一架教书的机器。

2. 老师,请您不仅仅教书,而更是教我们学生。

3. 老师,请您也把我当人看待,而不仅是您记分簿上的一个号码。

4. 老师,请您不要单看我的成绩,更要看我所做的努力。

5. 老师,请您经常给我一点鼓励,不要让您的要求,超过了我的能力。

6. 老师,不要勉强我把求学当作人生的最大乐趣;至少对我,学习不一定是乐趣。

7. 老师,不要期待我最喜欢您教的课;至少对我,别的课可能更加有趣。

8. 老师,请辅助我学习自己思考、自己判断,而不仅背诵答案。

9. 老师,请您耐心地听听我所提出的问题。只有您肯听,我才能向您学习去听人。

10. 老师,只要您保持公正,请您对我尽量严格。表面上即使我反对严格,但是我知道我需要您严格要求。

11. 老师,假如我有所失败,尤其在大众面前,不要可怜我,可怜会使我自卑。

12. 老师，在教室内，不要把另一位同学当作我的表率，我可能因此而恨他，也恨您。

13. 老师，我若有所成就，也不要把我当作别人的榜样，因为那样使我难堪。

14. 老师，请您记得，不久之前，您也是学生。您是否有时也会忘带东西，在班上您是否样样第一？

15. 老师，请您也别忘记，大学统考您是怎么考取的，您所念的专业是不是您的第一志愿？

16. 老师，您也需要学；您不学，我怎能从您那里学到更新的东西？

17. 老师，我心中感激；但您不要期待我口头上常说：老师，谢谢您。

最后，老师，您一定希望我学业进步，让我也祝您教学成功，您的成功将是我进步的保证，我的进步也就是您成功的证据。

结合这封信，谈谈你对教师关爱学生的理解。

参考文献

[1] 黄正平，刘守旗. 教师职业道德新编[M]. 南京：南京大学出版社，2014.

[2] 崔培英. 师德常识[M]. 郑州：郑州大学出版社，2014.

[3] 侯晶晶. 关怀德育论[M]. 北京：人民出版社，2005.

[4] [美]诺丁斯. 学会关心：教育的另一种模式[M]. 于天龙译. 北京：教育科学出版社，2003.

第五章
教书育人

1. 理解教师教书育人的含义。
2. 掌握教书育人的要求。

新《规范》的具体内容

遵循教育规律,实施素质教育。循循善诱,诲人不倦,因材施教。培养学生良好品行,激发学生创新精神,促进学生全面发展。不以分数作为评价学生的唯一标准。

《新时代中小学教师职业行为十项准则》要求

四、潜心教书育人。落实立德树人根本任务,遵循教育规律和学生成长规律,因材施教,教学相长;不得违反教学纪律,敷衍教学,或擅自从事影响教育教学本职工作的兼职兼薪行为。

第一节　教书育人的内涵

一、教书育人的含义

教书育人是对教师职责的最简明、通俗的表述。它反映了教师这一职业的本质特征。也就是说,作为教师就必须履行这个职责,不履行或不认真履行这一职责就不是一个称职的教师。我国的《礼记》中就指出:"师也者,教之以事而喻诸德也。"就是说,教师既要传授给学生具体事物的知识,又要培养他们立身处世的品德。人民教育家陶行知先生将教与学的真谛明确地概括为:"千教万教教人求真,千学万学学做真人。"苏联教育家苏霍姆林斯基告诫教师:"请你记住! 你不仅是自己学科的教员,而且是学生的教育者、生活的导师和道德的引路人。"2014 年教师节前,习近平总书记在北京师范大学讲话中指出:"教师重要,就在于教师的工作是塑造灵魂、塑造生命、塑造人的工作。"

教书育人有广义和狭义之分。从广义上来说,教书育人是指学校全部教育教学工作、管理工作和服务工作,都是培育人才;狭义的教书育人是指教师在传授专业知识的同时,以自身的道德行为和魅力,言传身教,引导学生塑造完美的人格的活动。

在"教书育人"这一基本职责当中,教书只是一种手段,是育人的手段,而不是目的,育人是教书的目的之所在。因此,如果把"教书育人"作为一个师德规范或具体的师德要求来对待,追求的重心应放在"育人"上面。甚至可以这样说,教师的基本职责是为国家、为社会培养人才,是育人,教书只是实现这一目的、履行自身职责所不能不选的手段。如果光强调教书,不重视育人,不教学生如何做人,那么"生产"出来的"产品"很可能是个危险品。因为一个没有正确人生观、价值观和道德观的人,掌握的知识越多可能对社会的危害就越大。苏霍姆林斯基指出:"培养全面发展的、和谐的个性的过程,就在于教育者在关心人的每一个方面、特征的完善的同时,任何时候也不要忽略这样一种情况,即人的所有各方面和特征的和谐,都是由某种主导的、首要的东西所决定的。在这个和谐里起决定作用的、主导的成分就是道德。"①

> ✎ **教师资格考试结构化面试题例:**
>
> 请谈谈你对"教书育人"这四个字的理解。

---

① ［苏］苏霍姆林斯基. 论德育和全面发展［J］. 国外教育资料,1980(1).

当然，"教书"和"育人"是相互联系、相互促进的。首先，教书和育人并非彼此分离、互不相干的两个过程，而是一个完整的教育过程的两个方面。教书育人，既不是教书加育人，也不是教书兼育人，而是教书中必然包含着育人，教书的人就是育人的人。教书育人是一个完整、统一的职业性社会活动过程。教书以育人为目的，不育人则无须教书；育人以教书为手段，不教书则难以育人。如果把育人看成是教学工作之外的一项工作，这就割断了教书育人之间的有机的内在联系，从而会产生那种"只教书、不育人"或"教师教书、班主任育人"的倾向。

其次，教书本身也包含着育人的意义，教好书是育人的基础。书作为人类精神文化的重要载体，除了具有丰富的科学知识、审美知识、生活知识外，还蕴含了丰富的思想道德内容，但不是教好了书自然就育好了人。如果抱着"教书"可以自然而然地"育人"的思想进行教书育人活动，片面追求书本知识的传授、学习，这种"育人"往往是不自觉的、无意识的、被动的，因而常常落空。在实际工作中，确有不少教师只重知识传授，轻思想品德教育，只教书、不育人的现象仍然存在。党和国家就是在这种背景下提倡教书育人的。如果离开这一具体的条件和背景，对"教书育人"概念的把握往往会失去准确性。

再次，"教书育人"这一整体词汇与单纯"育人"一词是不能混为一谈的。"育人"是"教书育人"的上位概念，如果分开看"教书"和"育人"，这两个单独词意中都包括对学生德智体美劳等方面的全面培养。而"教书育人"这一词组中主要应指教师既要教书又要育人，而且要把两者有机结合起来。无论教哪门课程都要培养学生的思想品德，"教书"的内容是多样的，教理论知识会培养学生的智力，教实践知识会培养学生的能力，教体育知识会培养学生运动能力，等等，但都要注意对学生思想品德的培养。因此，教书育人是指教师在课内教学中以及课外和学生的接触中，通过各个教学环节和各种活动，对学生进行全面的教育和培养的过程。

二、教书育人的内容

中国共产党第十八次全国代表大会报告明确提出，把立德树人作为教育的根本任务。这一提法，把"立德树人"作为教育的根本任务，抓住了教育问题的本质，为中小学在新形势下加强和改进德育工作提出了新要求，指明了我国今后教育改革发展的方向。坚持立德树人，要和坚持社会主义核心价值体系有机结合，社会主义核心价值体系的内容高度凝练了立德树人的灵魂、主题、精髓和基础。教育工作者要结合学校的实际情况、中小学生的思想情况，寻求新形势下中小学校立德树人的新方法、新模式以及新渠道，以社会主义核心价值体系为指导，增强立德树人的创新能力和影响力，提高德育工作的亲和力和向心力。

　　青少年能否健康成长，是否具备良好的社会道德，关乎我国社会主义现代化的建设与发展。立什么样的德？社会主义核心价值观就是"德"的灵魂。习近平同志强调："核心价值观，其实就是一种德，既是个人的德，也是一种大德，就是国家的德、社会的德。国无德不兴，人无德不立。"立人先立德，这是从古至今不变的真理。党的十八大报告指出，"把立德树人作为教育的根本任务，培养德智体美全面发展的社会主义建设者和接班人"。"立德树人"首次被确立为教育的根本任务，这是对十七大"坚持育人为本、德育为先"教育理念的深化，指明了今后教育改革发展的方向。

　　立德，就是树立德业的意思。树人，就是培养人才的意思。立德树人强调把"立德"摆在第一位，是因为万事从做人开始。立德树人包括两类主体：一是学校；二是学校教师。在学校层面，学校的各项教育的各项工作都要以树立德业，培养人才为宗旨。在学校教师层面，每位教师也要树立好自身的德业，做好榜样，培养人才。立德树人要明确"立什么德"的问题，当下我们强调的"立德"就是立社会主义之德，就是要把社会主义核心价值体系融入国民教育体系之中，引导学生树立正确的世界观、人生观、价值观、荣辱观。

　　党的十八大提出的"立德树人"，一方面，强调了"德"在人的德智体美劳诸种素质中的核心地位和德育在学校各项工作中的首要地位，教学、科研、管理都要服务于"立德"。古往今来，任何社会都强调"德"的重要性。"立德"为我国古代"三不朽"之首。《左传》载"太上有立德，其次有立功，再其次有立言，虽久不废，此之谓不朽。"另一方面，"立德树人"强调"立德"是"树人"的一种方式，树人需要立德，立德才能树人。习近平总书记在 2016 年全国高校思想政治工作会议上强调，教师是人类灵魂的工程师，承担着神圣使命。要加强师德师风建设，教师要以德立身、以德立学、以德施教，坚持"四个统一"，即教书和育人相统一，言传和身教相统一，潜心问道和关注社会相统一，学术自由和学术规范相统一。因此，只有教师的德"立"了，才能更好地"树人"。

　　"培养什么人、怎样培养人"是事关党和国家前途命运的重大问题，也是我国社会主义教育事业发展必须解决好的根本问题。落实立德树人这一根本任务，就是要弘扬社会主义核心价值观，培养具有中华文化底蕴、中国特色社会主义共同理想和国际视野的社会主义建设者和接班人。要让社会主义核心价值体系教育内容进入教材、进入课堂、进入学生头脑,帮助他们不断增强民族自尊心、自信心和自豪感,自觉调整和修正价值选择、价值追求和价值理想,把自己的价值观控制在社会主义核心价值体系许可的范围内,使个人的发展与民族的振兴紧密联系在一起,承担起自己的历史使命。

"立德树人"工作不是某个或某几个学校甚至某几个教师的事情。在学校教育中,班主任工作和教师的教育教学工作是提升学生思想品德的基础性工作,是学生正确的世界观、价值观和方法论形成的基础。要围绕"勤学、修德、明辨、笃实"的要求,从落细、落小、落实入手,形成课堂教学、校园文化和社会实践多位一体的育人平台,促进青少年学生学会劳动、学会勤俭,学会感恩、学会助人,学会谦让、学会宽容,学会自省、学会自律。

要充分发挥学校教育和课堂教学在教育引导青少年学生培育和践行社会主义核心价值观中的重要作用。要充分发挥课堂教学主渠道作用,全面深化课程新理念,不断完善有机衔接、循序渐进的课程体系和教材体系,把党的教育方针和社会主义核心价值观细化为学生核心素养体系和学习质量标准,融入各学科课堂教学之中。要在课堂教学中强化优秀传统文化内容,有序推进中华优秀传统文化教育。要推进教学方法改革创新,引导各学科教师在传授知识和培养能力的同时,将积极的情感和正确的价值观自然融入课程教学全过程,及时宣传推广社会主义核心价值观教育教学的好经验、好做法。

坚持立德树人,就要积极营造培育和践行社会主义核心价值观的校园文化氛围。要深入开展"爱学习、爱劳动、爱祖国"主题教育和"节粮、节水、节电"专题教育活动,将其作为中国梦和社会主义核心价值观宣传教育;要深入开展爱国主义、民族传统、礼节礼仪等主题教育活动,着力创造体现社会主义核心价值观的优秀文化校园。要加强校园文化建设和管理,形成良好校园文化环境;要充分发挥校园文化的引导作用,建设社会主义核心价值观校园文化。

要把立德树人融入思想道德教育、文化知识教育、社会实践教育各环节,贯穿基础教育、职业教育、高等教育各领域,学科体系、教学体系、教材体系、管理体系要围绕这个目标来设计,教师要围绕这个目标来教,学生要围绕这个目标来学。凡是不利于实现这个目标的做法都要坚决改过来。

——2018年9月10日,习近平同志在全国教育大会上的讲话

第二节　教书育人的要求

教书育人是教师义不容辞的职责,教书离不开育人,育人不能没有教书,每位教师必须牢记教书育人的要求。

一、遵循教育规律,实施素质教育

(一)遵循教育规律

所谓教育规律,就是教育内部的诸因素之间,教育与其他事物之间的具有本质性的联系,以及教育发展变化的必然趋势。教育规律是教育、社会、人之间和教育内部各因素之间内在的本质的联系和关系,具有客观性、必然性、稳定性和重复性。

"要按教育规律办教育","不要违反教育规律",这是我们常听到的呼吁和告诫。学生培养有其内在的客观规律。如,不同的培养方式、环境、条件或机遇等,会出现不同的培养效果。但也要注意学生培养和发展规律中的特殊性和无限性问题。客观现实中,有些一般学校中也能出现优秀学生,重点学校中也有差学生,这就是特殊性的体现。

遵循教育规律开展教育教学,是成功实施素质教育的关键。教育规律涉及教育者、受教育者、教育内容、教育方法和师生互动过程等诸多方面。在日常教育教学工作中要遵循教育规律,应尤其注意以下几方面:

一是受教育者身心发展的规律。如何准确把握处于不同发展阶段学生的身心发展特点,这需要广大教师不断深入探讨。

二是学科学习本身的特点与教学规律。不同的学科在知识体系、理论假设、方法论上差别很大,教师应寻找学科教育与学生特点的最佳适配点,找到学生的最近发展区。

三是学习的规律。学习本身有很多规律可循,遵循学习规律科学地组织教育教学过程,有意识地指导学生掌握科学的学习方法,对提高课堂教学质量与效益极为重要。

四是动机与情感影响学习活动的规律。动机和情感是影响学生学习的重要因素,教师的教育风格、师生关系的状况等均对学生的学习有重要影响。

五是注重评估方式对教育教学的导向作用。加强对学生动手操作能力、实践创新能力的考核,重视在平时的学习过程中结合形成性与终结性评价,将有利于创新精神的培养。

六是重视学生的深度参与和体验。深度参与和体验在知识转化为能力、观念转化为行为的过程中发挥着催化剂的作用。只有科学合理地给学生提供大量亲身参与、实践体验的机会,才能有效提升学生培养质量。

(二)坚持素质教育

原国家教委在《关于当前积极推进中小学实施素质教育的若干意见》中对素质教育的概念做了明确解释:"素质教育是以提高民族素质为宗旨的教育。它是依据《教育法》规定的国家教育方针,着眼于受教育者及社会长远发展的要求,以面向全体学生、全面提高学生的基本素质为根本宗旨,以注重培养受教育者的态度、能力,促进他们在德智体等方面生动、活泼、主动地发展为基本特征的教育。"

素质教育的内涵可从三个方面来理解:

1. 素质教育是面向全体学生的教育

《教育法》规定公民"依法享有平等的受教育的机会"。受教育机会平等是国家法律规定的一项基本教育方针。对政府和教育行政部门来说,应当为所有适龄儿童少年提供平等的教育;对学校和教师而言,要努力使每个班和每个学生都得到全面而健康的发展。基础教育特别是义务教育的根本宗旨,是为提高全民族的素质打下扎实基础,为全体适龄儿童少年今后的学习和参与社会生活打下良好基础。实施素质教育要求面向全体儿童少年,促进每个学生的发展,与这一根本宗旨是一致的。

2. 素质教育是促进学生全面发展的教育

全面发展,这是党的教育方针的核心部分。它提出了教育所要培养的人的合理素质结构,包括生理的、心理的、思想的、文化的素质。教育是要教给学生文化知识,作为检验学习成果的重要方法之一,考试是重要的,也是必要的。"应试教育"的问题在于,它主要是为应付考试而教、为应付考试而学,忽视学生的全面发展;在教育实践上,忽视德育、体育、美育和学生身心健康,造成学生的片面发展。有的人书念得很好,考分很高,但是没有正确的人生观、世界观、价值观,道德修养很差,缺乏与人交往、团结合作的能力,这不能认为是好人才。有的人只有书本知识,没有创造性,不会解决实际问题,"高分低能",也不能认为是好人才。道德修养好和本事大的人,身体不好也做不出太大的贡献。当然,在学校不好

2016 年 9 月,《中国学生发展核心素养》总体框架在北京发布,以培养"全面发展的人"为核心,从文化基础、自主发展、社会参与 3 个维度阐明了新时代中国学生应具备的核心素养,具体表现为人文底蕴、科学精神、学会学习、健康生活、责任担当、实践创新六大素养,具体细化为国家认同等 18 个基本要点。

105

好学习,文化知识差,更不能担起社会主义现代化建设的重任。全面发展不等于平均的全面发展,而是和谐的全面发展。实施素质教育就是要培养学生品德高尚、身心健康、知识丰富、学有专长、思路宽广、实践能力强,使学生学会做人、学会学习、学会劳动、学会创造、学会生活、学会健体、学会审美,成长为有理想、有道德、有文化、有纪律的社会主义事业的建设者和接班人。

3. 素质教育是促进学生个性健康发展的教育

人的个性是千差万别的,社会也需要各种各样的人才。实施素质教育的重要目的之一,也是为了使有不同天赋和爱好的孩子,在受教育的过程中,除了统一的基础课程外,通过各种教育方式给予他们能发挥天赋和爱好的空间和时间。

落实素质教育要坚持素质教育的"基础性"。其一,一个人只有具备了良好的基本素质,才有可能实现向较高层次的素质或专业素质的"迁移"。基础教育以发展和完善人的基本素质为宗旨,因而不少人指出基础教育的本质就是素质教育。其二,人类蕴含着极大的发展自由度,这就是人的可塑性。自由度越高,可塑性越强。教育是塑造、培育人的事业,如果在基础教育中充斥着定向的、专门化的训练,而不是着眼于把普通的基础打扎实,那就等于缩小了发展的自由度,窒息了人的可塑性。其三,从教育控制论的意义上讲,教育是一种人为的、优化的控制过程,以便受教育者能按照预定目标持续发展。但如果把基础教育局限于职业的、定向的训练,就会使本来应得到扩大发展的可能性空间过早地停滞、萎缩。

二、循循善诱,诲人不倦,因材施教

(一) 循循善诱

"循循善诱"一语出自孔子《论语·子罕》:"夫子循循然善诱人,博我以文,约我以礼,欲罢不能。"其中的"循循"指有次序的样子;而"善诱",即擅长引导。对于教师来说,"循循善诱"是指在教育工作中,既不急于求成,也不强制接受,而是善于耐心、有恒心、有步骤地引导学生,启发自觉,激励动机,进行学习,改进行为,健康成长。循循善诱不仅仅是一种教育的方法,也不只是一种教育的态度,它反映出教师的教育理念,关系教育目的的实现。做到"循循善诱",教师既要懂得科学地育人,还要懂得艺术地育人。

在教学中,教师倡导启发式、探究式、讨论式、参与式教学,帮助学生学会学习,激发学生的好奇心,培养学生的兴趣爱好,营造独立思考、自由探索、善于创新的良好环境。启发式、探究式、讨论

优化教学方式。坚持教学相长,注重启发式、互动式、探究式教

式、参与式教学,各自侧重点不同,应用的环境、方式也不同,但都是以学生为主体,调动学生去主动思考、探讨,在思维的过程中掌握知识和技能,把"被动"地接受知识转变为"主动"地掌握知识。这里,调动起学生的主动性和积极性是关键。其实这也是教学优劣的分水岭。教学方法并无定式,一位好的教师总是善于根据教学内容、要求以及所教学生的实际状况,采用适当的教学方式调动起学生的学习主动性和积极性,以取得好的教学效果。

(二)诲人不倦

诲人不倦,指教导别人而不知疲倦。诲人不倦的道德导向一方面要求教师严格要求自己,努力培养教书育人的责任感、使命感,兢兢业业,勤奋好学;另一方面要求教师执着追求教育目的的全面实现,以高度的奉献精神对待自己的利益得失和工作苦累,以不知疲惫的精神状态直面繁重的教育任务。诲人不倦还要求教师正确理解和对待学生在发展过程中的错误、缺点和反复,在培养和诲谕学生时表现出充分的耐心和坚强的毅力;正确理解和处理教育过程中的矛盾、问题和困难,百折不挠地肩负起培养"四有"新人的历史使命,而不是一遇挫折,遭受一点打击,碰到一点难题便自暴自弃,灰心沮丧,退避畏缩。

努力做到"诲人不倦",教师还要做到不厌其烦。比如,有些学生总有一些知识没有学会,教师利用当天课余时间对他们进行个别辅导,直到学生把当天所学知识弄懂、学会,这就是"诲人不倦";再如,对于犯错误的学生,教师不言放弃,持之以恒地进行说服教育,直至学生改正缺点、错误,这也是"诲人不倦";对于教学上的一个难题,教师利用课余时间查阅大量资料,反复思考,甚至利用休息时间撰写教学案,使问题迎刃而解,取得了最佳教学效果,这更是"诲人不倦"。因此,教师的"诲人不倦",体现在教师对教育事业的幸福感和奉献精神上,没有对教育和学生发自内心的爱,很难做到"诲人不倦"。

(三)因材施教

因材施教就是指针对学习者的志趣、能力等具体情况进行不同的教育。因材施教是教育中的一项重要的方法和原则,教师在教育中要根据不同学生的认知水平、学习能力以及其自身素质,选择适合每个学生特点的学习方法来进行有针对性的教育,发挥学生的长处,弥补学生的不足,激发学生学习的兴趣,树立学生学习的信心,从而促进学生全面发展。因材施教具有丰富的现代内涵,它的实施对教育公平的实现具有重要意义。

学,教师课前要指导学生做好预习,课上要讲清重点难点、知识体系,引导学生主动思考、积极提问、自主探究。融合运用传统与现代技术手段,重视情境教学;探索基于学科的课程综合化教学,开展研究型、项目化、合作式学习。精准分析学情,重视差异化教学和个别化指导。

——中共中央 国务院《关于深化教育教学改革全面提高义务教育质量的意见》(2019 年 6 月 23 日)

107

在教学中,因材施教原则是指教学要从学生的实际出发,使教学的深度、广度、进度既适合大多数学生的知识水平和接受能力,同时又照顾到所教学生的个性特点和个性差异,使每个学生都得到充分的发展。因材施教应是教育者的主动行为,在这方面教师应有更多的作为。在不同的学习场合中,不同类型、不同能力水平的学生的学习表现是极为复杂的,需要教师凭着自己的经验和智能灵活地设计因材施教的方法。因材施教原则是实施素质教育,促进学生全面发展的最基本要求。

古之所谓"材"是对一个人的整体概括,所谓"因材施教"是在认识某人适合于成为某种之"材"的前提下,用相应的教学内容、手段和方法,促使学生向某个方向发展,以求人尽其"材"。孔子在他长期的教育实践中,创立了人性差异的观念,以"性相近也,习相远也"作为理论指南,"教人各因其材",教授弟子三千,其中贤人七十二,同样学习诗书礼乐、文行忠信,但程度不同,能力各异。有的"千乘之国,可使治其赋",有的"千室之邑,百乘之家,可使为之宰",有的"束带立于朝,可与宾客言",同样身通六艺,却各有特长。史实表明,正是孔子因材施教的理论和实践造就了门下诸多栋梁之材。

三、培养学生良好品行,激发学生创新精神,促进学生全面发展

(一)培养学生良好品行,促进学生全面发展

美国教育家杜威说:教育主要是培养儿童的德性。学生的品行好坏关系到学生的终身发展,同时它也是全面贯彻党的教育方针的需要,是全面推进素质教育的需要,是提高全民族素质的需要,是实现伟大的中国梦的需要。怎样才能培养学生的良好品行呢?

1. 要尊重学生

"为了每一位学生的发展"是新课程改革的核心理念。为了实现这一理念,教师必须尊重每一位学生做人的尊严和价值。它包含三层意思:"关注每一位学生;关注学生的情绪生活和情感体验;关注学生的道德生活和人格养成。"因为每一位学生都是生动活泼的人、发展的人、有尊严的人,所以教师要关注全班每一位学生,而关注的实质是尊重学生。不尊重学生,就无法谈塑造学生健全的人格。因此,尊重学生,是塑造学生健全人格的前提条件。

2. 要赏识学生

教育与人性的最佳切合点是什么呢?是赏识。这是中国陶行

知研究会赏识教育研究所所长，被誉为"中国第一位觉醒的父亲"周弘历经 20 年磨难探索出的结论。赏识就是通过激励、表扬手段肯定学生的优点、长处，鼓励他们不断追求成功，不断走向完善。教师对学生的赏识，其实质就是对学生的一种积极"暗示"，属于一种正强化行为。赏识对学生个性的发展、人格的健全，具有不可替代的作用。因此，教师要赏识每一位学生的独特性、兴趣和专长；赏识每一位学生所付出的努力和表现出来的善意；赏识每一位学生对权威质疑和对自己的超越。赏识能培育学生的信心、责任心、兴趣、爱好；赏识能开发学生潜能；赏识能发展学生个性。因此，赏识学生是塑造学生健全人格的基础。

3. 要长善救失

长善救失是《学记》所倡导的一种教育思想，也是迄今我国德育工作的一条重要原则，指在教育过程中，教师要发扬学生自身的积极因素，即优点长处；克服学生的消极因素，即缺点短处。长善救失是塑造学生健全完美人格的重要手段和方法。因为"金无足赤，人无完人"，即使最优秀的学生，人格全貌也不可能"完善无缺"。教师要善于利用学生的积极因素，帮助他们扬长避短，择善去恶，强化优点，淡化缺点。即使品德最差的学生，身上也存在积极的因素，只是因他们身上的消极因素占了优势，积极因素被掩盖了，只要教师怀着积极的心态，留心注意，总能找出隐藏内心深处的"闪光点"。教师捕捉闪光点，诱发闪光点，使其自身逐步增长其克服缺点和错误的内在精神力量，促使其内部矛盾转化，这是最有效的教育措施。最后，长善救失，要选准教育时机，不论是完善优秀生，还是转化后进生，都应抓住契机，及时教育，以达最佳效果。

4. 要培养良好的行为习惯

习惯是人的一种惯常行为模式，有人讲"习惯即人格"，它有巨大的力量，好的习惯可以造就人才，坏的习惯可以湮没人才。要塑造学生健全的人格，就要注重培养学生良好的行为习惯。一个人有多少种行为，就会有多少种习惯，无论是内隐行为，还是外显行为，概不例外。那么，如何培养学生良好的习惯呢？大致要做到以下三点：

一是要让学生懂得养成良好习惯的重要性。播种行为，收获习惯；播种习惯，收获性格；播种性格，收获命运。用杰出人物的好习惯成就大事业的事例，对学生进行教育，还要让学生知道什么是好习惯，什么是坏习惯，更要让学生在生活中体验养成良好习惯的重要性。

苏联教育家苏霍姆林斯基有一个习惯，那就是在清晨尽早开始一天的工作，他每天五点半起床，做早操，喝杯牛奶，吃块面包，然后就开始工作，当他习惯了六点钟开始工作以后，又努力再提早十五到二十分钟，几十年如一日，从不间断。他三十几本教育方面的书和三百多篇学术论文都是在早上五点到八点写成的。好习惯成就了一位举世闻名的心理学家和教育学家。

109

二是要教师、家长做好示范，学校、家庭齐抓共管。学生一半时间在学校度过，一半时间在家中度过。因此，一方面，教师要加强与家庭联系，共同努力培养学生良好的习惯。另一方面，教师和家长应严格要求自己，努力提高自身修养，要时时、处处做学生的榜样。榜样的力量是无穷的，榜样是无声的力量，是学生良好行为习惯的典范，是行为规范化的模式。

三是要有目标地持久训练。美国的心理研究表明，养成一个习惯需要 21 天。这是一个大致的概念，不同的个体，不同的行为习惯，训练起来，时间也不相同。但是有一条，一个良好习惯的形成，必须经过一段时间的训练。学生养成良好的行为习惯后是非常愉快的，但养成的过程是一个艰难的过程，需要克服许多困难，经过许多磨炼。特别是对已形成不良习惯的学生，要矫正就更需要有坚强的意志，不断地克制坏习惯才能形成好习惯，在训练中把激发兴趣与严格训练相结合，明确要求与具体指导相结合。只要师生共同努力，持之以恒，就能够在 30 天内培养一个好习惯的同时，去掉一个坏习惯。

5. 做好学生日常品行的综合评价

做好评价环节是对学生课堂与课外品行养成情况的评判、检测、导向。只要求没检查，就跟没说一样。因此对学生日常品行的检查评价工作必须坚持并落实，要根据学生品行的可观测点设计评价方案，还要结合《中小学生日常行为规范》对学生的要求，结合班级开展的"班级小明星"、五好学生、优秀少先队员等活动情况。但是评价、评比终究是外力，养成好行为习惯必须靠内因，为此应使评价、评比的形式多样化，把自我评价、同伴评价、教师评价、家长评价、综合评价结合起来。通过做好评价，对学生品行发展起导向作用，促进日常好行为成为习惯。

(二)激发学生创新精神

创新精神是进行创新活动必须具备的一些心理特征，包括创新意识、创新兴趣、创新胆量、创新决心，以及相关的思维活动。创新精神提倡新颖、独特，同时又受到一定的道德观、价值观、审美观的制约。

1. 创新精神培养的理论基础

以布鲁纳和奥苏伯尔等为代表的现代认知学习理论认为，思维是运用记忆中的信息，重新组织整合从复杂关系中获得新的理解与意义的历程。思维包括发散性思维和聚敛性思维。吉尔福特智力三维结构中的扩散思维，即代表人类的创造力。按兰托斯的创造力测验设计的理念,创造心理的内涵主要有流畅性(指一个人面对问题情景时,能在较短的时间内表现出不同的观念)、变通性(指一个人面对问题情景时,能随机应变,触类旁通,举一反三,对同一问题能想出不同答案)、独创性(指一个人面对问题情景时,能独具慧心,想出超越自己、超越同伴的意见)三个方面。现代认知学习论对培养创新精神的启示是在教育教学中要在尊重认知规律的基础上,加强知识的构建;鼓励自主研究;注重培养学生的质疑勇气,培养学生的创新思维。

2. 创新精神的培养途径

一是要创建良好师生关系,营造融洽课堂氛围,激发学生的创新热情。学生创新精神的培养离不开良好的师生关系。在传统的师生关系中,学生和教师的地位是不平等的,教师是教学活动的控制者、组织者、制定者和评判者,是知识的化身和权威,而学生只是被动地接受知识,是被动的学习者和服从者。尤其在教一些看似枯燥的知识点的时候,教师会照本宣科,满堂灌,脱离学生实际,学生的学习兴趣越来越低,甚至对课程呈排斥状态,在这种情况下,怎么能培养学生的创新能力呢? 在教学中我们经常遇到这样的情况,一些学生明明有问题,但是畏于教师的权威,往往不敢说。因此,教师要摆脱标准答案的限制,摆脱教材与教参的束缚,要鼓励学生发展个性,培养特长,允许学生的标新立异与独树一帜。创新精神的培养强调建立良好的师生互动关系,提倡教师运用多种教学方式,充分激发学生的学习兴趣,塑造师生之间多种多样、多层面、多维度的沟通情景和沟通关系。只有在充分激发学生学习兴趣的前提下,才能激发学生的创新热情、开拓学生思维。

同时,要充分尊重学生。老师不但要尊重学生的人格,而且要尊重学生的独特感受;允许学生发言不准确,允许学生给老师指出错误,允许学生在某些方面做得比老师好,不能讽刺、挖苦学生。这民主、和谐、宽松的教学氛围,就如同鸡蛋孵化成小鸡,一旦温度达到一定的条件,创新的小鸡就会破壳而出。

二是要培养学生问题意识。陆九渊说:"学起于思,思源于疑。"解决一个问题很重要,但提出一个问题更重要。提出问题需要学生经过一番认真思考,是学生积极思维的结果。提出问题是一切发现与创造的基础。因此,在教学中教师要学会引导学生质疑,而有些学生会存在从众心理,不敢质疑,不愿质疑,作为教师要鼓励学生勇于打破常规,勇于挑战,积极思考,大胆地提出问题。"小疑则小进,大疑则大进"。苏霍姆林斯基说:"在人的心理深处,都有一种根深蒂固的需要,这就是希望感到自己是一个发现者、研究者和探索者。"引导学生善问善思,正是置学生于发现者、研究者和探索者的位置,满足了人的这种心理需要,也是激发创新意识、培养创新精神的关键。

问题激发创新。一个恰当的问题可以充分激发学生的求知欲,引发学生解决问题的心理期待,调动学生学习的积极性。因此,教师要精心设计相关问题,将学生带入各种情境中,在解决问题的过程中萌发创新意识。问题要具有探索性,而不是简单的判断性问题;问题要具有开放性,具有条件与问题的不完善,这样更利于激活学生的思维,培养学生思维的发散性与独创性;问题要具有全体性,能够激起全体学生参与问题解决的积极性。这样才能真正发挥问题的作用,使问题成为引导学生主动探究的重要手段,成为培养学生创新思维的重要途径。

独立思考是学生学习知识的基础。不论是发现问题,还是解决问题都需要学生的主动思考与积极思维。对于强行灌输的知识,学生只能是死记硬背、机械运用,只能肤浅地理解。而学生只有经过主动思考才能发现问题、解决问题,这样所学到的知识才是活的知识,处于理解与运用层次,这正是我们所提倡的。鼓励学生质疑也是如此,教师必须要为学生的思考提供时间与空间,让学生进行思维的碰撞,进而提出有价值的问题。在创新过程中,教师应尊重学生的自主地位,真正承认学生是学习的小主人,多给予鼓励,让他们觉得自己就是一个发现者、研究者、探索者,并且通过创新,体验到成功与快乐,这样,他们才会对创新有举动,有激情。

三是要培养学生批判、求新的精神。有批判才有创新。教师在平常的教学中,要训练学生敢于发表自己的意见,敢于向老师说"不",敢于向教材说"不"。当学生表达的观点错误时,教师不要打压学生的积极性,多鼓励学生积极发表自己的看法,增加他们敢于表达的欲望,只有不断地敢于表达,当发现不合理的事情时才会敢于向权威挑战。

创设教学情境,注重学生求异思维的训练。求异思维是创新思维形成的主要形式。教师要善于抓住时机,创设能激活学生思维的教学情境,鼓励学生发表与众不同的看法。当学生的创新意识不够成熟,甚至出现偏颇时,教师也不应该立即做出否定性的评价,要了解与宽容学生,并及时给予指导和充分的肯定,相信学生可以实现真正有价值的创新。坚持下去,对那些创新无举动或有畏惧感的学生,他们都会在激励的推动下,产生创新的兴趣。

学生创新精神的培养是一个长期的过程,需要教师的悉心引导和学生的积极配合。要立足长远,要以学生为中心,将先进的教学理念运用于教学实践中,使课堂教学成为实施创新教育、培养学

创造始于问题,有了问题才会思考,有了思考,才有解决问题的方法,才有找到独立思路的可能。

——陶行知

生创新精神的主要阵地。

四、不以分数作为评价学生的唯一标准

长期以来,学校教育中存在用一把尺子衡量学生的问题,这把尺子就是考试成绩,只要分数高,就意味着成绩优秀,就意味着是"三好生",就能得到很多的机会。这种评价方式导致一些学校只重视课堂和书本知识的学习,忽视实践能力、创新精神与社会责任感的培养。这种对考试分数过于看重是对教育方针和素质教育的歪曲。有些发达国家,早已把学生成绩视为个人隐私。中国个别地方也有这种尝试。这样做,不仅是一种教育艺术的改变,更重要的是对学生人格的尊重,是对学生自尊心的保护。考试分数可以成为学生的隐私,学校不再公开学生成绩,不再排名次,不再评比。这样做,可以把学生的注意力从分数上引开,引到分析问题、解决问题的能力上来。这样做,才能真正调动学生的学习积极性,克服厌学情绪。

教师,不要把学生分等级,给学生贴标签。如果教师给学生分成好与坏两个阵营,学生在内心就会把自己定义成好学生与坏学生。教师不要因为成绩差而否定学生的一切,德、智、体、美、劳中智仅仅是一项,要看到成绩之外学生所做的努力,要赞扬学生的其他品质,比如,对于学生做事认真,待人宽容,爱助人为乐等,教师都应该给予表扬。对成绩好的学生,教师也不要娇宠。给学生赞扬的同时也不忘关注学生的其他品质,要关注学生多方面成长。教师应该随时和学生交谈,了解学生在校和家中表现,尤其对成绩差的学生,教师不要在全体学生面前批评他们,而应该讲一些后进生好的表现。

总之,教师要全面评价学生,要公平公正地评价。教师不要给学生一个为了获得高分成绩而进行比拼的擂台,而是要给学生一个不限时间、不限空间的全面发展自己的平台;学生是一个个体,他们每一个都有着千变万化的区别,不要把每一个学生都限制在一个空间里,要让学生自由自在地遨游学习乐园。

🖊 **教师资格考试结构化面试题例:**

一个学生成绩下降了,为此老师在课堂上批评了他。对此,你怎么看?

第三节　如何做到教书育人

一、要努力提高教学质量

教书育人,教学是基础,质量是关键。教书育人是教师的一种主动行为,它通过教师课堂中和课堂外的教学和言传身教来完成。课堂教学是教书育人的最主要渠道。教师首先要认真执教,致力教学质量的提高。只有高质量的教学,才能增加教师对学生的吸引力和感染力,才能激发学生的上进心和学习热情,并通过教学活动为教书育人、全面提高学生的素质打下坚实的基础,反之,教书育人就会流于形式。

教书育人始终潜移默化地体现在教学活动中。教师,一方面,要理解书中所具有的知识与品德的育人价值不是纯客观的、静态的,它需要为教师掌握,并通过教学与学生的生活经验建立联系,才能真正体现教书的育人价值;另一方面,要理解"育人"是一个促进人思想品德(政治思想、思想意识、道德品质)知情意行全面成长的过程,它不能脱离各科教学,也不能在空洞说教中实现。

首先,教师要深入挖掘具体的教育、教学活动的教育价值,深刻理解和把握各级教育目标对学生发展的规约、引导作用,并把它转化为具体的教学目标。其次,教师要通过对课堂教学、教育内容的选择来实现价值引导。任何教育传递的文化都是经过筛选的,教育的文化选择功能在多种文化观念相冲突的历史时期尤为明显,教师要加强学习,注重自身素质的不断提高。再次,教师作为体现社会价值要求的"文化源",还应注重其在引领学生中的科学转化问题。

要积极进行教学改革,提高课堂教学的质量。要通过调整和改革课程体系结构和内容,加强课程的综合性和实践性,培养学生实际操作能力,并运用现代化教育技术手段,提高课堂教学质量。

二、要做好表率

"身教重于言教"。教师的表率作用,对学生来说是一种无声而有效的教育。教师的理想、追求、思想、感情、言行举止、气质性格、对工作的态度和业务能力,对学生都具有熏陶诱导和潜移默化的影响,往往像种子一样在学生的心中生根发芽。如教师在教学过程中所表现出来的对教育事业的热爱,对工作的极大热忱,往往像润物的细雨一样不知不觉地注入学生的心灵,诱发学生的上进心;教师对学生满腔热情的爱,往往会在教学过程中直接转化为学生对教师的尊敬,产生"向师性";教师渊博的知识和严谨的治学态度,又往往会得到学生的敬佩,成为学生学习的楷模。因此,教师应当多和学生在一起,以自身正确的价值取向、高尚的师德魅力和有效的方法艺术,通过丰富多彩的教学活动激发学生的笃信和仰慕之情,使学生乐于听其言、信其道。同时,要将对学生世界观、人生观和价值观的培养融合到教学中和学生的日常交往中。教师在教书育人过程中,还要不断加强职业道德修养,做到言行一致,表里如一,严于律己,以身作则。凡要求学生做到的,自己首先做到;凡要求学生不做的,自己坚决不做。只有这样,才能保证教书育人的实施,达到教书育人的目的。

📝 2018 年全国教书育人楷模事迹(扫描目录页二维码阅读)。

三、要真心关爱学生,关注学生的需求

　　热爱学生是教师职业道德的核心,是教师热爱教育事业的具体体现,也是"教书育人"取得成效的前提。情感是教书育人的催化剂,教师的情感是教育影响学生的重要因素。教师,只有热爱自己的学生才可能真正做到教书育人。这种热爱不能靠一时的冲动,它需要教师充分认识到教育工作的意义和自身的神圣使命。教师只有明确意识到教育工作的育人性质,才会有高度的使命感,并把自身的工作和祖国的未来发展、国家的繁荣昌盛联系在一起,才能感受到工作的崇高与光荣,才可能从内心深处产生对教育、对学生的热爱之情。只有这样,教师才会将自己的知识、才华、青春和生命奉献给教育,把自己看似平凡的工作做得更好,并从中获得幸福。

　　教师对学生的态度是积极、热情、关怀备至,还是消极、冷漠、不闻不问,会直接影响到教师与学生之间、教师与学生集体之间的道德关系,并进而影响到"教书育人"能否顺利进行。一个真正热爱学生的教师,他一定会得到学生的热爱。他向学生提出的意见要求,也一定会在学生的情感上产生肯定的倾向和积极的情绪体验,并被愉快地接受。相反,一个不爱学生的教师,即使他的意见和要求正确,学生有时也可能无动于衷,严重的甚至会产生逆反心理和对抗行为。感情上的相悖,往往会阻碍道理的传导。

　　需要是个体成长的内在动力。它受内在遗传素质和外在环境的双重因素影响和制约。个体的成长过程就是在这种个体需要与外部环境的相互作用中,通过满足与否而激活或压抑,并在环境引导下不断自我生成的过程。教书育人离不开学生的真实生活需

115

要。教师要对学生成长发生影响,必须关注他们的需要。

关注学生的需要,既要关注学生的理想性需要,又要关注学生的当下需要。理想性需要是一个生命需要的重要组成部分,它导引着生命的航程,但理想性的需要又必须渗透在人的现实需要之中,脱离人的当下需要谈远大理想、雄心壮志容易忽略生命的成长过程。要实现教书育人就要求教师关注每一个学生每一天的健康成长,帮助学生过好每一天。生活不是过去时,也不是未来时,而是现在进行时。教师必须面对学生现实的生活。现实生活中的人有许多的压力、恐慌、诱惑,需要学生认真地面对、积极地解决。人具有解决这种问题的潜能,学生只有在直面这些问题的真实经历中才能获得成长,这也是学生德性的最佳生长点。教师如果抓住此时此刻给予及时的指点、帮助,就能够促进学生的德性成长,这才是真正的教书育人。

要对学生充满期待。期待对学生成长而言是一种能量,是对生命信任的过程。教师对学生的期待可以增强他的自信。以往教育的一个误区就是对学生不信任,将学生视为"被教育""被塑造""被改造"的对象,常由此产生诸多的师生矛盾。这里涉及师生的主客体关系问题。随着素质教育、课程改革的推进,学生的主体地位已逐渐被教师在观念上所接受。但在具体的教学行为层面,把教书育人等同督促学生学习,不信任学生,无视学生的长处,甚至对学生的批评、责骂等仍比比皆是。正如陶行知先生曾经批评的:"你这糊涂的先生!你的教鞭下有瓦特,你的冷眼里有牛顿,你的讥笑中有爱迪生。你别忙着把他们赶跑。"教师只有信任学生,对学生充满期待,才能真正起到育人的作用。信任是一种特殊形式的尊重,它会对学生产生特殊的教育效应。教师把学生当作什么样的人看待,就等于暗示他应该成为什么样的人。学生也往往会从教师的信任和期待中体验到人的尊严,看到自身的潜能,激励自己不断进取。实践证明,当学生的言行有错误时,教师依旧给予信任,并引导他们及时纠正,会更有效地保持他们的自尊心,也有利于他们迅速地改正错误,达到老师所期望的目标。

四、遵循教书育人的规律

学生的成长是有其自身规律的,要教好书、育好人,就必须掌握科学方法、遵循教育规律。现实生活中大量的事实证明,教育方法极为重要,如果方法不妥,其结果往往是事倍功半,甚至是事与愿违。正确的方法、好的方法就是符合规律的方法。教育规律是由诸多规律构成的规律体系,教育活动应遵循多种规律,如学生的生理运动规律、心理运动规律以及各门学科的学习规律,等等。要遵循规律就要认识规律,就要积极探索、努力学习。不同地区、不同学校、不同专业、不同年龄、不同生活阅历的学生有着不同的特点,每个学生都有自己的个性特征。要遵循规律,就要从学生的实际出发,运用适宜的方法,促进学生健康成长。

掌握教育规律,按照规律育人。由此要求教师要努力学习教育科学知识,摸索和掌握教育规律,按照规律来教书育人。

首先,要以马列主义理论做基础,运用马克思主义的立场、观点和方法来教书育人;要转变教育观念,改革优化育人的模式。

其次,要运用第二课堂的活动来激发学生的兴趣,开阔学生的视野,增长学生的才干,锻炼学生的思想和品质。第二课堂是教师教书育人的好天地,教师必须采用各种生动、活泼、丰富的课外活动和社会实践活动,灵活多样地对学生进行教书育人。

再次,教师要深入学生之中,与学生交朋友,沟通心灵,引导学生全面健康地成长。

资料链接

四块糖的故事①

陶行知在校园里看到学生王友用泥巴砸自己班上的男同学,陶行知立即制止了他,并让他放学后到校长室去。

放学后,王友早早地来到校长室门口准备挨训。这时,陶行知走过来了。他一看到王友,就掏出一块糖果递给他,说:"这是奖给你的,因为你按时来了,而我却迟到了。"

王友惊愕地接过糖果,目不转睛地看着陶行知。这时陶行知又掏出一块糖果递给王友,说:"这块糖果也是奖给你的,因为当我不让你再打人的时候,你立即就住手了,这说明你很尊重我,我应该奖励你。"

王友更惊愕了,他不知道校长到底想干什么。这时,陶行知又掏出一块糖果放到王友的手里说:"我已经调查过了,你用泥块砸那些男生,是因为他们不守游戏规则,欺负女生。你砸他们证明你很正直善良,并且有跟坏人做斗争的勇气,应该奖励。"

王友听了非常感动,他失声叫了起来:"校长,你打我吧,我砸的不是坏人,而是自己的同学呀!"

陶行知满意地笑了,又掏出一块糖果递给王友,说:"你能正确地认识错误,这块糖果值得奖励给你。现在我已经没有糖果了,你

①　资料来源:《陶行知教育故事》。

117

也可以回去了。"

五、不断学习，完善自我

教师应当努力学习，不断提高自己的综合素质，以适应教书育人的需要。教师要努力学习科学文化知识，要拓宽知识面，要深入研究问题，这是教好书的知识保证；教师要努力提高思想政治觉悟，形成良好的道德品质，这是育好人的政治素养和道德品质保证；教师要努力学习和研究教育理论，掌握教育教学规律，这是教好书、育好人的方法保证。教师要努力学习教育学、心理学和教学法等基本理论知识，要注意研究学生的生理、心理特征和思想、学习状况，要注意分析各种环境因素对学生成长的影响，探索教育教学规律。在当今社会，科技迅猛发展，社会经济关系、社会观念快速变化，不同价值观念冲撞，社会矛盾极为复杂的情况下，学生遇到的问题、存在的困惑多样而复杂。学生的困惑往往也是教师的困惑，教师更需要注重自身的学习和研究。

教师的自身完善还需要与教育实践紧密结合起来。教师通过各种方式和各种途径获得的理论知识和师德要求，只有通过自身的实践活动转化为自觉的行为，才能真正提高自身修养。而教师的教育实践活动是教师每天都在进行的最基本的实践活动，是最具针对性的道德实践活动。如教师在教育实践中能否做到为人师表，能否关心学生，能否处理好师生关系、同事关系等，都需要在教育实践中躬行体验。只有通过实践，教师才能将所学的理论知识应用起来，才能发现个人的某些不足，并努力在实践中克服和纠正，使自己趋于完善。也只有在实践中，教师才能更好地将理论认识转化为内心深处的真实情感，并形成具有稳定倾向的行为习惯。

总之，教书育人需要教师坚持全面培养的教育理念。教师不仅要向学生传授知识，开发其智力，培养其多方面的能力，还要注意组织学生开展有益的文化娱乐活动和体育活动，活跃气氛，锻炼身体，提高身心健康水平。教师更要注意帮助学生提高思想觉悟水平，形成正确的世界观和人生观，培养良好的道德品质，养成良好的行为习惯，从而促进学生的全面发展。

资料链接

劝退"差生"奖①

据《燕赵都市报》2004年3月4日报道,石家庄市某中学为提高升学率,让初三班主任劝退班上学习成绩差、升学无望的学生,每劝退一名奖励150元。结果一些老师为了得到奖励,千方百计挑"差生"的毛病,还经常"好心"劝说他们:反正考不上高中,不如早点回家找个出路。初三(5)班2月13日第四次"月考"成绩出来后,班主任就将成绩排在后面的15名同学的座位安排在一起,让他们坐在班里最后几排,与前面同学的座位之间留出一个过道。被这样歧视不说,老师还想方设法把"差生"赶走:总是找各种借口挑"差生"的毛病,哪怕你踩着上课铃声进教室,也会被罚站一天。结果,一些不想退学的学生也不得不忍痛离开学校。

案例分析

善于捕捉闪光点

有位妈妈第一次参加家长会,幼儿园的老师说:"你的儿子可能是多动症,在座位上连3分钟都坐不了。"回家的路上,儿子问她,老师都说了些什么? 她告诉孩子:"老师表扬你了,说宝宝原来在座位上坐不了1分钟,现在能坐3分钟了。其他小朋友的家长都很羡慕妈妈,因为全班就数宝宝进步大。"那天晚上,儿子破天荒地独自坐得端端正正地看电视中的动画片。

在小学的家长会上,老师说:"这次数学考试你儿子排倒数第三名,我们怀疑他智力有问题,你最好带他去看看心理医生。"回到家中,看到惊恐万分的儿子,她振作精神说:"老师对你充满信心,她说你并不笨,只要认真听课多做练习,一定能超过你的同桌。"说这些话时,她发现儿子黯淡的眼神中一下子充满了光亮的希望。

孩子上了初中,有一次家长会。老师告诉她:"按你儿子的成绩,考重点高中比较困难。"她走出校门,对儿子说:"班主任老师对你非常满意,只要再加紧努力,很有希望考上重点高中。"

高中毕业,儿子把一封落款为清华大学招生办公室的特快专递交到她的手中。此时,这位妈妈激动得热泪盈眶,兴奋地拍打孩子肩膀,说:"妈妈知道你行,你没让妈妈失望。"

---

① 资料来源:中央人民广播电台·中国之声·报刊文摘栏目,2004-03-04.

我该怎么办?

我叫小林,是一名中学教师,从教十多年了,应该懂得教育规律,且已过了而立之年,按理说已不会年轻气盛了。可是,我仍然容易发脾气,见不得学生调皮捣蛋,发现那些行为不端的学生,我心中的无名之火就会不自觉地蹿上来。我知道应该宽容,我也一直学习克制自己的情绪,但是,看见那些上课说话、做小动作或者睡觉、不认真做练习的学生,我心里就不舒服。教师的职业本能要求我必须管教他们,一句两句我还能保持语气平静,后来我就忍不住发脾气了,事后又很后悔,我知道发火既伤别人,又伤了自己。这一回,一个姓江的同学上课时玩女生的发夹,我几次用眼光示意他,他都视而不见,我忍不住吼了起来,且将发夹抓过来狠狠地摔在地上。哪知他竟然站了起来,大声说我不该摔东西,扬言要我赔。我更生气了,呵斥他滚出去,见他站着不动,我就上前去扯他,非要将他推出教室不可。事后,我也觉得不该动怒,可当时那种情景,我就是控制不住自己。对于学生的不良表现,我不可能视而不见,不闻不问,也许这是教师责任心的体现,应该没有什么不对吧?问题是碰到学生有不良的行为,我就心态不平静,愤怒的情绪就会发泄出来。请问,我该怎么办呢?

【讨论】

案例 1 中,妈妈的做法给教师工作带来怎样的启示?

案例 2 中,对于小林老师,你有好的帮助建议吗?

拓展阅读

美国教师宣誓誓词

美国师范院校的毕业典礼上,即将从事教师这一职业的学生,都将经历一个重要的仪式——集体宣誓,诵读"教育者誓词"——

我在此宣誓,我将把我的一生贡献给教育事业。我将履行作为教育者的全部义务,不断改善这一公共福利事业,增进人类的理解和能力,并向一切为教育和学习做出努力的作为和人表示敬意。我将这些义务当作我自己的事,并时刻准备着、责无旁贷地鼓励我的同事们做到这一点。

我将时刻注意到我的责任——通过严格的对知识的追求来提高学生的智力。即使非常辛苦,即使受到放弃这一责任的外界的诱惑,即使遇到失败等等障碍而使之更加困难,我也将坚定不移地执行这一许诺。我还将坚持不懈地维护这一信念——鼓励并尊重终身学习和平等对待所有的学生。

为了忠实地完成这一职业义务，我保证做到努力钻研所教内容，不断改善我的教育实践并使在我教导下的学生能够不断进步。我保证寻求和支持能提高教育和教学质量的政策并提供所有热爱教育的人一切机会去帮助他们达到至善。

我决心不断努力以赶上或超过我希望培养的素质，并坚持和永远尊重一个有纪律的、文明的以及自由的民主生活方式。我认识到有时我的努力可能会冒犯特权和有地位的人，我也认识到我将会受到偏见和等级捍卫者们的反对，我还认识到我将不得不遇到那些有意使我感到灰心、使我丧失希望的争论。但是，我将仍然忠于这一信念——这些努力和对目标的追求使我坚信它与我的职业是相称的，这一职业也是与人民自由相称的。

在这次大会的所有人的面前，我庄严宣誓，我将恪守这一誓言。

拓展阅读

魏书生的教育人生 [①]

魏书生，由一个初中文化的下乡知青成为一个普通的小学老师、中学老师，因其成功的探索实践，成长为当代享誉全国的著名教育改革家。无私的爱心浇灌出的必定是和谐美好的师生关系，师生之间、教师家长之间彼此关心、配合默契，教学工作就在这其乐融融的气氛中展开。"有很长一段时间我超负荷教三个班的语文课，每天备课上课，外加备课组的工作，班级的工作每天忙得不亦乐乎，但我从没有一句怨言，我不但认真批改学生的作业，还挑选出学生优秀的文章结集，使它成为学生高中生活最好的礼物。我认真钻研，写下了大量的教学论文发表在各级国家刊物上，我成为一家中学语文杂志社的特约编辑。我用我严谨求实的工作作风影响着我的学生，学生都说，每天看到老师精神抖擞似乎有用不完的干劲，我们就身受鼓舞。我就是用我的言传身教感染我的学生，榜样的力量是无穷的，在我的影响带动下，我所带班级不但学习认真努力，而且每个人都把班级看成了自己的家，班级凝结成的是一个坚不可摧的优秀集体。"

---

① 刘彩琴.魏书生的教育人生[J].人民日报,2013(5).

121

思考与练习

1. 结合事例，谈谈你对教书育人的理解。

2. 案例分析。

某学校一位教数学的实习老师，他上课很有趣，但对学生很严格，如果有学生上黑板演示题目出错，他就会骂人。最严重的一次，一个学习不好的男同学被教了好几次还做不对，他一怒之下就把人家的头往黑板上撞，用非常粗俗的话骂他。那个男生受不了这样的刺激，最后厌学，不肯再读书了，连高中都没上。

（1）这位数学实习教师的做法错在哪里？为什么？

（2）产生了怎样的严重后果？

参考答案：

（1）这位数学实习教师辱骂、体罚学生是严重违背教师职业道德的行为，违背了《义务教育法》等相关教育法律的规定。教师对待学生的道德，从理想层面上看，教师要热爱学生；从原则层面上看，教师要平等、公正、民主地对待学生；从规则层面上看，教师不准以任何借口歧视、侮辱、使用威胁性语言体罚或变相体罚学生。案例中的数学实习教师，要让学生学好数学，对学生严格并没错，但必须严而有度，严而有方。可是这位教师，学生演示不出数学题目就要骂人，对教了几遍还不会的学生，甚至使用威胁性语言或是体罚。这种做法是错误的。

（2）严重结果：造成了这位学生厌学甚至弃学；其行为严重违背了教师职业道德，对教师的师德形象造成了恶劣的影响。

参考文献

[1] 钱焕琦. 教师职业道德[M]. 上海：华东师范大学出版社，2011.

[2] 段文阁. 教师职业道德[M]. 济南：山东人民出版社，2012.

[3] 朱小蔓. 教师职场：教师的道德成长[M]. 北京：教育科学出版社，2004.

[4] 李春玲. 教师职业道德[M]. 北京：人民文学出版社，2005.

[5] 王辅成等. 教师职业道德[M]. 北京：北京理工大学出版社，2005.

第六章
为人师表

聚焦考试大纲

1. 理解教师为人师表的含义。
2. 掌握为人师表的意义及具体要求。

新《规范》的具体内容

五、为人师表。坚守高尚情操,知荣明耻,严于律己,以身作则。衣着得体,语言规范,举止文明。关心集体,团结协作,尊重同事,尊重家长。作风正派,廉洁奉公。自觉抵制有偿家教,不利用职务之便谋取私利。

《新时代中小学教师职业行为十项准则》要求

七、坚持言行雅正。为人师表,以身作则,举止文明,作风正派,自重自爱;不得与学生发生任何不正当关系,严禁任何形式的猥亵、性骚扰行为。

八、秉持公平诚信。坚持原则,处事公道,光明磊落,为人正直;不得在招生、考试、推优、保送及绩效考核、岗位聘用、职称评聘、评优评奖等工作中徇私舞弊、弄虚作假。

九、坚守廉洁自律。严于律己,清廉从教;不得索要、收受学生及家长财物或参加由学生及家长付费的宴请、旅游、娱乐休闲等活动,不得向学生推销图书报刊、教辅材料、社会保险或利用家长资源谋取私利。

十、规范从教行为。勤勉敬业,乐于奉献,自觉抵制不良风气;不得组织、参与有偿补课,或为校外培训机构和他人介绍生源、提供相关信息。

✏️ **教师资格考试结构化面试题例:**

俗话说:"学高为师,身正为范。"作为一名老师,你如何理解这句话?

"学高为师,身正为范",教师对学生的影响,不仅靠言传,更重要的是身教。这就要求教师在注重专业发展、不断通过终身学习完善自己的过程中,更要注意自身的榜样作用,牢记身教重于言教,要以身作则,为人师表,言行一致,为学生树立道德楷模。

第一节 为人师表的内涵

▶️ 扫描目录二维码,观看微课视频:为人师表。

"师者,人之模范也",是古今中外的人们对教师的界定。我国古代教育家孔子很早就提出教师要身教重于言教的原则,要求教师正人先正己;教育家陶行知则要求教师"一举一动,一言一行,都要修养到不愧为人师的地步"。德国著名教育家第斯多惠强调教师本人是学校里最重要的师表,是最直观的、最有效益的模范,是学生最活生生的榜样。由此,"为人师表"这一规范就成为教师职业道德区别于其他职业道德的显著标志。

一、为人师表的内涵解读

(一) 为人师表的含义

"师表"一词,出自《史记·太史公自序》,意思与"师范"相同,是指学习的榜样。传统的师表内涵是以品、学为核心。"品"即品德、品行,"学"就是我们通常所说的"才",包括学识与技能素质。"为人师表"原是对官、师的共同要求,古代伟大教育家孔子所提的"其身正,不令而行。其身不正,虽令不从。"就是这个意思;现代则主要用于对在教育岗位上工作的教师的要求。"为人师表"语出《北齐书·王昕书》:"杨愔重其德业,以为人之师表。"意指在学问人品诸方面做出榜样。"为人师表"是对教师的基本要求——时时树立教师形象,处处体现表率作用;"为人师表"提倡教师既要做"经师",又要做"人师"。因此,所谓"为人师表"是指教师要在各方面都应该成为学生和社会上人们效法的表率、榜样和楷模。

"为人师表"包含丰富的含义,它是古今中外教育家们反复倡导和概括的教师职业道德规范的重要内容。孔子的"以身作则,为人师表",孟子的"教者必以正";叶圣陶的"教育工作者的全部工作就是为人师表";昆体良认为教师应该处处给自己的学生做模范、做榜样，是"公认有学问的人"；洛克认为教师的榜样示范所起到的吸引或阻止儿童去模仿的力量，比任何说教的作用都大而深刻；苏霍姆林斯基要求教师要从各方面做学生的榜样；车尔尼雪夫斯基则认为"教师把学生造成一种什么人，自己就应当是这种人"。

2014 年教师节前习近平总书记在北京师范大学和教师学生座谈时讲道："老师的人格力量和人格魅力是成功教育的重要条件。'师也者，教之以事而喻诸德者也。'老师对学生的影响，离不开老师的学识和能力，更离不开老师为人处世、于国于民、于公于私所持的价值观。一个老师如果在是非、曲直、善恶、义利、得失等方面老出问题，怎么能担起立德树人的责任？广大教师必须率先垂范、以身作则，引导和帮助学生把握好人生方向，特别是引导和帮助青少年学生扣好人生的第一粒扣子。"

可见，在教育领域，为人师表对教师的基本要求就是"学为人师，行为世范"。因此，在教育教学过程中，教师不仅要有意识地通过教学让学生掌握一定的知识、技能和一些道理，而且应充分认识到其一举一动都会对学生产生一定影响。许多学生在日常行为方式、习惯上都或多或少保持着某些教师的影响，而且这种影响是长期的，甚至是一生的。这主要是因为青少年学生还处于长身体、长知识的阶段，他们的求知欲强，对什么是真善美，什么是假恶丑尚处于探索、明辨之中，他们对周围的一切具有很大的好奇心，模仿性、可塑性大。教育过程中的"向师性"会使学生对教师有一种特殊的信任感和依恋感，把教师作为自己的楷模，教师的言行品质对学生起着潜移默化或者说直接的示范作用。因此，教师，无论何时何地都必须在思想品德、学识才能、言语习惯、生活方式和举止风度等方面"以身立教"，为学生做出表率。

（二）为人师表的内涵特征

"为人师表"的理念对教师这一职业来说有其深远的历史渊源，在连绵的历史传承中被不断地赋予了新的内涵及特征。

1. 为人师表的内涵

在新时代，为人师表有许多新的意蕴和要求。习近平总书记在有关教育的讲话中，多次提到为人师表的师德要求。他用"大先生""筑梦人""系扣人""引路人"等表现力极强的称谓表达对广大教师的殷切期望。2013 年他在教师节给全国广大教师写信时，提出教师要"学为人师，行为世范，做学生健康成长的指导者和引路人"。2014 年在视察北师大时指出："师者，人之模范也。"2016 年教师节,习近平总书记在考察北京八一学校时提出,教师要做"四个引路人",第一条就是要做学生锤炼品格的引路人;2016年12月,在全国高校思想政治工作会议上,习近平总书记指出"教师不能只做传授书本知识的教书匠,而要成为塑造学生品格、品行、品位的'大先生'","教师要成为学生做人的镜子,以身作则、率先垂范,以高尚的人格魅力赢得学生敬仰,以模范的言行举止为学生树立榜样"。

在新时代,教师的为人师表是先进性与广泛性的统一。要充分认识到教师职业的特殊要求,他对学生的影响有多大,他的先进性就有多高,他对学生的影响有多全面,对他们的道德要求就有多广泛。因此,教师在各方面的道德水平都应走在社会风尚的前面,成为社会道德的引领者。要确立学生师表与社会师表相统一的师表观念,在校园内教师要以身作则、言传身教;在社会上要率先垂范,大力传播思想道德文明,以抗俗、化俗、抗愚、治愚、培育社会智慧为己任。不能把职业场合与生活场合的道德分开考量,从道德的统一性来看,人作为一个完整的存在,只有内外融合、内在统一的道德,才是稳定的道德。

2. 为人师表的特征

为人师表是教师职业道德区别于其他职业道德的显著标志,是对教师的特殊规范,它有自己独具的特征。

(1)为人师表具有鲜明的示范性。教师在从教的过程中,通过自己良好的思想品质、知识才能、情感意志为学生做出示范,如语言上的文明、礼貌、准确、生动、幽默,仪表上的整洁、端庄,定会起到让学生由敬佩到效仿的作用。因为正在成长的青少年,随时随地都用自己那双敏感的眼睛和稚嫩的心灵观察着教师的言行举止,自觉和不自觉地学习和模仿教师的言行举止。教师就是通过这种时时事事的言传身教,使学生耳濡目染,逐渐地学到丰富、系统的科学文化知识,形成良好的思想品质、高尚的道德情操,培养多种兴趣爱好等。教师的这种为人师表的示范作用,在青少年的成长过程中是其他方面难以代替的。

(2)为人师表具有突出的严谨性。教师是学生学习的榜样,必须时时处处事事为学生、为社会上的人们做出表率,树立榜样。同时其时时刻刻的言行举止等表现都会受到学生和社会成员的监督。这就要求教师不仅在课堂上、学校里的一切言行举止要严格和谨慎,还要在家庭中、社会上为社会普通人做榜样;不仅在语言、仪表上做模范,还要在思想、行动中做表率;不仅在工作态度、学习精神上为学生和他人做楷模,还要在政治思想、道德品质、生活修养等方面率先垂范。可见,教师的一举一动、一言一行都深深体现了为人师表的严谨性。若稍一放松,就会对学生造成不良影响,社会上的人们就会谴责你"不像一位教师",这样的教师就会败坏教师群体的美好形象和声誉。

(3) 为人师表具有重要的激励性。"为人师表"这一师德规范首先激励教师用自己的行为、举止、仪表、语言为学生和他人做榜样,为此,教师必须注重学习,不断提高自己的思想觉悟;严于律己,规范自己的行为;宽以待人,多关心和帮助别人;作风正派,乐于助人,身教重于言教。教师的示范、榜样作用,有利于激励和引导学生学习教师高尚的品德和情操,学习教师优秀的待人处事的方法和技巧,做一个高尚的人、有道德的人。同时,教师的表率作用还可以激励社会中的人们,注重自己的言行举止,学习教师群体的优良品格,建立人与人之间和谐友好的关系,促进社会主义精神文明建设,共建和谐社会。

(4) 为人师表具有现实的可操作性。为人师表不是口中教条、空中楼阁,而是教师切实可行的言行举止。它渗透在教师日常的从教活动中,渗透进教师的爱情婚姻家庭生活中,渗透到教师个人所处的公共生活领域中。如教师作为共产主义思想的传播者,首先应坚定正确的政治方向,坚定共产主义信仰,树立科学远大的革命理想和世界观、人生观、价值观,在立场、观点、言行上以身示范;教师作为共产主义思想品德的塑造者,首先自己必须具备热爱劳动、关心集体、遵纪守法、忠诚老实、勇敢坚定等一系列高贵品质,才能以德教人,以德育人;教师作为人民教育事业辛勤的园丁,必须认真钻研业务,认真备课、讲课,发扬教学民主,创造性地进行教学;教师要培养学生懂礼貌、讲文明的行为和习惯,自身必须做到尊重他人,关心他人,语言文明,待人以礼,仪表端庄,举止有度。

(5) 为人师表具有言传与身教的统一性。言传和身教是教师施教与为人师表的两种基本形式,在长期的实践中,这两种教育方式根据教育对象实际情况变化,不断地被灵活运用和创新发展。言传的优势是内容表达准确、严密、系统,逻辑性强,同时做到有的放矢和因材施教;身教的优势则是以身垂范,直观性强,影响与感召力大,其效果主要通过教师自身的实际行动去感化、感召,让教育对象或社会他人自觉产生模仿、学习的动力。在言传身教过程中,教师言传的知识与做人的道理及身教的行为与示范要科学、高尚,如此才能让人自觉地接受并由衷地敬仰;教师自身整体素质越高,言传身教的方法与艺术运用得越好,其为人师表的感召力就越强大,教育的整体效果就越显著。

127

二、教师为人师表的重要意义

"为人师表"规范要求教师在各方面以自己的行为为学生做出表率,不仅在课堂上做到言传身教,还要在理想信念、思想情感等方面为学生做出表率;它要求教师严于律己,做学生的榜样和世人的楷模,对于教师完成教书育人的工作,陶冶学生的情操,影响社会风气,促进社会文明,都有着极其重要的意义。

(一)为人师表是树立教师威信的基础

教师威信一般是指教师个人在教育教学过程中的威望和信誉。教师威信是教书育人不可或缺的条件,相比较而言,在学生中享有崇高威信的教师,其教育教学效果会越突出。中国古代的荀子就十分注意树立教师的道德威信,他说"尊严而惮,可以为师",意思为只有具有尊严和威信的才能为师。苏联教育家凯洛夫说:"对于新生来说,教师具有无可怀疑的威信。"教师威信越高,教学效果越好,这是每位教师在教学实践中都能亲身体会和认识到的。

由此可见,在教师教育教学过程中逐步树立自己的威信是做好工作的重要环节之一。但教师威信的树立不是凭空而来的,而是靠教师个体通过自身高尚的道德品质和精湛的业务能力的榜样作用逐步实现的。只有教师在教育教学中时时处处事事凭借自己的才学德行做到为人师表,才可以让学生感受到教师在对他们的谆谆教导中所传递出来的爱、关心、呵护和期望,如此学生自然就会对教师产生尊敬之情,从而更容易接受教师的谆谆教导。

(二)为人师表是教师育人的最佳路径

教师的天职是教书育人。在育人过程中,通过学生的认知、情感、意志等心理活动实现教育内容的"内化",但这只是教育的第一个环节;要完成教书育人的整个过程,还必须让教师所传授的"教育内容"实现由"知"到"行"的转化,即实现将道德认知"外化"为个人的道德行为的过程,实现将科学知识"外化"为学生个人的实际能力,否则再高尚的社会理想、道德准则、价值观念和科学知识也不可能起到造福社会、成就自己的作用。正是在这个意义上,教育更需要强调知行合一,重在力行,强调教师的身教胜于言教,突出为人师表的作用。17世纪英国教育家洛克在他的《教育漫画》中说:"教师应该以身作则,使儿童去做他所希望做的事情。教师的行动千万不可违反自己的教训。"教师的"为人师表"就是用自己的实际行动去影响学生。为此,教师在学生面前必须严于律己,以身作则,要求学生做到的,教师必须首先做到;要求学生不做的,教师要带头不做,用实际行动为学生起到示范作用。

(三)为人师表是优化社会风气的保证

教师作为国家科技知识、传统文化和社会道德的传播者和践行者,在教育教学中不仅需要自身具有高尚的思想品德、良好的身心素质、丰富的育人经验和严谨的工作之风,还要借助自己的"为人师表"的表率作用更好地完成这一使命。在教书育人过程中,教师不仅是学生做人做事的先导,还应是社会其他人做人做事的楷模。教师高尚的品德及其表率作用,直接影响学校所育人才的质量,进而通过这种表率作用促进社会风气的优化。青少年时期是人生中最宝贵的时期,是人生成长的关键时期。毫无疑问,在这个时期,教师对学生的影响最大,而且通过学生还会影响到学生们的家庭、社会关系,直至整个社会的风气。今天的教育成果,将反映到明天社会的各个方面。所以,从某种程度上来说,教师的"为人师表"对优化社会风气有举足轻重的作用,进而还会直接或间接地影响到民族的发展和国家的长治久安。

第二节　为人师表的要求

"为人师表"是从教师日常行为的角度提出的人际道德,是教师自我道德的内在要求,是教师受到社会尊重的总体道德表征,也是社会对教师的道德期待。2008 年教育部新修订的《中小学教师职业道德规范》在为人师表方面对中小学教师提出的要求是"坚守高尚情操,知荣明耻,严于律己,以身作则。衣着得体,语言规范,举止文明。关心集体,团结协作,尊重同事,尊重家长。作风正派,廉洁奉公。自觉抵制有偿家教,不利用职务之便谋取私利。"其在教师整体道德方面的要求是"坚守高尚情操,知荣明耻;严于律己,以身作则";在社会公共生活和教育工作中的要求是"衣着得体,语言规范,举止文明";在教师职业岗位工作中的要求是"关心集体,团结协作,尊重同事,尊重家长";其道德准则是"作风正派,廉洁奉公"和"自觉抵制有偿家教,不利用职务之便谋取私利"。本节结合教师工作实际,择其部分内容加以分析。

一、高尚情操，知荣明耻

2014年9月9日，中共中央总书记习近平在我国第三十个教师节，到北京师范大学同师生谈话时指出："做一个好老师，要有道德情操"。习总书记把道德情操作为好老师的一个标准、一面镜子，为教师加强道德修养指明了方向。教师职业和教师行为一直备受关注，教师的一言一行对学生、社会有着深远的影响，广大教师必须率先垂范、知荣明耻，不断加强师德修养，塑造良好的人生观、价值观，树立高尚的道德情操和精神追求，用高尚的道德情操去感染和教育学生。

教师肩负着培养新时期中国特色社会主义事业的建设者和提高中华民族素质的使命。在三尺讲台之上，辛勤耕耘、开发着人类最宝贵的智慧资源，传播知识，塑造灵魂，引领着社会进步。在这一过程中，教师个人高尚的道德情操是其践行国家教育使命的核心品质；用自己的道德情操去感染学生、引导学生，是一个具有高尚道德情操的老师做好言传身教工作的根本准则。有敬业爱生精神的教师，才会献身教育，心系学生；才会燃烧自己，成就学生。教师要勤奋好学，使自己拥有一种善于发现美并欣赏美的高尚道德情操，有了这种高尚情操，在教育过程和社会生活中才能经得起各种诱惑，耐得住寂寞，经得起风雨，用奋发有为展示教育者的人生价值。

教师在坚守个人高尚的道德情操的基础上，树立坚定的社会主义核心价值观，做到知荣明耻，是新时期中国特色社会主义思想道德建设和精神文明建设的基本内容和长期任务。胡锦涛同志提出了"以热爱祖国为荣，以危害祖国为耻；以服务人民为荣，以背离人民为耻；以崇尚科学为荣，以愚昧无知为耻；以辛勤劳动为荣，以好逸恶劳为耻；以团结互助为荣，以损人利己为耻；以诚实守信为荣，以见利忘义为耻；以遵纪守法为荣，以违法乱纪为耻；以艰苦奋斗为荣，以骄奢淫逸为耻。"的社会主义荣辱观。它包含着社会主义思想道德建设的指导思想、方针原则和公民基本道德规范，形成了社会主义道德的鲜明指向，是引领社会主义思想道德建设的一面重要旗帜。

古人云"知耻近乎勇"，讲廉耻是为人的底线，更是教师为人师表的底线。源远流长的中华文明，孕育了中华民族的宝贵精神品格，讲究礼义廉耻就是其中一点。《孟子》说："人不可以无耻""无羞恶之心，非人也"；《淮南子》也认为"民无廉耻，不可治也"。一个有羞耻之心的人，才能知荣明耻，知道底线在哪里。作为"为人师表"的教师，应具有高尚的精神境界和道德情操，具有正确的社会主义荣辱观,并积极在追求高尚上起表率作用,做到知行统一,明荣辱之分,做当荣之事,拒为辱之行,做社会主义荣辱观的积极倡导者和模范践行者。

二、严于律己,以身作则

古人有训:"严于律己,宽以待人。"所谓"严于律己",就是严格约束自己,国有国法,家有家规,个人也有个人的"纪律",这个"纪律"是对自己的高要求,做到自我批评和自我检讨。古人云"见贤思齐,见不贤而内自省"就是这个道理。教师在严谨治学过程中的"严于律己",一般是指教师严格按照教育职责所要求的知识和能力素养标准,切实提高自身的素质,从而更好地履行教育教学职责,完成教书育人的任务。一个教师要体现严于律己、严谨治学,就应当对科学抱满腔热情并自觉排斥自身存在的愚昧和迷信,自觉摆脱经验主义、教条主义、保守主义的束缚,勇敢地承认自身的不足。同时,在教书育人工作中,教师还要做到以身作则、当好表率,并且要有高度的自觉性,这是为人师表的基础。一个老师一时一事给学生做出榜样是容易的,但时时事事处处为学生做出表率则是难能可贵的,需要持之以恒的精神,不断提高道德修养。

教师只有不断加强自己的师德修养,不断提高自己的专业技能,才能成为一名合格的人民教师。要做到"为人师表",首先,教师必须把"严于律己,以身作则"看成一种强烈的内在需要,即自我人格完善的需要;把它看成与职业需要不可分离的重要部分,只要在岗位上工作一天,就应该立志成为"为人师表"的楷模。为此,教师时刻都要加强自己"严于律己,以身作则"的意识,处处严格要求自己,做一个让学生尊敬的优秀人民教师。其次,在履行"严于律己,以身作则"当好表率过程中,教师要不断地进行积极的自我行为反思,努力提高自己的思想道德觉悟,用自己的言行举止引导和教育学生。最后,在履行"严于律己,以身作则"当好表率过程中,教师要不断丰富和提升自己的专业知识、技能和教学能力。教师的本职工作是传播知识、教书育人,所以教师在业务知识、能力素质方面要成为学生的榜样,拥有丰富的专业知识和精湛的专业技能,是教师为人师表的核心与基础。如果学生感到老师"学富五车、才高八斗",自然会从内心产生钦佩感,从而增强他们对知识的求知欲,向老师看齐。因此,教师要不断充实自己,才能跟上时代的飞速发展和满足学生不断增长的文化知识需求。

三、衣着得体，语言规范，举止文明

教师资格考试结构化面试题：

某学校的一名青年老师穿拖鞋去上课。对此，你怎么看？

教师文明的言谈举止对学生思想品质的形成起着引领作用。教师是教人怎样做人的人，首先自己就必须知道怎样做人。教师的一言一行都是其内在素养的外在体现，都会给学生以潜移默化的作用影响，而学生也正是通过这一点来了解教师的思想，"桃李不言，下自成蹊"，教师注重修养，注意言行，时时处处事事给学生做出表率，言教辅以身教，身教重于言教，学生受到教师的影响，其不良的行为和习惯受到约束，得到修正。具体说来，教师职业道德规范中关于教师"衣着得体，语言规范，举止文明"等方面的要求主要包含仪表、仪容、举止和语言等方面的内容。

（一）仪容仪表方面

《现代汉语词典》对人的仪表解释为："仪表，人的外表，包括容貌、姿态、风度等。""教师"这一职业对仪表有更严的要求，因为教师的仪表最直接地反映了教师的道德面貌和审美情趣，对学生具有重要的道德意义和审美价值。良好的仪表能获得学生的认同和敬重，糟糕的仪表能引起学生反感，破坏师生间应有的亲和力，从而给教育教学带来一定程度的影响。作为教师，在仪容仪表方面要做到整洁、朴素、美观：

仪表主要包括衣着、修饰打扮等，是教师展现在学生面前的外部形态。日常工作中，教师要注重自身的着装及修饰等。教师的服饰首先要做到衣着整齐清洁、饰物典雅大方、美观素朴，不要奇特古怪、艳丽花哨。教师的服装不能过于艳丽，这会与教育气氛相冲突，分散学生听课的注意力，容易让学生把目光过分地集中在教师服装上。对教师来说，着装、修饰必须符合教师的道德要求。教师是知识的象征、智慧的化身，教师的整个穿着打扮应同职业相适应，应根据自己的年龄、性格、体态、性别，合理选择服装款式、格调，切不可随意化。首先，教师的衣着要朴素美观，不要奇特古怪，艳丽花哨。教师的服装款式要美观大方，既不可太前卫了，也不能太落伍了；衣服颜色和装饰应尽量素静雅致，不要艳丽夺目，花哨惹人。如果教师衣着不整、不修边幅，不仅有伤斯文、有失风雅，还会给学生留下一种生活懒散的感觉。因此，教师的衣着打扮一定要考虑自身的职业特点及环境要求，要和教师的职业身份相适应，考虑它们可能对学生产生的影响。其次，教师还要根据自己的教育对象来选择衣着，如小学低年级和幼儿教师,在衣着上款式线条要明快、色彩要鲜艳点,有利于启迪少年儿童爱美的天性;小学高年级和初中阶段的教师,面对"向师性"、模仿性极强的学生,教师穿衣戴帽更要慎而又慎。教师的着装是一门学问,自觉或不自觉地对学生和社会中的人们起着示范作用,为此,教师的衣着应于朴实大方中见高雅的情趣,于整洁得体中见丰富的涵养。

仪容在社会交往中表现了一个人的文化层次和意识修养,它是社交礼仪中最基本的起点。教师的仪容要情绪饱满、朝气蓬勃、光彩焕发、成熟向上。教师在教书育人过程中尤其应注重视觉形象塑造,比如男教师必须剃须,剪鼻毛,头发要修剪;女教师则应发型端庄,梳理整齐,切忌浓妆艳抹(可化淡妆),不戴首饰之类。此外,教师不能蓬头垢面,不能精神萎靡,愁眉苦脸。苏联教育家马卡连柯曾经说过:"无论是对学生,或是对教育机关中的教师和其他工作人员,都必须要求衣服整洁,头发和胡须都要弄得像样,鞋袜洁净,修好指甲和经常备有手帕。""从口袋里掏出揉皱了的脏手帕的教师,已经失去了当教师的资格。"蔡元培先生十分注意自己的言表,他每次去学校给师生讲话和上课,必定要换上洗得十分清爽的衣服,把每一颗纽扣扣上以后,还要对着镜子整理一番。进入演讲厅或教室前,也习惯整一整衣冠。这种讲究整洁的好习惯对学生是一种无形的教育。

(二)语言方面

教师的职业特点以及教师劳动的示范性决定了教师语言的重要性,要求教师掌握独特的语言艺术。教师语言的魅力是师生交流思想、沟通情感的桥梁,是教师"传道、授业、解惑"的精神武器。孔子云:"言之无文,行而不远。"由此可见,中国古代的教育家对教师语言就颇为重视。教师的语言对学生有着潜移默化的影响,其语言品质的优劣直接关系着课堂教学的好坏,制约着教学效率的高低。不论课内课外,教师语言艺术的魅力极为重要,教学过程是信息传递的过程,而信息传递的主要载体是教师的语言。教师语言品质的优劣,口头语言表达能力的强弱,直接影响着教育教学的效果。这就要求每位教师必须加强语言修养,锤炼教学语言,提高语言表达艺术。

教师的语言要规范纯洁、准确鲜明、生动幽默并富有激情,教师要善于运用语言的力量启动学生求知的欲望,拨动学生上进的心弦,把知识真理和美好的感情送进学生的心田。

1. 教师语言要规范准确

一位优秀的教师不仅是一个演员,而且是个演讲家,应该有驾驭教学语言的高超技能,这样才能将学生的注意力紧紧地吸引过来,使学生乐意接受老师所传达的信息。因此,也就注定教师必须注意说话的技巧。首先,教师语言要规范。教师的语言必须符合普通话的要求,教师专业授课必须尽量使用专业术语。其次,教师语言要精练。教师的语言要简洁明了,做到言简意赅,提起兴趣,激起灵感,启迪智慧。再次,教师语言要准确。教师使用语言时要确切清楚,不含混。教师要准确地表达概念、规则、原理等内容,清晰地传达思想感情、愿望等教育要求,不能含混不清,模棱两可,似是而非,互相矛盾。

> 语言的准确性,是优良风格的基础。
> ——亚里士多德

2. 教师语言要生动幽默

作为教师,谁都希望自己的讲课或说话收到最佳效果。正如苏霍姆林斯基所言:"教师的语言素养在极大程度上决定着学生在课堂上脑力劳动的效率。"所以教师的语言除了做到规范、精练、准确之外,还必须进一步做到生动幽默。首先,教师用语要文雅,尽量使语言有美感,语调音调抑扬顿挫,富有节奏感和鼓动性,语气亲切,音色甜润优美,话语流畅自然,速度快慢适中,从而提高学生的注意力,减少学生的疲劳感,使学生时刻处于最佳思维状态。其次,教师语言要健康。特别是批评学生时切忌用侮辱性的语言去训斥和辱骂学生,用尖酸刻薄的话去讽刺、挖苦、嘲笑学生。再次,教师语言要尽可能幽默风趣。幽默语言是教师睿智的思想、广博的学识借助诙谐含蓄的语言形式形象生动的再现。它的恰当使用,可以创设出一种风趣动人的情境,驱除学习疲劳,引发学习兴趣,强化知识记忆,往往会收到令人忍俊不禁、余韵隽永的艺术效果。

3. 教师语言要纯洁文明

教师的育人职责要求教师的语言文明纯洁,切忌一切低级、庸俗、下流的污言秽语,保持语言的纯洁性。要求学生不说脏话,教师首先不能说脏话。因此,教师在任何时候、任何情况下,说话都要讲究文明礼貌,都要自爱自重,尊重别人,保持自己良好的风范形象。如果教师在处理一些鸡毛蒜皮的小问题时,不加分辨地对全体学生进行歇斯底里的破口谩骂,那么,他这是存心使学生变坏。总之,如果教师在教育活动中不能使用文明健康的语言,保持语言的纯洁性,就不仅损害了教师的"形象",还会给学生心灵带来污痕和创伤,不利于学生的健康成长。

4. 教师语言要有感情

教师的语言要有热情和感情并富有激励性，以情传情，上课要让学生有激情，教师自己首先要有激情。对缺少激情的课堂，学生缺乏兴趣，听着不过瘾，课堂实效不高。老师没了激情，追寻诗意、高效的课堂就成了一句空话。要想提高课堂实效，教师首先要有情感、有激情，始终是想学生所想，和学生一起共享着生活的快乐与幸福。激情需要点燃，需要一个教师以自己的激情去影响学生，去感染学生。此外，语言作为一种感人的力量，其真正的美离不开言辞的热情、诚恳和富于激励性。激励性语言评价可以触发学生的学习热情，从而培养学生勇敢的品质、探究的兴趣、坚强的意志。因此，教师一定要努力把活生生的灵感和思想贯彻到自己的话语中去，使"情动于中而言溢于表"，从而"打动学生的心，使学生产生强烈的共鸣，受到强烈的感染"。

5. 要减少言语失范现象

教师的行为失范主要分为言语失范和非言语失范两大类。言语失范是指教师在教育教学过程中使用具有侮辱性、歧视性的语言伤害学生的身心，如使用以下语言谩骂学生："真没有教养""你可真够笨的""你怎么只长身体，不长脑子啊""你真是蠢得像头驴""你的脑袋真是花岗岩脑袋"等等；还有的教师则会通过使用如下恐吓性的语言威胁学生："你再犯同样的错误就让学校开除你""再不认真听课就叫你家长来学校谈谈""不遵守校纪校规就开除你"等等；还有教师经常在公共场合说某某同学不如某某同学，自己所带班上的学生不如别的班级的同学聪明……诸如此类侮辱性、歧视性和恐吓性的语言会在不经意间伤害了学生，严重的会给学生的成长带来持久的负面影响。

非言语失范是指教师在教育教学过程中，除了言语方式之外，在个人教态、教育管理等方面实施不良的手段或动作，错误地对待学生。其在教态方面的主要表现是不够端庄大方，不够和蔼可亲，没有工作激情，精神萎靡甚至呵欠连天；在讲台前没有站相，歪歪斜斜、前仰后合，或者斜倚黑板，或者脚踏椅凳，或者背对学生很久，或者无视学生等。其在管理方面的主要表现是经常对学生进行诸如罚站、打耳光、揪耳朵等体罚手段；或者把所谓的"好学生"安排在教室前排或中间相对较好的座位，对所谓的"差生"则是"横眉冷对"或"冷嘲热讽"或"充耳不闻"，在课堂上不理不睬、不提问、不关心其任何诉求，即便是"关心"也是应付了事，甚至会把在课堂上调皮捣蛋的所谓"差生"赶出教室；等等。

135

（三）举止方面

举止主要包括教师个人坐立行的姿势以及表情动作的行为习惯等。它是教师与学生交往中的"人体信号"，因此，教师应表现出良好的教养和振奋的神态，并且要与教育教学过程密切配合，发挥出最佳的辅助作用。苏联教育家加里宁曾经语重心长地对教师说："教师的世界观，他的品行，他的生活，他对每一现象的态度，都这样那样地影响着全体学生。所以，一位教师必须时刻检点自己，他应该感到他的一举一动都处在最严格的监督之下，世界上任何人也没有受到这样严格的监督。"教师讲课时要举止适度、动作文雅，表现出文明的气质，不要拍黑板、擂讲台、捶胸顿足，显得缺乏修养；和学生交往谈话，要热情而有分寸，亲切而讲究礼节，表现出庄重而随和的品质。一位教师只有举止适度，行为端庄，才会受到学生的爱戴和欢迎，为学生树立良好的身教形象，给学生以良好的精神感染。

四、关心集体，团结协作

现代教育承担着为社会培育具有创新精神与能力的创新型人才的重任，这一伟大而艰巨的任务不是哪一位教师所能独立完成的，它需要各专业学科教师、思想品德课教师、班主任老师和少先队、共青团及各行政管理人员在内的全体教职员工的通力合作。特别是现代社会对人才的要求越来越高，需要学生学习和掌握更多、更新的知识和技能，一个教师即便是知识再渊博，他也只能完成人才培养教学中的一部分，而不可能是全部。只有全体教师团结一致，相互协作，形成集体的智慧和教育的合力，才能产生良好的教育效果，培养出德、智、体、美、劳全面发展的"四有"接班人和新型劳动者。可见，一个团结协作的教师集体是实现教育目标的关键所在。正如苏联教育家马卡连柯说的："如果没有这样团结一致的教师集体，那么所谓正常的教育工作是很难想象的。"所以需要每一个身处其中的教师个体给予集体更多的关注、关心和支持，一所学校如果有一个志同道合、充满活力的教师集体，那么办好这所学校就有了宝贵的财富和最可靠的根基。苏霍姆林斯基说过：教师集体是大家志同道合进行创造性合作的团体，在这里，每个教师都能为集体的创造做出自己的贡献，每个人都能从集体的创造中吸取精神力量，同时以集体的精神力量去感染同事。

在教师群体中，教师的工作态度、工作能力、工作效益，可以通过比较、鉴别,分出优劣,激励先进,督促后进。同时,教师也可以吸取别人的长处和经验来丰富和对照检验自己,互帮互学,共同提高。新时期的人民教师,在同一个集体中,在同一个教育方针的指导下,在各自的岗位上从事着同一个目标——培育人才的工作。他们之间的关系既是一种各司其职、并肩作战的关系,又是一种同心同德、团结协作的关系。这种关系对于实现教育目标,形成教师人格、提高自身素质和能力,形成良好校风,以及养成学生良好品德,有着重要的意义。所谓团结协作是指人们为了集中力量实现共同理想或任务而联合起来,相互支持,紧密合作。现代教育是一个分工协作的系统工程,必须建立起一种团结协作、互相帮助的新型道德关系,这样才能优势互补、形成强大的教育合力,共同完成好教书育人的任务。因此,团结协作是实现教育目的必要条件,也是调整教师之间关系的职业道德规范。就拿学校的教育教学改革来讲,每一位老师都能自觉按照教改领导小组的指导意见,全心全意投入教改,在集体备课中,每一位的成员都能在备课组长的协调下,承担个人的工作,并积极用集体的智慧完善每一份讲学稿,这是团结协助的最好写照。教师们为了搞好教育和教学工作,应该做到相互尊重,密切配合,互相帮助,相互交流,取长补短,共同提高。

五、尊重同事,尊重家长

(一)尊重同事

相互尊重是教师进行人际交往的前提,是教师道德境界的体现,也是教师调动帮助自己成长的各方面因素的基础。心理学研究表明,尊重是人的一个非常重要的高层次的心理需要。只有在相互尊重的基础上才能形成团结和睦的同事关系和融洽支持的集体,才能增进教师之间的友谊,真正克服文人相轻的传统陋习。这种和睦融洽的气氛,能够使教师工作愉快,有利于教师的身心健康,有利于教育工作的成功。每个教师对自己在这个教育活动过程中的作用应该有清醒的认识,不能任意贬低其他教师的教育劳动;既要维护自己在学生中的威信,也要维护其他教师的威信。同一个学科的教师担负着同一学科知识的教学工作,彼此了解较多,熟悉业务,应该在教学过程中互相学习,互相交流,取长补短,共同提高,而不要抬高自己,贬低别人,做到换位思考,善解人意,能够体会他人的需要,同情他人,理解他人,做到"己所不欲,勿施于人",并且能够在他人需要的时候,及时伸出援助之手,这样的教师才会真正得到同事的尊重。此外,班主任与任课教师之间也应密切配合。

(二) 尊重家长

教师和学生家长有着共同的目标和任务,教师要想出色地完成教书育人的任务,必须与家长加强联系和沟通,联系和沟通的前提条件就是要尊重家长。由此,尊重家长是教师职业道德之为人师表的又一重要准绳。学生健康成长是教师和学生家长共同的教育目标,在实现这个共同目标的过程中,特别需要教师和家长之间的相互尊重、相互支持、互相联系、互相沟通。学生的成长离不开学校教育和家庭教育的共通作用。教师对学生的因材施教必须通过与家长的联系与沟通,了解学生的个性特征和兴趣爱好,准确全面地掌握形成学生的思想、性格、行为、习惯等方面的情况,只有这样,才能做到有的放矢、因材施教,才能取得教书育人的良好效应。

教师与家长虽然都有共同的目标和愿望,但两者之间由于思维方式、教育经验与方法等存在一些分歧和矛盾,也会产生一些隔阂或误会。为此,教师光有尊重家长的态度和愿望是不够的,还必须掌握科学的、有效的方式和方法,才能做好尊重家长这一规范要求。教师是专门的教育工作者,在教育过程中承担着主要责任,因而在与家长的相互关系之中应采取积极、主动的态度同家长进行联系和沟通,认真听取学生家长的建议和意见。在家校互动中,要做到相互尊重、平等待人,教师对学生家长不能怀有其他不良的动机,要一视同仁地对待家长,特别是对那些有困难或单亲家庭的家长,更要有同情心,给予更多的尊重和关心。在教师和家长针对学生学习的沟通交流中,无论观点与方法正确与否,都应开诚布公、实事求是;正确的方法和育人经验要肯定和发扬,错误的做法要坦诚指出,互相沟通,不能迁就。教师不仅要做到自己尊重家长,还要善于发现和肯定家长的优秀品质,教育和引导学生认识和学习父母的闪光点和有益的东西。如此,教师不仅在学生面前提高了家长的威信,同时也提高了自己在家长心目中的威信。在教育过程中,教师承担着主要的教书育人重任,不能推卸自己的主要职责,不能简单地把家长当作自己的"助教",更不能仗着教师的身份对学生家长呼来喝去。

六、廉洁从教，不谋私利

所谓廉洁，包含廉正、廉仆、廉耻等内涵，它是奉公的基础，光明磊落的前提，又是一个人自律的保证、自尊的动力。《辞海》中"廉洁"被解释为清廉、清白，与贪污相对，"廉洁"最早出现在《楚辞·招魂》中，后王逸注曰："不受曰廉，不污曰洁"。用通俗的话说，廉洁就是不收受不义之财，不贪占公物和他人之物，不受世俗丑行的污染。

"一支粉笔，两袖清风，三尺讲台，四季耕耘"，说的既是教师敢于奉献的"孺子牛"精神，也是教师为人师表的具体体现，更是教师"廉洁从教，不谋私利"的真实写照。教师作为人类灵魂工程师，更要懂得廉洁的含义，牢记廉洁从教。所谓廉洁从教，就是指教师在整个从教生涯中都要坚持行廉操法的原则，不贪学生及家长的钱物，不贪占公共和他人的钱物，不染社会上出现的一些贪、贿、欲等恶习，始终以清廉纯洁的道德品行为学生和世人做出表率。廉洁从教不仅是党和人民对教师的重要要求，也是教师从教的前提，在新时期中国特色社会主义教师职业道德建设中具有重要的意义。教师廉洁从教有助于社会不正风气的匡正，一方面可以为青少年学生做好榜样，另一方面还可以自身的廉洁形象来教育、影响、感化社会中的成员，净化社会风气。

当前我国正处在社会转型时期，现实与虚拟社会的反差给每一个社会个体都带来了价值观的碰撞和社会规范的失衡，少数教师由于受社会上金钱至上、权钱交易等不正之风的影响，经不住物质的诱惑，其人生观、价值观也同样会在一定程度上发生偏差，进而丧失了应有的职业道德。在教师队伍当中，也有少数人被一些诱惑所迷惑，自觉或不自觉地接受了学生和家长送的一些钱物，或进行有偿家教，或直接、间接地向学生出售学习用书等，违背了教师应有的职业道德，损害了教师的形象，降低了教师的人格，造成了不良的社会影响。诚然，当今社会确实还存在着腐败、分配不公、教师待遇偏低等问题，但教师作为社会上一个思想水平较高的群体，应以正确的心态来认识和对待这些社会问题，以坚定的立场来维护教师自身廉洁从教的形象，不能因为心理上的不平衡就利用职责之便谋取私利。习近平总书记强调："教育不能当市场的奴隶，当金钱进入教育领域，原来的净土变得浑浊，教育目的无法实现，教育本真则渐行渐远。"

在新的历史时期，要想使学生、家长、大众发自内心深处、真心地对教师产生敬仰之情，使他们在心里对教师充满着希望，教师自身就要抵制不良风气和腐朽思想的侵蚀，加强自律，摒弃非正当利

📝 **教师资格考试笔试真题：**

对教师"廉洁从教"要求的具体内容不包括（　　）。

A. 不在学生前抱怨自己的薪酬

B. 不收取学生及家长的任何礼物

C. 校外兼职不得影响本职工作

D. 不贪占公共和他人财物

答案：D。

139

益的诱惑。教师从事的职业是一个造福人类、奉献人生的事业。教师要做好教书育人工作，很多时候是没有节假日和上下班的清晰边界的，这需要教师具有奉献精神。有了这种献身精神的教师，就不会斤斤计较个人得失，更不会贪图他人、集体和社会的钱物，具有战胜困难、顽强拼搏的意志力和大无畏精神。有了这种精神，教师才能自觉抵制社会不良风气，坚守大义，不取非法之利；才能廉洁自律，不坠秽污俗沼之中；才能公正从教，以廉明维护教育公正。因此，在教师专业化发展过程中，教育管理部门不仅要组织教师的教学知识与技能的学习培训，更要注重在职教师的思想教育，建立制度与监管相结合的管理机制，不断提高在职教师的思想觉悟，把德育当作教育的首要目标，不断改革创新教育方法，才能真正办好教育，培养出有理想、有道德、有文化、有素质的新一代社会主义接班人。

七、自觉抵制有偿家教

近几年，有偿家教引起了社会的广泛关注和讨论，特别是在职教师搞有偿家教引起的社会反响很大，它的负面影响非常明显，使教育涂上功利化、商业化的色彩，也使师生之间的教学关系蜕变为金钱关系。一些教师在获取个人利益的同时，会渐渐淡薄对本职工作的责任意识，渐渐失去师生互动中纯净的情感。因此，广大教师必须坚决抵制有偿家教。

（一）有偿家教盛行的原因

有偿家教，是指教师利用节假期休息时间对有补课或课外辅导需求的学生提供有偿服务的活动或行为。有偿家教现象一度盛行，其实这不是偶然的，有其深刻的社会原因。一是升学的竞争。中考、高考压力日益增加，一些望子成龙的家长，为了让其子女能够取得高分，通过中考、高考，不惜花重金送孩子参加各种补习班。二是有市场需求。特别是各种打着社会培训机构幌子进行有偿家教的数量越来越多，唯利是图的他们主动找教师招揽学生，这也为从事有偿家教的教师开了方便之门。三是有些家长自身无法辅导孩子，对于孩子不懂的地方家长无法提供帮助，或因工作繁忙，无暇管教帮助自己的子女，只好送其去家教场所接受有偿家教。四是现行的学校评估，教师工作考核都和中考、高考分数挂钩，这也使得校长、教师默许这种现象的蔓延，一定程度上助长有偿家教之风。五是一些教师觉得工资待遇低，特别是农村中小学教师的待遇，想通过家教增加自己的收入，这也是有偿家教盛行的原因。

（二）有偿家教的危害

1. 有偿家教影响了教育的整体形象

教师是孩子成长的守护天使，关心教育孩子，是老师不可推卸的义务和责任。对学生的辅导一直延续到课外，这也是教师分内的工作。如果一旦这种辅导变成收费行为，纯洁师生关系就变成了金钱关系，教学行为变成了商业行为，充满了铜臭气息，这对孩子的心灵也是一种伤害，违背了师德的基本要求。"有偿"行为，事实上就是一种商业行为，而商业行为的前提是双方地位的均等，但事实上，家长出于对孩子成才的渴望，在教师面前是弱势，对于少数教师的收费辅导，家长虽不满意，但为了孩子很少去拒绝。一些家长在背后或在网上大吐苦水，说教师就是为了钱，教育没有希望了，教育都钻到钱眼里去了，甚至还有更难听的话，这些都损害了教育的形象。

有偿家教损害了师生关系。教师宣传家教的优越性以吸引自己班上的部分学生参加有偿家教，从而对家教学生特别亲近、对非家教学生十分疏离，严重损害了师生关系。

2. 有偿家教违背了教育公平的原则

每个孩子在学校接受的是同样的教育，应在公平的教育环境中成长，这是政府保证社会公平、和谐的一份责任。作为实施公平教育的主体，教师如果对自己的学生进行有偿家教，势必将造成教育上的差异。虽然目前社会上的各种差距导致还很难真正做到教育公平，但是至少在小范围内，在班级内，孩子们接受的教育应该是公平的，这是教育最基本的要求。而保证这个公平的责任人——教师一旦实施了有偿家教，还能做到在班级内的教育公平吗？

3. 有偿家教不利于教育教学质量的整体提高，也不利于学生的成长

"培优促差"，"因材施教"，提高学生整体水体，是贯穿在教师整个教学过程的基本要求。如果把一部分待提高的学生延伸到课外的"家教"上，势必会冲淡教师正常教学过程中的一些环节。另外，教师的时间、精力是有限的，"有偿家教"从组织到实施，会占用教师大量的时间和精力，影响正常教育教学工作。

有偿家教影响学生的成长。对学生来说，这种"有偿家教"，会使学生产生依赖的情绪，降低在正常学校学习过程中对自己的要

141

求。学生上课时听得一知半解,课后不是自己钻研,而是等着放学后家教老师来指导,长此以往,学生的依赖性养成,遇到问题不再动脑筋。短时期看,家教会产生一定的效益,对学生的成绩提高有一定的作用,但是一旦离开了这种家教,成绩会有大幅度下滑。到头来,学生通过家教得到的远远赶不上课堂学习失去的,这还仅仅是知识层面的缺失,学生人格层面的缺失将会随着其对外物的依赖性的增大更令人忧虑!

4. 有偿家教严重冲击了学校工作

有偿家教导致学校安排的工作无法开展,影响学校荣誉。主要体现在:有些教师从事有偿家教后,由于精力有限而拒绝参加学校安排的教学比赛、培训学习等活动;有些教师从事有偿家教而被举报,学校因此而被通报,学校声誉受到影响;主科教师从事有偿家教,其他老师感到心里不平衡,影响了老师之间的关系。此外,教师从事有偿家教后,主要精力都放在了课后补习,无暇学习、研究课程理念,阻碍了课程与教学改革的实施和推进。

5. 有偿家教严重贻误教师自身的发展

教师不仅是教育改革的实践者,还要成为教育文化的研究者。教师从事有偿家教,不仅会影响本职工作,还占用了不断学习的时间和精力,贻误了自身的发展。

《新时代中小学教师职业行为十项准则》再次明确提出教师不得组织参与有偿家教。同时,国家也多措并举整顿规范家教市场,建立健全的广泛监督机制,通过媒体或群众来对为了谋求利益而进行不法家教的行为进行检举,这些做法都是为了让教育回归常态,让教师回归本位,让师德回归纯洁和高尚。

拓展阅读

一、名人论教师的为人师表

古今中外,许多教育家都对教师为人师表的示范性极为重视。

1. 孔子:其身正,不令而行;其身不正,虽令不从。

2. 王夫之:身教重于言传。

3. 陶行知:要学生做的事,教职员躬亲共做;要学生学的知识,教职员躬亲共学;要学生守的规则,教职员躬亲共守。

4. 李贽:动人以言者,其感不深;动人以行者,其应必速。

5. 卢梭:做老师的只要有一次向学生撒谎撒漏了底,就可能使他的全部教育成果从此为之毁灭。

6. 爱因斯坦：使学生对教师尊敬的唯一源泉在于教师的德和才。

7. 第斯多惠说：教师本人是学校里最重要的师表，是最直观的最有效益的模范，是学生最活生生的榜样。

8. 乌申斯基说：教师个人对青少年学生心灵的影响所产生的教育力量，无论是什么样的教科书，什么样的思潮，什么样的奖惩制度，都不能代替。

9. 车尔尼雪夫斯基：把学生造就成一种什么人，自己就应当是什么人。

10. 苏霍姆林斯基：教师真正的教养性表现为，学生能从他身上看到一个引导他们攀登道德高峰的引路人，从他的话里听出他在号召他们成为忠于信念，对邪念不妥协的人。

11. 加里宁：教授一门课，这是教师的基本工作，但除此之外，学生们还处处模仿教师。所以说，教师的世界观、他的品行、他的生活、他对每一现象的态度，都这样或那样地影响着全体学生。

案例分析

为了学生的健康成长
——全国劳动模范 孙维刚

孙维刚是北京市第 22 中学数学教师，中学特级教师，全国劳动模范，全国人大代表。孙维刚从教 37 年，当班主任 37 年。他全面贯彻党的教育方针，开拓进取，改革实验，把不聪明的学生变得聪明起来，让聪明的学生更加聪明。在身患癌症后，他以惊人的毅力与病魔进行顽强的抗争，在挑战生命极限的同时，奉献着自己的光和热。下面是他在 1999 年教育部组织的优秀教师师德报告中的自述摘要。

"当教师的 37 年中，我曾教过物理、地理、历史、音乐，并兼任过学校排球队、乒乓球队、篮球队教练和手风琴伴奏，但 37 年来，我一直未间断的是教数学和当班主任。"

"我为什么要当班主任呢？当今社会，一个孩子的进步与徘徊，常常维系着一个家庭的欢乐与痛苦，但当看到由于我的工作给众多家庭送去欢乐时，会从心底升起一种难以言状的激动。当然，最主要的是当班主任更有利于和孩子们心心相印，共同努力去完成师生间形成共识的追求。"

"一个人没有目标，生活将百无聊赖，一个班级亦然。因此，每接手初一新生时，我都要和学生及家长们反复讨论，确立一个大家共同为之奋斗的建班方针，即做诚实、正派、正直的人；做有远大理想的人；做有丰富感情的人。这里的每句话、每个字都赋予了我们的理解，倾注了我们的心血。例如，远大理想是什么？我们的远大理想并非考上大学。诚然，对同学们来说，大学要争取考上，但考上大学又是为了什么呢？我们的理想是为人民多做贡献。而丰富的感情呢？是指因为我来到世界上，而使别人生活得更幸福。"

"曾有位班主任对我说，如果向学生讲为人民多做贡献，学生会哈哈大笑的。她说这样的话说不出口，太不合时代潮流了，学生们不会接受的。我不这样认为。首先，让学生树立为人民多做贡献的理想，这是民族、国家利益的需要，是学生奋发向上的强大力量源泉。同时，一个追求为人民谋幸福的人，一个把给予当作幸福的人，他的心态总是满足的、平衡的、向上的，与那种追逐个人利益欲壑难填的人相比，他才享有真正幸福的人生。而当学生感到老师所说的也是老师从心底里所信仰的时候，就会接受。电影《带兵的人》中老连长说得好，浇菜要浇根，教人要教心。怎样才能教到学生的心上，使建班方针变成现实？我信奉：班主任以身作则和对学生的真诚。"

"以前放学我都和值日小组一起搞卫生，后来忙了我不能保证每天下午都在学校，就早晨7点到教室和学生一起扫地、擦桌子。大扫除就到厕所去干拧墩布的脏活儿。当然，做不了几次，学生们就和你抢，不让你干了。我做错了事，哪怕心里错怪了谁，也一定要在讲台上做检讨，并向被错怪了的学生赔不是。"

"1992年中国数学奥林匹克竞赛在北京举行。那天去考场时我突然大量尿血。膀胱癌这种病，如果尿液中的红细胞在显微镜下超过3个就是复发了。我当时惊呆了，因为我手术后一年半来还未出现过这种情况。怎么办？应当立即卧床，但我还是下楼去了考场，陪伴同学们。一天中，每当去卫生间我都不看，但后来我知道自己一整天都在尿血。晚上9点多钟送学生上楼睡觉前，我去了趟卫生间。进去前我拉灭了灯，为的是不看。这反而使我险些绊了一跤，不由得俯下了身。这时，眼睛已适应了黑暗，我看到满便池都是鲜红的血。但我还是坚持送他们上5楼休息后，才下楼乘公共汽车回家。第二天呢，第二天我还去。辛勤的耕耘获得了丰硕的果实。我班学生相继获得了北京市近6年来唯一的国际数学奥林匹克竞赛金牌；迄今为止中国高中学生中唯一获得的美国西屋科学奖；1996—1997年年度全国高中数学联赛的5个一等奖、3个二等奖和6个三等奖；学生全面发展，班中有7人会弹钢琴,4人会拉手风琴,还有获书法一等奖、体操个人全能第二名的学生;学校举行合唱比赛,我班年年夺冠;初一时,我班在年级里身材最矮小,上高三时,在年级里平均身高是最高的;运动会上我班在高中组的团体总分始终遥遥领先……"

【分析】

孙维刚老师的事迹告诉我们,他是如何把社会理想、教育理想和生活理想完美地结合在一起的。他不是把社会理想和追求放在口头上,而是落实在教育理想和追求中,并把这当作自己人生的最大幸福。他的一生都在实践他自己的诺言:"我的理想是为人民多做贡献","使别人生活得更幸福"。

他认为现在给学生讲为人民多做贡献,不是什么"不合时代潮流"的话,更不是说不出口的话。他认为讲为人民多做贡献,即使在今天也不应该说不出口。因为即使在社会主义市场经济条件下,在利益多元化的情况下,在追求正当的个人利益已成为时尚的今天,讲为人民多做贡献仍然是民族和国家的需要,仍然是一个人奋发向上的强大动力源泉。他不仅是这样教育学生的,自己更是这样模范地做的,所以他的话对学生就有着强大的说服力和感染力。正如他说的"而当学生感到老师所说的也是老师从心底里所信仰的时候,就会接受"。学生之所以会接受老师的教诲,首先是教师以身作则,使学生感到老师讲的是真实可信的。

孙老师的教育理想就是全面贯彻党的教育方针,开拓进取,改革实验,把不聪明的学生变聪明起来,让聪明的学生更加聪明。这是多么平凡而崇高的理想和追求啊!他热爱自己的职业,从教37年,终生执教数学和当班主任,其间还教过物理、地理、历史、音乐,兼任过学校的排球队、乒乓球队、篮球队教练和手风琴伴奏。他教的学生获得那么多国际和国内的奖项,甚至连学生的身高也比别的班学生高。

他信奉:"班主任以身作则和对学生的真诚。"这不仅是一个人民教师应当具有的理想和追求,更是教师应当具备的职业道德。他要学生做诚实、正派、真正的人,首先自己就是这样的人;他要学生做有远大理想的人,首先自己就是这样的人;他要学生做有丰富感情的人,首先自己就是这样的人。他像电影《带兵的人》中老连长那样"浇花要浇根,教人要教心"。他坚持与学生一道值日打扫卫生,在厕所里拧脏墩布。他做错了事就在讲台向学生做检讨,向学生赔不是。他是一个心胸宽广的真诚的人,他是一个以身作则的好班主任。

正因为他有崇高而平凡的理想和追求,他才感到无比幸福。

145

正因为他一心扑在教育事业上,他才无愧于人民给予他的光荣称号。正因为无私奉献,他才活出了真正的人生价值。

案例分析

老师,我想对你说

不久前的一个星期一,我照例批阅着学生的周记。突然,陆春的一篇作文《老师,我想对你说》闯入了我的眼帘。文中写道:今天上午第三节是数学课。铃声响过了好长时间,数学老师才挺着个大肚子,穿着拖鞋,姗姗来迟。他大摇大摆地走进教室,也许是感冒或者其他原因,他干咳了几声,随后将一口痰吐在了讲台旁,紧接着习惯性地把手往鼻子里扣了几下,并打开旁边饮水机的水龙头,将手洗了洗。如此行为既不雅观,也不文明,更不卫生,还让人觉得恶心……①。

【分析】

为什么这位数学老师在课堂上的诸如此类的行为会"让人觉得恶心"?单从表面上看是这位数学老师不注意自己的行为举止,不注意自己的形象,不遵守上课时间。但是从深层次分析是这位数学老师缺乏应有的责任心,不明确自己为人师表的职责所在,不明白教师职业道德规范在自己日常教学工作中的具体表现是什么,更不明白自己诸如此类的坏习惯会如何影响到自己的教学效果。《中小学教师职业道德规范》(2008年修订)中第六条明确规定教师为人师表要"严于律己,以身作则。衣着得体,语言规范,举止文明"。这位数学老师不但没有做到,而且还不注意自己日常生活工作中的不良习惯,如此,怎能不让学生们感到"恶心"?

案例分析

无奈的选择

"女儿现在上五年级,看她的试卷,经常有奥数题,我们做家长的又辅导不了。有一次,女儿周末刚刚在数学班上学了一道题,结果没过几天,题目就出现在学校的测试试卷中,你说这辅导班不去能行?"家住新昌路的一位家长对记者说,老师办辅导班,在班里说

---

① 聂再桓. 中小学教师职业道德教育案例精选[EB/OL]. http://bjyzpxq. xxycjy. cn,2011-5-16.

自愿,但是哪个孩子放了假会自愿上辅导班? 如果孩子真的不去,老师就会打电话动员家长、动员孩子,你说大部分孩子都去了,这些不愿意让孩子去的家长还能沉得住气? 谁敢让孩子在老师心中留下不好的印象。听说有的孩子学习不好,老师马上给家长打电话,说孩子得马上补习,要不就落下了,家长一听,肯定会逼着孩子去辅导班。"其实,有些班是孩子想去的,有些是老师'暗示'要上的。我们家长被这种风气推着走,很无奈。"①

【分析】

各级教育行政管理部门针对在职教师进行有偿家教、有偿补课等问题早就出台过相关规定加以限制,但仍有不少教师为了赚钱而顶风作案,逐渐形成了规模化、企业化的发展势头,甚至个别教师还出现了"课内不好好讲,课外认真补"的现象。结果,这类教师就出现了在学校教学工作中敷衍了事,在校外培训班补课却是扎扎实实的反常状况。可以说这是严重的师德失范问题,违背了2008年《中小学教师职业道德规范》中要求的要"爱岗敬业、为人师表"的相关规定。

案例分析

赌博成风　影响极坏

2001 年 11 月 6 日讯:四川省岳池县白庙镇 xx 小学 6 名教师在上班期间进行赌博娱乐。10 月 18 日上午,在上第三节课期间,杨柳小学教师唐某、罗某、李某 3 人在寝室内闭门利用扑克以打"怪五"的方式进行赌博;教师王某、周某 2 人在下象棋,柏某在旁边观看,被突击检查的该镇领导发现。据了解,该小学长期以来管理混乱、纪律松弛,教师之中赌博成风,在当地造成了很坏的影响。②

【分析】

教师既要为人师表,又要遵纪守法。赌博在我国是违法行为,教师在上班时间聚众赌博,性质更为恶劣。这样的行为对尚处于成长期的中小学生有较强的不良引导作用,会严重影响他们的是非认知。教师尚不知荣明耻,何以为人师表?

---

① 胡相洋. 教师有偿家教"有令禁止",难啊[N].青岛日报,2014 - 3 - 3.
② 单鸣.违纪赌博　六名教师受到纪律处分[N].华西都市报,2001 - 10 - 25.

思考与练习

1. 结合具体事例,谈谈你对教师为人师表具体要求的理解。
2. 结合自己的经历,谈谈教师为人师表对你成长的影响。

参考文献

[1] 李春秋. 中小学教师职业道德修养[M]. 北京:北京师范大学出版社,2012.

[2] 杨鼎家,李占舫,唐杨. 教师职业道德规范与素质修养[M].北京:中国言实出版社,2012.

[3] 崔培英.教师职业道德修养[M].郑州:郑州大学出版社,2014.

[4] 傅建明,张昌勋.综合素质(小学)[M].北京:北京大学出版社,2014.

[5] 路丙辉.教师职业道德修养[M].芜湖:安徽师范大学出版社,2015.

[6] 教师职业道德经典案例评析[EB/OL]. http://www. 360doc. com/content/10/1124/14/0_72010914. shtml.

第七章
终身学习

1. 理解教师终身学习的含义。
2. 掌握终身学习的意义及实现途径。

新《规范》的具体内容

六、终身学习。崇尚科学精神,树立终身学习理念,拓宽知识视野,更新知识结构。潜心钻研业务,勇于探索创新,不断提高专业素养和教育教学水平。

第一节　终身学习的内涵

随着科技的发展、网络的普及，人们的生活发生了巨大的变化，学习方式也发生了很大的变化。学生获得知识的途径不断扩大，"一桶死水"的教师无法面对学生提出的许许多多的新时代问题，更谈不上如何对学生传道、授业、解惑了。教师必须具有源源不断的源头活水，方可担当经师、人师。因此，终身学习的社会要求教师通过学习来提高思想境界和道德水平；通过学习来不断丰富自己的专业知识；通过学习来掌握现代教育技术和教学技能。教师要真正做到学而不厌，才能诲人不倦。

一、终身学习的含义

终身学习（Lifelong Learning）是指社会每个成员为适应社会发展和实现个体发展的需要，贯穿于人的一生的、持续的学习过程，即我们常说的"活到老学到老"。自 20 世纪 60 年代中期以来，在联合国教科文组织及其他有关国际机构的大力提倡、推广和普及下，1994 年，"首届世界终身学习会议"在罗马隆重举行，终身学习在世界范围内形成共识。

在教育部新修订的《中小学教师职业道德规范》（2008 年版）中，对"终身学习"的具体解读是崇尚科学精神，树立终身学习理念，拓宽知识视野，更新知识结构。潜心钻研业务，勇于探索创新，不断提高专业素养和教育教学水平。

教师的"终身学习"是基于其自身教书育人的需要，这一要求的提出亦起源于终身教育的理念。"终身教育"这一术语自 1965 年在联合国教科文组织主持召开的成人教育促进国际会议期间，由联合国教科文组织成人教育局局长法国的保罗·朗格朗（Paul Lengrand）正式提出以来，短短数年，已经在世界各国广泛传播，近几十年来关于终身教育概念的讨论可谓众说纷纭，甚至迄今为止也没有统一的权威性定论。这一事实不仅从某一侧面反映出了这一崭新的教育理念在全世界所受到的关注和重视的程度，同时也证实了该理念在形成科学的概念方面所必需的全面解释与严密论证尚存在理论和实践上的差距。以下为几种终身教育的概念：

终身教育所意味的，并不是指一个具体的实体，而是泛指某种思想或原则，或者说是指某种一系列的关心与研究方法。概括而言,也即指人的一生的教育与个人及社会生活全体的教育的总和。

——保罗·朗格朗

终身教育应该是个人或诸集团为了自身生活水平的提高,而通过每个个人的一生所经历的一种人性的、社会的、职业的过程。这是在人生的各种阶段及生活领域,以带来启发及向上为目的,并包括全部的正规的(formal)、非正规的(non-formal)及不正规的(informal)学习在内的,一种综合和统一的理念。

——R. H. 戴维(曾任联合国教科文组织教育研究所专职研究员)

终身教育应该是学校教育和学校毕业以后教育及训练的统和;它不仅是正规教育和非正规教育之间关系的发展,而且也是个人(包括儿童、青年、成人)通过社区生活实现其最大限度文化及教育方面的目的,而构成的以教育政策为中心的要素。

——E. 捷尔比(曾任联合国教科文组织终身教育部部长)

二、教师终身学习的重要意义

随着我国经济体制的改革、对外开放等利国利民的政策以及现代科学技术的迅速发展,社会对教师素质特别是教师职业道德提出了新的要求。这就要求教师要树立优良学风,刻苦钻研业务,不断学习新知识,探索教育、教学新规律,改进教育、教学方法,提高教育、教学和科研水平。"问渠哪得清如许,为有源头活水来。"学习是教师专业发展的源头活水。所谓"学高为师,身正为范",作为一名教师,不但要有崇高的师德,还要有深厚而扎实的专业知识。"给人一杯水,自己有一桶水、一缸水是不够的,必须是活水源头"。在知识更新异常迅速的今天,教师只有树立终身学习的思想,不断充实自己,拓宽知识视野,才能在学生心目中树立起较高的威信。

> 君子曰：学不可以已。
> ——《荀子·劝学》

(一)教师终身学习是时代的要求

随着网络的普及,学生每天都在接受着大量的信息,面对东西方不同文化思维的碰撞,面对学习和生活中的诸多压力,他们每天都会产生很多疑惑,仅有"一桶水"的教师难以为学生传道、授业、解惑,必须具有源源不断的源头活水,方可担当人师。教师只有通过学习,才能提高思想境界和道德水平;只有通过学习,才能不断丰富自己的专业知识;只有通过学习,才能掌握现代教育技术和教学技能。教师的学习就像植物对水分的吸收一样,一天也不能缺少,否则,教师的职业生命将会逐渐枯萎,教师只有做到学而不厌,才能诲人不倦。因此,在知识经济时代,教师必须认清终身教育和终身学习对自身成长和发展的重要性,自觉地树立终身教育、终身学习的观点,不断地提高自身素质,以适应现代教育的需要。

151

（二）教师终身学习是教育发展的要求

教师强则学生强，教师强则教育强，教师强则民族强。教育是需要以品德化育品德、以人格塑造人格、以素质提高素质的崇高事业，教师要终身加强道德修养，及时掌握先进的教育理念，树立正确的教育观、人才观和质量观，才能引导学生学会做人、学会合作、学会求知、学会实践、学会创造。"严谨笃学，与时俱进，活到老，学到老"是新世纪教师应有的终身学习观。在知识经济时代，教师必须认清终身教育和终身学习对自身成长和发展的重要性，勤于学习，敢于创新，终身学习，严谨治学，以适应现代教育的需要。

（三）教师终身学习是教学的要求

终身学习的观念不仅是时代的呼唤、教育发展的要求，也是教师教学的需要。"学然后知不足，教然后知困"，教学过程既是教师教育学生的过程，也是教师自我教育的过程，教师在教与学之间循环发展。教师肩负着教书育人的重任，如果教师不能经常地更新知识结构，不能对新知保持长久的好奇与敏锐，教师就有可能被学生看轻。因此，教书者必先强己，育人者必先律己，教师良好的素质并不是表现在一纸文凭上，教师的学历不等于能力，只有持久的学习力，才能使教师的能力不断增长，素质不断提高。只有教师学会读书，才能教会学生学会读书；只有教师的知识不断更新，才能使学生的知识不断更新；只有教师学会终身学习，才能教会学生学会终身学习。

（四）教师终身学习是教师成长的要求

终身学习是教师成长和发展的必由之路，是教师专业持续发展的根本途径，是知识更新或创新过程，这就要求每个教师必须在自己的一生中利用各种机会，去更新、深化和进一步充实已有的知识，使自己适应快速发展的社会。教师绝不能满足于已有知识的掌握，满足于原有教育经验的积累，要不断加强业务学习，在提高自身知识传授能力的同时，着重增强科学研究能力和创新意识的培养，自觉地把自己的教育教学过程变成培养学生创造精神、激发学生创造力的过程，不仅向学生传授现成的知识，更要引导学生探索未知领域，让学生不仅接受解决问题的现成答案，还能自己寻找解决问题的独创性方法。

三、教师终身学习的内容

在学习型社会里，学校仍是教育的重要场所，教师依旧肩负着传授知识的重任，教师更应成为热爱学习、善于学习和终身学习的楷模，应是全民终身学习的引导者、示范者、推动者。教师唯有不断地再学习,接受新知识,掌握新技能,才能成为名副其实的知识传授者和教育者,才能更快地适应学生的需求和时代的需要。因此,在学习内容的广度上不仅要学习新知与职业技能,同时还要学习道德伦理、体能健康、美学艺术、社群关系等生活文化知识和技能,更要注重学习促进自身身心协调发展的有关知识、内容和技巧等。

(一)广泛阅读各种书籍,学会学习

在当今社会,学会获取知识的方法比获取知识本身更为重要。学会学习、养成良好的学习习惯、使学习成为自己的一种生活方式将是每一个人未来生活幸福和愉快的保证。网络时代给教师博览群书提供了极大的便利,教师应该广泛阅读各个领域的书籍,将知识领域拓宽,面对学生时才会有更多的解决问题的方法,才会使学生在成长的路上走得更平坦更顺利。哲学、文学、历史、天文、地理、科学技术发展新动态等,都是教师应涉猎的范围。多读一些书,读得"杂"一些,这样对教师来说可以增加底气,在学生面前,才不至于"心虚"。

(二)通晓自己所教的学科,成为学科专家

当今时代,科技突飞猛进、信息量与日俱增,专业知识更新周期越来越短,旧知识淘汰很快,教师随时面临知识危机,只有接受严格的、高层次的学科教育,才有可能在教学过程中应付自如、得心应手。一个合格的教师应全面学习一门学科,包括学科历史、学科结构体系、学科基础理论、学科知识应用以及跨学科知识等。教师要有意识地补充更新自身的专业知识,积极了解学科的新动向、新信息,不断更新学科知识。

(三)学习有关教学的方法

未来的教师必须是一个教育专家,必须在学习学科知识与技能的同时掌握其他有关教育的学问,如心理学、教育哲学、教育技术、管理学等及其学科教学的方法。信息时代的到来,信息技术的飞速发展,深刻地影响着教育的发展,对教育提出了新的要求,这就要求教师还要能够利用信息技术来辅助教学。教育信息化主要强调将现代化信息技术转化为现代教学手段。它包括两类:一是视听技术,如广播、电影、影视、录像等;另一类指信息处理技术,主要是计算机和微型电脑的操作技术。在教学中,教师若能将讲授的内容与多媒体计算机的形象化处理相结合,就能使教师的讲授与多媒体的演示融为一体,将教学中抽象的问题具体化、枯燥的问题趣味化、静止的问题动态化、复杂的问题简单化,以达到优化教学的目的。

(四)学习有关社会知识

每一个人都生活在社会这个大环境之中,学生最终要走上社

153

会,若教师自己对社会知识都很欠缺,怎么能教育学生在社会上立足呢? 由于受家庭背景和学习环境的影响,不少学生的心理发育不够成熟,他们在社会交往中,心理脆弱,缺乏自信,应变适应能力差;在个性特征上,情绪波动大,忽冷忽热。而高科技强竞争的社会对人的要求又高于他们已有的心理素质。所以,教师应当参与社会,接触社会,了解社会,向社会学习生存知识,使自己能够做纵观时事、适应潮流的人,力求培养出的学生踏上社会后处变不惊。

第二节　终身学习的途径

每一个人在任何生命发展阶段均需不断学习,教师更要不断学习,才能了解所授学科的发展情况,以便传授给学生最适用的知识技能,并且只有不断学习才能有良好的适应性以跟上社会的变迁与时代的潮流,从而更好地了解学生的发展特点,进行有针对性的教育。终身学习不仅能克服教师教学工作中的困难,解决工作中的新问题,而且能满足教师专业发展的需要,还能充实教师的精神生活,不断提高生活品质。

一、积极参加继续教育活动

教师除了接受正规的职前教育外,还要在从教生涯中经常参加各种继续教育活动,当然还可以回到校园进一步提升学历。这些学习活动可以是在学校专门进行的;可以是教师在学校、家中等地方自学的;可以是在某种活动或环境中学习得到的;也可以是通过网络或其他形式学习得到的。总之,学习体系涵盖了正规教育、非正规教育和非正式教育,且各种形态的学习必须具有弹性、有所协调统领,不仅是学校,家庭、社区、社团、工作场所等均可作为学习的场所。学习方式也不再限于面对面的讲授。

我国很重视教师的继续教育问题,尤其是在中小学。全国各地都实施了继续教育的系统工程。教育部明确要求,中小学教师要按期轮训。首先,教师通过脱产进修、函授、自学考试或网络教育提高学历是适应职业的需要,也是自我发展的需要。所以未来教师的日常工作不再完全是教学生,定期接受继续教育将是其工作的重要内容,教师要把每一个阶段的学习作为"加油站",养成终身学习的习惯。其次,教师还可以通过校本培训把知识转化为解决问题的技能、技巧,不断提高自己的教学技能和技巧。再次,教师还可以参加各类成人教育。如函授学习、电大学习、各类自学考

积极创新培训模式。适应教学方式和学习方式的变化,采取集中培训、置换脱产研修、远程培训、送教上门、校本研修、组织名师讲学团和海外研修等多种有效途径进行教师培训。

努力改进培训方式方法。改进教师培训的教学组织方式,倡导小班教学,采取案例式、探究式、参与式、情景式、讨论式等多种方式开展培训。鼓励教师自主选学,在培训课程内容、培训时间、培训途径、培训机构等方面,为教师提供个性化、多样化的选择机会,增强培训的吸引力和感染力。

——《教育部关于大力加强中小学教师培训工作的意见》

试等。此外,教师还可以参加远程教育或借助媒体学习,可通过光盘、磁带、电视、上网查询等方法学习外地先进的教学经验,提升自己的教学能力。

二、不断加强自主学习

任何一个教育体系,都不可能涵盖学习者的所有学习,特别是自学。教师的学习不能仅仅是因为学校的规定而进行,也不能仅是在他人或组织的督促下学习,而应是自发的、主动的学习。所谓自发性学习是指学习是有意识、有目的的活动。自发性学习有利于自我导向学习能力的培养,所谓自我导向学习能力是指一个人不但要为个人的学习负大部分的责任,且要知道如何学习。通过不断学习,教师可以促进自己的专业成长和发展,增进各方面知识、技能与态度情感。因此,只有学习者把教育系统中的学习与自学有机地结合起来、协调起来,并在其一生中交替进行,终身学习才能最终实现。

苏联教育学家苏霍姆林斯基在给《给教师的一百条建议》中就曾建议青年教师们要每月买三本书:① 关于你所教的那门学科方面的科学问题的书;② 关于可以作为青年们的学习榜样的那些人物的生活和斗争事迹的书;③ 关于人(特别是儿童、少年、男女青年)的心灵的书(即心理学方面的书)。这是让教师们养成爱读书的习惯。"腹有诗书气自华",读书是人一生当中最应该养成的一种习惯。一个致力于教育事业的人有了读书的习惯,树立了终身学习的意识,才会不断充实自我、完善自我,才能走得更远。对于教师职业而言,教师只有通过多读书、读好书,才能不断丰富自己的大脑,提高自己的文化底蕴,才能使自己的知识不断更新,在教学上才会有创新,才会有灵感,才能做一个学生喜欢的老师。吴非教授说,教师读书是关系到教育成败的大事。教师不读书,就没有教育思想,就没有教育信念,就没有教育思考,就没有教育智慧,就没有教育活力,就没有教育创新,一句话,就没有教育生命。教师是天生的职业学习者,是天生的职业读书人。教师只有活到老、学到老,才能一辈子"站直了"教书。我国著名教育专家朱永新教授在 2003 年全国"两会"期间,提出设立一个"读书节",受到两会代表的广泛关注。他倡导教师必须读"一百本书"的目标,他说:假如,我们的教师都有一些值得一读的好书;假如,我们的教师利用一切可以利用的时间和精力,为丰富自己而不断地读书;假如,我们的教师能够把读书看成是提高生命质量的途径;假如,我们的教师能够边读书边思考,那么,我们的教师生活就充实了,精神就丰满了,心灵就净化了,生命就有价值了,人生就有意义了。

三、乐于反思

自我反思是教师对自己的教学理念、教学行为、教学过程、教

155

学结果等进行自我回顾和分析的过程。自我反思是教师的自我对话,自己挑自己的"毛病"。自我反思不是一般意义上的"回顾",而是反省、思考、探索和解决教学过程中存在的问题。"反思的本质是一种理解与实践之间的对话,是这两者之间相互沟通的桥梁,又是理想自我与现实自我心灵上的沟通。"教师反思的过程实际上是使教师在整个教学活动中充分地体现双重角色:既是引导者又是评论者;既是教育者又是受教育者。反思具有目的性,带有研究性质。真正的学习并不是一个人关起门来苦读,而是学会借助有效的表达和倾听,能很好地表达自己的想法,并以开放的心态容纳别人的想法。反思是教师自我发展的重要机制,反思对于提高教师的专业水平具有重要意义。美国学者波斯纳曾经提出一个教师成长的简要公式:"经验+反思=成长";我国著名心理学家林崇德也提出"优秀教师=教学过程+反思"的成长公式。如果教师仅仅满足于获得经验而不对经验进行深入的反思,他的专业成长将受到极大的限制。赞可夫曾经说过:"没有个人的思考,没有对自己经验的寻根究底精神,提高教学水平是不可思议的。"可以说,能否进行自我反思是"教书匠"与"教育家"的根本区别。自我反思是促进教师专业成长的有效途径。

那么,到底什么是反思呢? 李镇西老师诠释得非常好:"同样两个大学毕业生分到学校工作,同样兢兢业业地上班,三年后,其中一个无甚进步,最多就是所教学生考上了高一级学校,而另一位教师却硕果累累。什么原因呢? 原因就在于,前者每一天的兢兢业业都是盲目而麻木地工作,他表面上工作了三年,其实只工作了一天,因为他每天都在重复昨天的故事,而后者则的的确确工作了三年,他每一天都带着一颗思考的大脑在工作。这就是我说的反思型教师。所谓反思,在我的语境里,不仅仅是'想',而是一种教育的状态,就是不断调整、改进、提升自己教育品质的行为。具体地说,即'四个不停':不停地实践,不停地阅读,不停地思考,不停地创新。"美国学者泽兹纳和雷斯顿提出了反思型教师的五个特征:① 观察、提出并能试图解决课堂教学中的两难问题;② 能有意识地将解决问题的方法运用到教学中去并在教学实践中进行检验;③ 能密切关注制度和文化背景对教学的影响;④ 能积极参与课程建设和促进学校发展;⑤ 能承担起自己专业发展的责任。

四、勤于实践

随着科学技术的迅猛发展,知识经济出现,人们对知识的认识发生根本性的变化,传统的知识概念和知识观已不能适应知识经济发展的需要。1996 年,经济合作与发展组织在《以知识为基础的经济》报告中,把知识分为四种类型:知道是什么的知识,即关于

反省是一面镜子,它能将我们的错误清清楚楚地照出来,使我们有改正的机会。
　　　　　——海涅

事实方面的知识;知道为什么的知识,即关于自然原理和规律的知识;知道怎样做的知识,即关于做事情的技巧、诀窍等方面的知识;知道是谁的知识,即关于谁知道和谁知道做某些事的信息。这四种类型的知识按照个体素质结构由表及里可分为四个层次:第一层,信息性知识,即事实性和陈述性知识,主要回答"是什么"的问题;第二层,思想方法性知识,是解决问题的思想和方法;第三层,经验性知识,是亲身经历或体验到的经验性知识;第四层,是技能,是在反复的实践中形成的技能,是能达到自动化程度的知识。由此可知,当今时代知识概念的内涵与外延大大地丰富和拓展了,传统的满足于事实性知识和陈述性知识的学习方法,满足于课堂和课本的学习方式,已经远远不能适应时代的要求。新的知识结构的构建需要更为广阔的空间和多样的途径,而实践能为教师学习知识提供背景和条件。

教师在教育教学实践中可以培养具有敏锐感受、准确判断生成和变动过程中可能出现的新问题的能力;具有把握教育时机、转化教育矛盾和冲突的能力;具有根据对象实际和面临的情境及时做出决策和选择、调节教育行为的能力。每位教师都必须具备自我发展、自我完善的能力,不断地提高自我素质,不断地接受新知识和新技术,不断更新自己的教育观念、专业知识和能力结构,以使自己的教育观念、知识体系和教学方法等跟上时代的变化,提高自己对教育和学科最新发展的了解。教师需要端正态度,不断进行学习,更新自己的知识体系,培养自己各方面的能力。实践是教师完善知识结构的主要步骤。我们知道一般人的学习主要学习两类知识,即间接知识和直接知识,而通过书本学的是间接知识,即已有的、概括的、系统化了的知识。这类知识是前人在反复实践的基础上获得的认识成果的结晶,是在实践基础上产生的,要正确地把握和深刻地理解间接知识同样离不开实践,正如毛泽东同志在《实践论》中指出的那样:"强调理论对于实践的依赖关系,理论的基础是实践,又转过来为实践服务。判定认识或理论之是否正确,不是依主观上觉得如何而定,而是依客观上社会实践的结果如何而定。"教师通过积极参加社会实践,可以了解许多知识发生、发展及应用的过程及条件,加深对间接知识的理解和把握。而直接经验和知识的获得是需要通过人自己的感观对客观外界的感觉直接得到的,这个过程就是实践活动的过程。

案例分析

某市大桥小学的张老师任教18年,每年都坚持订阅与教学有关的各种资料,仔细阅读、不断钻研。近几年她开设个人教学博客,与同行们分享教学心得和教学经验,成为学校语文教学的领头雁。她曾教过一位性格孤僻的女孩,经家访张老师了解到孩子父母一直忙于生计,从小将孩子一人丢在家里,致使女孩形成了孤僻的性格。为了能让她有所改变,下课时,张老师常常拉着她的手,带她与同学一起做游戏;有空时,替她梳梳凌乱的头发;天气多变时,提醒她及时添加衣物;放假时,领她回家一同玩耍……慢慢地,孩子的脸上露出了难得的笑容,渐渐地融进了班集体这个大家庭。

试运用所学的教师职业道德知识对张老师的行为进行分析。

【分析】

(1)张老师的行为践行了教师职业道德规范,值得每一位教师学习。(2)张老师的做法践行了终身学习、不断进取的教师职业道德规范,体现了张老师严谨治学,不断进取、不断学习新知识,勇于探索教育科学规律,改进教育教学方法,提高教育、教学和科研水平。(3)张老师的做法践行了热爱学生这一教师职业的基本道德规范。热爱学生是教师的天职,热爱学生就要深入了解学生,平等对待学生。

案例分析

黄静华老师的故事——做"人师",严于律己为重

黄静华是上海市尚文中学的一名教师。十几年来,黄静华连续多次被评为区、市和全国先进工作者、优秀班主任、"三八"红旗手和劳动模范。她那敬业爱生的动人事迹,在广大教职员工中广为流传;她那高尚的人格魅力,感染着每一个中小学教师。

这样一位优秀教师,是否也有自己的喜怒哀乐?在她的教育生涯中,是否也曾有酸甜苦辣,也有过困惑和烦恼?

黄静华老师之所以能在事业上有所建树,这与她时时处处严于律己是分不开的。

两个平素贪玩的学生上课迟到了5分钟,下课后,被黄老师请到了办公室。本以为他们是去逛马路,买零食,经过了解,原来两个孩子是为了学好英语,中途赶回家取录音带而迟到的。黄老师在自己的日记上写道:

差一点冤枉了两个孩子。做班主任的,思想定势实在要不得。对一些调皮贪玩的学生,不能光盯着他们身上的缺点。作为老师,抓住闪光点可以重塑一个人,而看死一个人会掐死一颗渴望上进的心。

国平有上课不专心听讲的老毛病,上午刚被黄老师找过,下午又因第二课堂活动不守纪律被周老师请到了办公室。这可把黄老师惹火了。黄老师板起脸,亮起了嗓门,把国平狠狠地批评了一

通。像这样的场面、这样的情景,大凡当过老师的都会经历过,不大会留下什么印象。而黄老师却从国平惊疑的神色中察觉到自己失态了。她这样写下失态后的思考:

和国平这次谈话是失败了。因为我没有对国平的缺点进行分析,不是以理服人,以情感人,而是用教师的威严,用气势,用声音压人。明天还要找国平谈心⋯⋯

还有一次,黄老师因自己准备进修考试的论文,晚上开了"夜车"。第二天早读课,她迟到了。本来与同学们讲好,早读课给大家听写英语单词的,结果由值日中队长代做了。黄老师十分愧疚,深感不安。她又在自己的日记中写道:

但愿我今天是最后一次失信于学生,"要想做学生的良师,必须先做学生的信友"。

试运用所学的教师职业道德知识对黄老师的行为进行分析。

拓展阅读

现代教师人格①

日本学者恩田彰对创造型教师提出 9 点要求:(1)要善于诱发学生的动机并及时给予评价;(2)要善于使学生自发地学习并发挥他们进行研究的主动性;(3)要善于创造激发学生求知欲的学习环境;(4)要善于提出适当的课题不使学生气馁;(5)要善于创造令人感到温暖的互相谅解和理解的气氛;(6)要善于尊重学生个人的独立性;(7)要善于引导学生独立思考,让学生自己去形成概念;(8)要善于创造性地组织小组学习;(9)要善于建立与各类专家协作的体制,借助社会力量发展学生的创造力。

我国学者认为,创造型教师要具备如下特点:(1)具有现代师生观,建立新型师生关系;(2)具有现代教育的目的观、人才观、德育观,致力于学生的身心发展;(3)掌握现代教育手段和方法,培养学生的自主意识和创新意识。

拓展阅读

终身教育的特点

1. 终身性。这是终身教育最大的特征。它突破了正规学校的框架,把教育看成是个人一生中连续不断的学习过程,是人们在一生中所受到的各种培养的总和,实现了从学前期到老年期的整个教育过程的统一。既包括正规教育,又包括非正规教育。它包

---

① 王荣德.现代教师人格塑造[M].天津:天津教育出版社,2004.

括了教育体系的各个阶段和各种形式。

2. 全民性。终身教育的全民性，是指接受终身教育的人包括所有的人，无论男女老幼、贫富差别、种族性别。联合国教科文组织教育研究员达贝提出终身教育具有民主化的特色，反对教育知识为所谓的精英服务，而应使具有多种能力的一般民众能平等获得教育机会。当今社会中的每一个人，都要学会生存，而要学会生存就离不开终身教育，因为生存发展是时代的主流，会生存必须会学习，这是现代社会给每个人提出的新课题。

3. 广泛性。终身教育既包括家庭教育、学校教育，也包括社会教育。可以这么说，它包括人的各个阶段，是一切时间、一切地点、一切场合和一切方面的教育。终身教育扩大了学习天地，为整个教育事业注入了新的活力。

4. 灵活性和实用性。现代终身教育具有灵活性，表现在任何需要学习的人，可以随时随地接受任何形式的教育。学习的时间、地点、内容、方式均由个人决定。人们可以根据自己的特点和需要选择最适合自己的学习方式和内容。

思考与练习

1. 结合实例，谈谈你对教师终身学习的理解。

2. 案例分析。

马老师在高中任教已近 30 年，教学成绩突出，深受学生喜爱，曾获得过省级优秀教师等荣誉。但近年来随着多媒体教学和网络教学的普及，学校要求教学中必须使用多媒体进行教学，马老师对这种要求不以为然，校长找他谈话并要求他学习电脑、网络和多媒体知识，他却说："我课本、粉笔加黑板照样能超过多媒体。"试运用所学习的教师职业道德知识对马老师的做法和说法进行分析。

参考答案：

（1）马老师的做法是错误的。（2）马老师违背了终身学习这一教师职业道德规范。（3）终身学习是新时代对教师职业道德的新要求，教师必须要更新教育观念，不断探索。

参考文献

[1] 教育部师范教育司组织编写. 新世纪教师职业道德修养[M]. 北京：教育科学出版社，2002.

[2] 教师职业道德经典案例评析[EB/OL].
http://www.360doc.com/content/10/1124/14/0_72010914.shtml.

[3] 杨薇. 小议以身作则、为人师表[J]. 教育探索，2003.

[4] 朱小曼. 教育的问题与挑战——思想的回应[M]. 南京：南京师范大学出版社，2004.

第八章

《中小学班主任
工作规定》解读

聚焦考试大纲

理解《中小学班主任工作规定》文件精神。

第一节 《中小学班主任工作规定》具体内容

第一章 总 则

第一条 为进一步推进未成年人思想道德建设,加强中小学班主任工作,充分发挥班主任在教育学生中的重要作用,制定本规定。

第二条 班主任是中小学日常思想道德教育和学生管理工作的主要实施者,是中小学生健康成长的引领者,班主任要努力成为中小学生的人生导师。

班主任是中小学的重要岗位,从事班主任工作是中小学教师的重要职责。教师担任班主任期间应将班主任工作作为主业。

第三条 加强班主任队伍建设是坚持育人为本、德育为先的重要体现。政府有关部门和学校应为班主任开展工作创造有利条件,保障其享有的待遇与权利。

第二章 配备与选聘

第四条 中小学每个班级应当配备一名班主任。

第五条 班主任由学校从班级任课教师中选聘。聘期由学校确定,担任一个班级的班主任时间一般应连续1学年以上。

第六条 教师初次担任班主任应接受岗前培训,符合选聘条件后学校方可聘用。

第七条 选聘班主任应当在教师任职条件的基础上突出考查以下条件:

(一)作风正派,心理健康,为人师表;

(二)热爱学生,善于与学生、学生家长及其他任课教师沟通;

(三)爱岗敬业,具有较强的教育引导和组织管理能力。

第三章 职责与任务

第八条 全面了解班级内每一个学生,深入分析学生思想、心理、学习、生活状况。关心爱护全体学生,平等对待每一个学生,尊重学生人格。采取多种方式与学生沟通,有针对性地进行思想道德教育,促进学生德智体美全面发展。

第九条 认真做好班级的日常管理工作,维护班级良好秩序,培养学生的规则意识、责任意识和集体荣誉感,营造民主和谐、团结互助、健康向上的集体氛围。指导班委会和团队工作。

第十条 组织、指导开展班会、团队会(日)、文体娱乐、社会实践、春(秋)游等形式多样的班级活动,注重调动学生的积极性和主动性,并做好安全防护工作。

第十一条 组织做好学生的综合素质评价工作,指导学生认真记载成长记录,实事求是地评定学生操行,向学校提出奖惩建议。

第十二条 经常与任课教师和其他教职员工沟通,主动与学生家长、学生所在社区联系,努力形成教育合力。

第四章 待遇与权利

第十三条 学校在教育管理工作中应充分发挥班主任的骨干作用,注重听取班主任意见。

第十四条 班主任工作量按当地教师标准课时工作量的一半计入教师基本工作量。各地要合理安排班主任的课时工作量,确保班主任做好班级管理工作。

第十五条 班主任津贴纳入绩效工资管理。在绩效工资分配中要向班主任倾斜。对于班主任承担超课时工作量的,以超课时补贴发放班主任津贴。

第十六条 班主任在日常教育教学管理中,有采取适当方式对学生进行批评教育的权利。

第五章 培养与培训

第十七条 教育行政部门和学校应制订班主任培养培训规划,有组织地开展班主任岗位培训。

第十八条 教师教育机构应承担班主任培训任务,教育硕士专业学位教育中应设立中小学班主任工作培养方向。

第六章 考核与奖惩

第十九条 教育行政部门建立科学的班主任工作评价体系和奖惩制度。对长期从事班主任工作或在班主任岗位上做出突出贡献的教师定期予以表彰奖励。选拔学校管理干部应优先考虑长期从事班主任工作的优秀班主任。

第二十条 学校建立班主任工作档案,定期组织对班主任的考核工作。考核结果作为教师聘任、奖励和职务晋升的重要依据。对不能履行班主任职责的,应调离班主任岗位。

163

第七章　附　则

第二十一条　各地可根据本规定,结合当地实际情况,制定中小学班主任工作的具体实施办法。

第二十二条　本规定自发布之日起施行。

第二节　《中小学班主任工作规定》问答解读

教育部基础教育一司负责人就《中小学班主任工作规定》答记者问。

问:教育部于 2006 年曾印发了《教育部关于进一步加强中小学班主任工作的意见》,就班主任的职责和保障等提出了指导性意见。时隔 3 年,教育部又出台了《中小学班主任工作规定》,在当代具有怎样的意义?

答:随着我国经济社会改革的进一步深入,基础教育步入了由全面普及转向更加重视提高质量、由规模发展转向更加注重内涵发展的当代。《规定》的出台,可谓应运而生。

一是素质教育的时代呼唤。党的十七大报告提出要全面贯彻党的教育方针,坚持育人为本、德育为先,实施素质教育,培养德智体美全面发展的社会主义建设者和接班人。实施素质教育,首要的是解决培养什么样的人和如何培养人的问题。中小学班主任作为中小学教师队伍的重要组成部分,是班级工作的组织者、班集体建设的指导者、中小学生健康成长的引领者,是中小学思想道德教育的骨干,是加强和改进未成年人思想道德建设,全面实施素质教育的重要力量。《规定》的发布,正是国家当前和今后一个时期教育改革和发展的需要。

二是内涵发展的必然选择。长期以来,各地教育行政部门和中小学校重视班主任队伍建设,发挥班主任独特的教育作用,积累了丰富的经验,形成了有效的工作机制。广大中小学班主任兢兢业业、教书育人、无私奉献,做了大量教育和管理工作,为促进中小学生的健康成长做出了重要贡献。但是必须看到,中小学班主任工作面临许多新问题、新挑战。经济社会的深刻变化、教育改革的不断深化、中小学生成长的新情况新特点,对中小学班主任工作提出了更高的要求,迫切需要制订更加有效的政策,保障和鼓励中小学教师愿意做班主任,努力做好班主任工作;迫切需要采取更加有力的措施,保障和鼓励班主任有更多的时间和精力了解学生、分析学生学习生活成长情况,以真挚的爱心和科学的方法教育、引导、帮助学生成长进步。《规定》的出台,正是中小学班主任工作适应时代发展的需要。

三是学生成长的现实需要。学校教育是以班集体为单位来进行的,学校教育的各项工作,都跟班主任有关系,班主任既要关心学生的学习状况,教育学生明确学习目的,端正学习态度,掌握正确学习方法,养成良好学习习惯,增强创新意识和学习能力;又要进行有效的班集体管理,保证学校各项教育工作的顺利进行;还要组织学生开展班会、团队会以及各种主题教育活动和文体活动;更要了解每个学生的身体、心理和思想状况,开展有针对性的教育,做每一位学生人生路上的引路人。对班主任教师而言,做班主任工作和授课一样,都是主业;对学校而言,班主任队伍建设与任课教师队伍建设一样重要。《规定》的出台,对于贯彻党的教育方针,全面推进素质教育,把加强和改进未成年人思想道德建设的各项任务落在实处,具有重要意义。

问:这次出台的《规定》有哪些特点?

答:这次出台的《规定》有以下几个亮点:

一是明确了班主任工作量,使班主任教师有更多的时间来做班主任工作。一直以来,班主任教师既要承担与其他学科教师一样的教学任务,还要负责繁重的班主任工作,使得班主任教师工作负担过重。《规定》要求:"班主任工作量按当地教师标准课时工作量的一半计入教师基本工作量。各地要合理安排班主任的课时工作量,确保班主任做好班级管理工作。"明确了班主任教师应当把授课和做班主任工作都作为主业,要拿出一半的时间来做班主任工作,来关心每个学生的思想道德状况、身心健康状况及其他各方面的发展状况。

二是提高了班主任经济待遇,使班主任有更多的热情来做班主任工作。长期以来,广大中小学班主任教师辛勤工作在育人第一线,而享受的班主任津贴一直是按照 1979 年教育部、财政部、国家劳动总局颁布的《关于普通中学和小学班主任津贴试行办法》(教计字〔1979〕489 号)规定的标准,即"中学每班学生人数在 35 人以下发 5 元,36 人至 50 人发 6 元,51 人以上发 7 元,小学每班学生人数在 35 人以下发 4 元,36 人至 50 人发 5 元,51 人以上发 6 元。"1988 年人事部、国家教委、财政部下发了《关于提高中小学班主任津贴标准和建立中小学教师超课时酬金制度的实施办法》(人薪发〔1988〕23 号),文件规定:"中小学班主任津贴标准提高的幅度和教师超课时酬金的具体数额,均由各省、自治区、直辖市结合实际情况自行确定。"据了解,除一些地方较大幅度地提高了本地班主任津贴标准外,各地基本上按1979年的国家标准增加了一倍。即不同班额分别为中学10元、12元、14元,小学8元、10元、12元。津贴标准低,已经远不适应现代经济社会发展的要求。自2009年起,国家实施义务教育学校绩效工资制度,根据国务院办公厅转发的《人力资源社会保障部财政部教育部关于义务教育学校实施绩效工资的指导意见》,这次出台的《规定》第15条要求将"班主任津贴纳入绩效工资管理。在绩效工资分配中要向班主任倾斜。对于班主任承担超课时工作量的,以超课时补贴发放班主任津贴"。对此,希望各地落实和体现。

三是保证了班主任教育学生的权利,使班主任有更多的空间来做班主任工作。在我们强调尊重学生、维护学生权利的今天,一些地方和学校也出现了教师特别是班主任教师不敢管学生、不敢批评教育学生、放任学生的现象。新出台的《规定》第16条明确规定:"班主任在日常教育教学管理中,有采取适当方式对学生进行批评教育的权利。"保证和维护了班主任教育学生的合法权利,使班主任在教育学生过程中,在坚持正面教育为主的同时,不再缩手缩脚,可以适当采取批评等方式教育和管理学生。

四是强调了班主任在学校中的重要地位,使班主任有更多的信心来做班主任工作。《规定》从班主任的职业发展、职务晋升、参与学校管理、待遇保障、表彰奖励等多个方面强调了班主任在学校教育中的重要地位,充分体现了对班主任工作的尊重和认可,对广大班主任教师是一个极大的鼓舞和激励。强调班主任在学校教育中的重要地位,对于稳定班主任队伍、促进班主任专业成长,鼓励广大班主任能长期、深入、细致地开展班主任工作有着积极的意义。

问:为保障《规定》的贯彻落实,教育行政部门和中小学校应做好哪些工作?

答:各级教育行政部门和广大中小学校要依据《规定》,把加强班主任工作作为落实科学发展观、贯彻党的教育方针、加强和改进未成年人思想道德建设、全面实施素质教育的有力抓手,结合当地实际认真抓好抓实。

一是要将中小学班主任培训纳入教师教育计划,有组织地开展岗前和岗位培训,定期交流班主任工作经验,组织班主任进行社会考察,提高班主任的政治素质、业务素质、心理素质和工作及研究能力。教师教育机构要承担班主任的培训任务,班主任培训所需经费在教师培训专项经费中列支。教育硕士学位教育中应设立中小学班主任工作培养方向,并优先招收在职优秀班主任。

二是要根据《规定》要求合理安排班主任教师的课时工作量，保障班主任教师有时间和精力来开展班主任工作。要在义务教育学校绩效工资分配中，把教师是否担任班主任、班主任工作开展得如何作为重要衡量指标。对于班主任教师超课时工作量，要发放超课时补贴。

三是要完善班主任的奖励制度，将优秀班主任的表彰奖励纳入教师、教育工作者的表彰奖励体系之中，定期表彰优秀班主任。应积极发展优秀班主任加入党组织，优秀班主任应列入学校党政后备干部培养范围。要树立一批班主任先进典型和重视班主任工作学校的先进典型，鼓励广大中小学校普遍重视和加强班主任队伍建设，充分发挥班主任在学校教育工作中的重要作用，使班主任成为广大教师踊跃担当的光荣而重要的岗位。

四是要把班主任工作作为学校教育的重要工作来抓。要制定切实可行的办法加强班主任工作，认真做好班主任的选聘工作，应从思想道德素质和业务水平较高，身心健康、乐于奉献的优秀教师中选聘班主任。要建立科学的班主任工作评价体系，规范管理，鼓励支持班主任开展工作。学校应建立班主任工作档案，定期考核班主任工作，考核结果作为班主任教师聘任、奖励、职务晋升的重要依据。对不能履行班主任职责的，应调离班主任岗位。

问：《规定》的出台，为班主任工作提供了多方面强有力的保障，那么，班主任教师应如何按照《规定》的要求，做好当代班主任工作呢？

答：中小学班主任工作是一项复杂、细致，需要付出爱心、耐心和责任心，对学生健康成长起着重要作用的工作，要求班主任教师具有良好的思想道德品质、较高的教育理论素养和专业知识水平，身心健康、富有人格魅力，善于做思想教育工作。要适应当代教育工作中出现的变化，及时改进班主任工作，在学校育人工作中发挥更大的作用。

一是要坚持育人为本，德育为先的目标导向。要把学校教育目标落实到班级日常管理工作过程中，切实把德育放在首位，注重学生正确的世界观、人生观、价值观和社会主义荣辱观的培养和形成，培养学生健全、独立的人格。引导学生培养学习兴趣，树立正确的学习目标，促使学生全面协调健康发展。

二是要注重公平，面向班集体每一个学生。班主任要关心每一个学生，了解他们的内心世界，根据每个学生的特点，精心设计相应的教育方案，引导、帮助每一个学生健康成长，要特别注意关注学生中的弱势群体和边缘群体，为每一个学生的终身发展奠定基础。

三是要关心学生的全面发展。坚持以人为本,以学生的全面发展为班主任工作的根本出发点,不仅要关心他们的学习,更要关心他们的思想道德、身体、心理、人格等各方面的发展状况。培养学生各方面的能力,提高学生各方面的素质,发挥学生的个性特长,充分发掘学生的潜能。

四是要建立平等互信的师生关系。班主任要平等对待学生,建立和谐的、朋友式的新型师生关系。尊重学生,注重与学生交流沟通的方式,做学生人生路上的良师益友。

五是遵循学生的年龄特点和身心发展规律。相信每个学生都有自己的优点,都有成才的强烈愿望,帮助每一个学生建立不断提高进步的目标;善于发现和激励学生的每一点进步,让学生始终在成功的喜悦中提高自己、发展自己。

六是要建立完善班级管理制度。通过建立科学合理的班级日常管理规范,培养学生良好习惯的养成。从小事、细微处着手,积极开展行为规范教育。加强学生自主管理,增进学生民主意识,培养学生独立处理问题的能力。

七是要积极进行班集体文化建设。指导班集体通过开展班会、团队会、各种主题教育活动和丰富多彩的文体活动,丰富学生的生活,弘扬爱国主义、集体主义和民族精神,形成健康向上、积极进取的班风和有特色的班级文化,营造良好育人环境。

八是要指导和组织学生积极参加社会实践活动。充分开发社区、学校和班级的各种教育资源,组织学生积极参加有益于身心发展和道德养成的各种社会实践活动,增强道德体验,培养学生正确的劳动观念和劳动习惯。

九是要充分发挥纽带作用。积极主动地与其他课程任课教师、少先队、团委、政教处沟通,步调一致,形成合力,充分发挥集体教育的作用。加强与家长的沟通交流,积极建立与家长沟通和交流的有效渠道,实现学校教育和家庭教育的有机结合。加强与社会、社区的联系,善于利用各种资源让学生了解社会,参与社会,适应社会,服务社会。也让全社会都来了解教育、关心教育,支持教育,营造良好社会育人环境。

十是要大胆创新工作方式。认真做好学生的综合素质评价工作,积极探索建立学生良好行为习惯的动态管理模式和综合考评制度,建立并填好学生成长档案和记录袋。在此基础上,积极探索深化教育改革背景下班主任工作的新特点、新要求,创新班级管理和建设的有效模式。

思考与练习

1. 班主任的基本职责是什么？

2. 结合实际，谈谈你对班主任任职要求的"作风正派，心理健康，为人师表"的理解。

3. 案例分析。

例一：一位学生在班里丢了 10 元钱，班主任让全班 32 名学生投票选"贼"，结果有 2 名学生"入选"。当 2 名学生要求拿出证据来，老师举起手中的选票："这就是证据！"

（1）班主任的做法对不对？为什么？

（2）教师在教育教学工作中应该怎样做？

参考答案：（1）不对。班主任既没有了解情况，也没有采取恰当的手段和方法来正确处理班级的失窃现象，而采取武断的不科学的方式来选"贼"，如果真是这两名同学拿了 10 元钱，这种选举方式对他们既没有说服力，不能以理服人，同时也会产生负面影响；如果指认错误，有可能会害了被误解的学生的一生，同时还侵犯了这两名学生的人格尊严。

（2）教师在教育教学工作中可采取下列方法：

第一，表明态度：我很生气；指出后果：用事例来说话，老师为你担忧；让他懂得：一个人不止值这一点钱。注意事项：① 言语要动情，用情来打动学生的心。② 若知道是谁，则个别交流，为其保密，给他改正的机会。③ 丢掉的钱，老师负责补上，以行动来打动学生。④ 别在意查得出查不出，千万别自以为是。万一搞错，有可能会害了被误解的学生的一生，与其这样，还不如查不出来。当然，对学生说："不是老师查不出，而是老师不想查。你们都是有志气的孩子，万一查到那个同学，老师会很伤心的。老师不敢接受一个有志气的孩子会偷东西。"这样，偷了东西的孩子即使不还，心里总会产生内疚感，教育效果也就有了。千万别兴师动众地查，否则即使查出来，孩子也有可能破罐子破摔，这就糟了。⑤ 会有反复，别着急，多说几次就会好的。再说，小孩子偷东西不算偷，只是家里随便拿惯了而已。坏习惯要改过来是很难的，需要反复的过程。

第二，利用好主题班会的时间把"失窃事件"告诉全班同学，让每一个同学都来体会失窃者的焦虑和处境，同时也引导大家对行窃者的一时糊涂表示谅解，而后让每位同学按移情的方式写两篇文章：一篇题目是"假如我的财产失窃了"，内容要求涉及四个方面：① 失窃给我的生活带来的影响；② 给我的学习带来的影响；③ 我目前的感受；④ 假如别人归还了我的钱物，我能原谅他吗？说出理由。另一篇题目是"假如我是行窃者"，也要求写出四点：①

169

拿别人钱物的动机;② 拿别人钱物的过程;③ 现在的感受,猜想别人会怎么看"我";④ 打算怎么办? 老师在布置这些任务时,没有使用"小偷"这个字眼。同学们写完后,老师有针对性地和部分同学谈话,交流感受,着重设计谈话过程。

总之,研究孩子偷窃的原因:只有找出原因,因势利导,采取最恰当的方法和手段才能予以纠正,同时对孩子要进行适当的处罚,帮孩子解决问题,记住不要抓住问题不放。

例二:某市第二十中学有一批复习资料投放阅览室让学生查阅,可是第一天就少了6本。有的人主张严肃查处,可是校长却不然,他写了几句话贴出去:"作为校长的首要责任是,要使全校师生明白,二十中人的人格是无价的,然而,朋友,你信吗? 投放的书少了6本。"第二天有人送回了一本,校长又公开写道:"你送回的不仅是一本书,你送回了人格,送回了二十中良好的校风。"第三天,其他5本也都送回了。

(1)根据案例说明这位校长的做法。

(2)谈谈你的认识。

参考答案:(1)这位校长的做法是情感育人。案例中的校长,面对"学生拿走了图书阅览室里的几本书"的事件,不是严肃查处,而是动之以情,晓之以理,写了几句话贴出去。这几句话语重心长,道出了"二十中人的人格""二十中良好的校风",感化了学生,激起了学生积极情感的反映,于是这位学生就放回了书籍。在这里,校长既严又爱,既有集体荣誉性的教育,又有人格尊严的启发。校长的情感很有感染力、渗透力,表现出对教育的忠诚,对学生的爱护。

(2)认识:① 教师的劳动对象是人,人非草木,孰能无情,教师与学生的相互交往,不能没有感情。教师的职业劳动需要丰富的情感,教师的情感同样是其劳动的工具。② 当学生有了缺点、有了错误时,教师要善于以情感去感化人、教育人、激励人。③ 教师情感育人需要有智慧。教育没有情感,就像磨坊没有水。

附　录

1. 教师职业道德试题及答案
2. 教育部有关师德的文件

教师职业道德试题及答案

一、判断题

1. 孔子说："少成若天性，习惯如自然"。可见，早期家庭教育是学校教育的基础。
（ ✓ ）

2. 教师刻苦学习，钻研业务就是唯书、唯上，多读少思。 （ ✗ ）

3. 一个教师的举止既体现了他的道德修养、文化水平，又表现出他与别人交往是否有诚意。 （ ✓ ）

4. 一个教师不热爱自己的工作对象同样可以说热爱自己所从事的教书育人工作，就像一个不喜欢自己的工作的工人同样可以生产出高质量的产品一样。 （ ✗ ）

5. 道德意义上的良心是一种道德心理现象，是指主体对自身道德责任和道德义务的一种自觉意识和情感体验，以及以此为基础而形成的对于道德自我、道德活动进行评价与调控的心理机制。 （ ✓ ）

6. 仁慈就是具有高度理智性和超越性的爱心和宽恕的伦理精神和道德原则。 （ ✓ ）

7. 教师公正实际上就是要在以师生关系为基础的人际关系处理上实现某种中度。
（ ✓ ）

8. 教师廉洁从教，就必须坚守大义，不取非法之利。 （ ✓ ）

9. 在市场经济、改革开放的冲击和影响下，要教师廉洁从教是不可能的。 （ ✗ ）

10. 教师尊重家长，有利于教书育人工作顺利地开展。 （ ✓ ）

二、单项选择题

11. 教师职业道德区别于其他职业道德的显著标志就是_____。 （A）
    A. 为人师表   B. 清正廉洁   C. 敬业爱业   D. 团结协作

12. 随着时代的进步，新型的、民主的家庭气氛和父母—子女关系还在形成，但随着孩子的自我意识逐渐增强，很多孩子对父母的教诲听不进或当作"耳边风"，家长感到家庭教育力不从心。教师应该_____。 （C）
    A. 放弃对家长配合自己工作的期望
    B. 督促家长，让家长成为自己的"助教"
    C. 尊重家长，树立家长的威信，从而一起做好教育工作
    D. 在孩子面前嘲笑这些家长

13. 教育法律关系中两个最重要的主体是_____。 （C）

A. 教育部门和下属学校　　　　　B. 教育机构和非教育机构

C. 教师和学生　　　　　　　　　D. 教育领导和教师

14. 依法治教的重点是_____。　　　　　　　　　　　　　　　　（C）

A. 教育法学教育和研究

B. 教育法律的遵守

C. 各个教育部门按照法定的权利和义务要求来治理教育,依法指挥、组织、管理、实施、监督、参与教育活动

D. 教育立法

15. 所谓为人师表是指教师要在各方面都应该成为学生和社会上人们效法的表率、榜样和楷模。这一含义是由_____。　　　　　　　　　　　　　　（B）

A. 社会舆论决定的　　　　　　　B. 教师的工作对象决定的

C. 法律法规决定的　　　　　　　D. 传统习俗决定的

16. 托尔斯泰说:"如果一个教师把热爱事业和热爱学生结合起来,他就是一个完美的教师。"这意味着教师要_____。　　　　　　　　　　　　　　　（D）

A. 关心学生、了解学生　　　　　B. 尊重学生、信任学生

C. 严格要求学生,对学生一视同仁　D. 把热爱事业与热爱学生结合起来

17. 教师、学生合法权益的集中体现是_____。　　　　　　　　　　（A）

A. 学校合法权益　　　　　　　　B. 教育行政部门合法权益

C. 学校领导的合法权益　　　　　D. 社区的合法权益

18. 师表美的精神内涵或内在方面应该是_____。　　　　　　　　　（B）

A. 表美　　　　B. 道美　　　　C. 风格美　　　　D. 形体美

19. 孔夫子所说的"其身正,不令而行;其身不正,虽令不止",从教师的角度来说可以理解为_____。　　　　　　　　　　　　　　　　　　　　　（D）

A. 走路身体一定要端正

B. 对学生下命令一定要正确

C. 自己做好了,不要教育学生,学生自然会学好

D. 教师自己以身作则,其一言一行都会对学生产生巨大的影响

20. 从教师个体职业良心形成的角度看,教师的职业良心首先会受到_____。（A）

A. 社会生活和群体的影响　　　　B. 教育对象的影响

C. 教育法规的影响　　　　　　　D. 教育原则的影响

21. 当前教师队伍中存在着以教谋私,热衷于"有偿家教"的现象,这实际上违背了_____。　　　　　　　　　　　　　　　　　　　　　　　　　（D）

A. 爱岗敬业的职业道德　　　　　B. 依法执教的职业道德

C. 严谨治学的职业道德　　　　　D. 廉洁从教的职业道德

22. 在现代社会,教师与学生家长的社会地位应该是_____。　　　　（A）

A. 平等的　　　　B. 不平等的　　　　C. 对立的　　　　D. 互补的

23. 青少年学生处于学知识、懂道理、学习做人的初级阶段,在这个阶段中,最直接、最重要的教育除了学校教育,还有_____。　　　　　　　　　　　（C）

A. 社会教育　　　B. 团队教育　　　C. 家庭教育　　　D. 单独教育

24. "师者,所以传道、授业、解惑也",这句话出自_____。　　　(B)

A. 柳宗元　　　B. 韩愈　　　C. 欧阳修　　　D. 苏轼

25. 俗话说:"满招损,谦受益""虚心使人进步,骄傲受人落后",在团队合作中,最好
首先做到_____。　　　(B)

A. 严以律己,以诚待人　　　B. 谦虚为怀,戒骄戒躁

C. 相互帮助,通力合作　　　D. 凡事不要先出头

26. 人们为了集中力量实现共同理想或任务而联合起来,相互支持,紧密合作。这就
是_____。　　　(A)

A. 团结协作　　　B. 分工负责　　　C. 任务到人　　　D. 求真求实

27. 提出教育事业要"面向现代化、面向世界、面向未来"的要求的是_____。　　　(D)

A. 习近平　　　B. 胡锦涛　　　C. 周恩来　　　D. 邓小平

28. 严谨治学,最重要的是_____。　　　(B)

A. 死扣书本　　　B. 实事求是　　　C. 一视同仁　　　D. 虚怀若谷

29. 教师在求知与传授知识和学问的过程中要做到严密谨慎、严格细致。这就要求
教师必须_____。　　　(A)

A. 严谨治学　　　B. 实事求是

C. 与时俱进　　　D. 理论联系实际

30. 教育学生的感情基础是_____。　　　(B)

A. 爱工作　　　B. 爱学生　　　C. 爱学校　　　D. 爱教育事业

三、多项选择题

31. 对《中小学教师职业道德规范》规定的教师为人师表内容可以概括为_____。
　　　(ABCD)

A. 教师的行为示范　　　B. 教师的语言示范

C. 教师的衣着、仪表示范　　　D. 教师的举止示范

32. 严谨治学的道德意义有_____。　　　(ABCD)

A. 是党和人民对教师的业务要求　　　B. 是教育事业改革和发展的要求

C. 是培养创造性人才的迫切需要　　　D. 是由教师的教与学过程中的矛盾决
定的

33. 对教师而言,所谓廉洁从教,具体内容包括_____。　　　(ABC)

A. 不贪学生及家长的钱物

B. 不贪占公共和他人的钱物

C. 不染社会上出现的一些贪、贿、欲等恶习

D. 不能抱怨自己的薪酬

34. 严谨治学对教师来说,有两个具体内容,即_____。　　　(CD)

A. 严格要求自己

B. 严格要求学生

C. 刻苦学习、求知,勇于探求新理论、新知识,做到锲而不舍,学而不厌,掌握渊博的科学文化知识

D. 认真细致地向学生传授科学文化知识,坚持真理,求真务实,做到诲人不倦

35. 教师热爱学生的作用表现在_____。 (BCD)

A. 得到学生及其家长的馈赠　　　　B. 爱学生是教育学生的感情基础

C. 爱学生是提高教育质量的重要条件　D. 爱学生是获得教学效果的基础

四、材料分析题

材料分析一:

沈老师走进教室,发现黑板上有一幅嘲弄他的漫画,同学们嬉笑不已。沈老师看后笑着说:"头像画得很逼真,这位画画的同学很有天赋,我为班上有这样的人才感到高兴,建议他多向美术老师请教,充分发挥特长,说不定将来会成为美术家呢。"沈老师停顿一下,接着说:"可是这节课不是美术课,而是作文讲评课,现在我把它擦掉好吗?"沈老师正要去擦,只见一位同学疾步走上讲台,向沈老师深深鞠了一躬,然后抢过黑板擦,擦掉了他的"得意之作"。

多年以后,一幅赞美老师,反映自己思想转变的美术作品《悔悟》被选为参加全国美术展的参展作品,作者就是当年那位在黑板上画漫画的学生。

问题:

1. 评析沈老师对"漫画事件"的处理。

2. 谈谈教师在处理课堂突发事件时的注意事项。

材料分析二:

荣获第62届美国年度国家教师大奖的瑞贝卡·米勒沃基说:"我们的学生就是我们的未来,当有一个非常热情、非常投入的老师的时候,学生们学得最好……其实学习没有捷径可走,无论用哪种方法,最终都会面对复杂的学习任务,作为老师,我们能做的就是用笑声、用激情、用技巧、用紧迫感和爱去实现这一切。"

问题:

1. 谈谈你对"我们的学生就是我们的未来"的理解。

2. 结合材料,谈谈教师在学生学习过程中的作用。

材料分析三:

大学毕业不久,我就担任了初二一班的班主任,一天中午,一个学生急匆匆跑来说:"老师,小杨不知为什么事正和二班的王老师争吵,还骂老师了。"我赶紧过去问缘由。得知二班的卫生区有几片废纸,被学校的值日生扣了分,据说二班有学生看见他正好走过,就告诉王老师,认为他扔的。于是王老师就找到小杨,并训斥了他。小杨不服气,就骂老师"瞎了眼",结果惹恼了王老师。我当时也很生气:"小杨,就算你没扔,也要好好和王老师说明,怎么可以骂老师?""他根本不听我说,劈头盖脸训斥我……"见他如此冲动,我知道说什么都没用,要等待时机。

机会终于来了,在学校举办的秋季运动会上,我充分发挥了小杨热爱体育的特长,引导他为班级参加的体育项目出谋划策,协助体育委员组织,我鼓励他报了大家都未参加的

3 000米长跑,对此,我对他提出表扬,并号召全班同学向他学习。

运动会那天,小杨的3 000米长跑得了冠军,成了班级最亮的一颗星,很多同学和他拥抱,给他送水、送毛巾,为他热烈鼓掌,使他感到了集体的力量和温暖。会后我找他谈心:"小杨,运动会证明了你的实力,说明你是一个不甘落后的好学生,我相信你也会在其他方面严格要求自己,取得好成绩。"

"老师,你真的相信我吗?""我当然相信你。"他的眼中闪烁出激动的亮光,突然说:"那么老师,你也相信那天的废纸不是我扔的吗?我敢对天发誓,真不是我扔的。"看到他委屈又可笑的样子,我笑了:"我相信你,当时我就相信不是你干的!""真的吗?"他很惊讶,也很高兴。"可你也有错,知道错在哪里吗?"他有些不好意思地低下头:"知道,老师,我会跟王老师道歉的,您放心!"此后,小杨同学各方面有了长足的转变。

问题:

1. 案例中的"我"主要贯彻了哪些德育原则?

2. 请结合案例加以分析论述。

材料分析四:

开学不久,班主任贾老师发现明朗同学不喜欢学习,上课不认真听讲,经常做小动作,不按时完成作业。贾老师经过一段时间的了解,发现明朗虽然有不少缺点,但也有优点,需要肯定和鼓励。于是,贾老师找他谈话说:"你有缺点,但也有优点,可能你自己还没有发现。这样吧,我限你在两天内找找自己的优点,如实向我汇报,不然我可要批评你了。"第三天,明朗找到贾老师,很不好意思地说:"老师,我心肠好,力气大,毕业后想当兵。"贾老师说:"这就是了不起的长处。心肠好,乐于助人,到哪里都需要这种人。你力气大,想当兵,保卫家园,是很光荣的事,你的理想很实在。不过当兵同样需要学习科学文化知识,需要有真才实学。"听了老师的话,明朗脸上露出了微笑。从此,明朗严格要求自己,认真学习,养成了良好的习惯,各方面都有了很大的进步。

1. 结合材料,谈谈贾老师主要遵循了哪一德育原则?

2. 贯彻这一原则有哪些基本要求?

材料分析五:

在某小学新教师入职培训中,围绕"什么样的老师是真正的好老师?"这一问题,大家展开热议。有的说:"好老师是热爱学生的老师";有的说:"好老师应该为人师表";还有的说:"教学好才是好老师"……

这时,培训教师跟大家分享了一位作家的故事:"小时候,我非常胆小害羞,上课从不主动举手发言,老师也从不叫我回答问题,一次,我写了一篇题为《每一片叶子都有一个灵魂》的作文,上课时,老师轻轻地走到我的面前,问我是否愿意和大家分享我的作文。她是那么的柔和,那么的亲切,让我无法拒绝。我用颤抖的声音读完了作文,她感谢了我。下课了,当我走到教室门口时,她建议我养成写日记的习惯,将来也可以从事这方面的工作。这些我都做到了。"

这个故事引起了大家对于"好老师"更深层次的思考。

问题:结合材料,试分析"什么样的老师才是好老师?"

教育部有关师德的文件

中小学教师职业道德规范(2008 年修订)

一、爱国守法。热爱祖国,热爱人民,拥护中国共产党领导,拥护社会主义。全面贯彻国家教育方针,自觉遵守教育法律法规,依法履行教师职责权利。不得有违背党和国家方针政策的言行。

二、爱岗敬业。忠诚于人民教育事业,志存高远,勤恳敬业,甘为人梯,乐于奉献。对工作高度负责,认真备课上课,认真批改作业,认真辅导学生。不得敷衍塞责。

三、关爱学生。关心爱护全体学生,尊重学生人格,平等公正对待学生。对学生严慈相济,做学生良师益友。保护学生安全,关心学生健康,维护学生权益。不讽刺、挖苦、歧视学生,不体罚或变相体罚学生。

四、教书育人。遵循教育规律,实施素质教育。循循善诱,诲人不倦,因材施教。培养学生良好品行,激发学生创新精神,促进学生全面发展。不以分数作为评价学生的唯一标准。

五、为人师表。坚守高尚情操,知荣明耻,严于律己,以身作则。衣着得体,语言规范,举止文明。关心集体,团结协作,尊重同事,尊重家长。作风正派,廉洁奉公。自觉抵制有偿家教,不利用职务之便谋取私利。

六、终身学习。崇尚科学精神,树立终身学习理念,拓宽知识视野,更新知识结构。潜心钻研业务,勇于探索创新,不断提高专业素养和教育教学水平。

教育部关于建立健全中小学师德建设
长效机制的意见

教师〔2013〕10 号

各省、自治区、直辖市教育厅(教委),新疆生产建设兵团教育局,部属师范大学:

教师是教育的根本,师德是教师的灵魂。长期以来,全国广大中小学教师教书育人,敬业奉献,为我国教育事业改革和发展作出了重要贡献,赢得了全社会的广泛赞誉和普遍尊重。但是,近年来极少数教师严重违反师德的现象时有发生,引起社会广泛关注,损害了教师队伍的整体形象。为贯彻落实《国务院关于加强教师队伍建设的意见》,以社会主义核心价值体系为引领,充分尊重教师主体地位,大力弘扬高尚师德,切实解决当前出现的师德突出问题,引导教师立德树人,为人师表,不断提升人格修养和学识修养,努力建设一支师德高尚、业务精湛、结构合理、充满活力的中小学教师队伍。现就建立健全教育、宣传、考核、监督与奖惩相结合的中小学师德建设长效机制提出如下意见:

一、**创新师德教育,引导教师树立远大职业理想**。将师德教育纳入教师教育课程体系。师范生培养必须开设师德教育课程,新任教师岗前培训开设师德教育专题,在职教师培训把师德教育作为重要内容,记入培训学分。重视法制教育、心理健康教育和民族团结教育。创新师德教育内容、模式和方法,突出针对性和实效性。采取实践反思,师德典型案例评析,情景教学等丰富师德教育形式,把教书育人楷模、一线优秀教师等请进课堂,用优秀教师的感人事迹诠释师德内涵。结合教育教学、社会实践活动开展师德教育,切实增强师德教育效果。

二、**加强师德宣传,营造尊师重教社会氛围**。将师德宣传作为教育行政部门和学校重点工作。坚持正确舆论导向,大力宣传教师的地位和作用,让全社会广泛了解教师工作的重要性和特殊性。大力树立和宣传优秀教师先进典型,通过组织举办形式多样、务实有效的活动,深入宣传优秀教师先进事迹,充分展现当代教师的精神风貌,弘扬高尚师德,弘扬主旋律,增强正能量。针对师德建设中出现的热点、难点问题,要及时应对并加以引导。充分利用教师节等重大节庆日、纪念日的契机,联合电视、广播、报纸、网络等多种媒体集中宣传优秀教师先进事迹,努力营造尊师重教的浓厚社会氛围。

三、**严格师德考核,促进教师自觉加强师德修养**。将师德考核作为教师考核的核心内容,摆在首要位置。各级教育行政部门要制定师德考核办法,学校制定具体的实施细则。师德考核应充分尊重教师主体地位,符合教师职业性质,促进教师专业发展;坚持公平、公正、公开原则;采取教师个人自评、家长和学生参与测评、考核工作小组综合评定等多种方式进行。考核结果一般分为优秀、合格、基本合格、不合格四个等次。考核结果公示后存入师德考核档案并报学校主管部门备案。师德考核不合格者年度考核应评定为不合格,并在教师资格定期注册、职务(职称)评审、岗位聘用、评优奖励和特级教师评选等环节实行一票否决。

四、突出师德激励,促进形成重德养德良好风气。将师德表彰奖励纳入教师和教育工作者奖励范围。完善师德表彰奖励制度。把师德表现作为评选教书育人楷模、模范教师、教育系统先进工作者、优秀教师、优秀教育工作者、中小学优秀班主任、中小学德育先进工作者等表彰奖励的必要条件。在同等条件下,师德表现突出的,优先评选特级教师和晋升教师职务(职称)、选培学科带头人和骨干教师。

五、强化师德监督,有效防止失德行为。教育行政部门和学校要建立健全师德年度评议制度,师德问题报告制度,师德状况定期调查分析制度和师德舆情快速反应制度,及时研究加强和改进师德建设的政策和措施。构建学校、教师、学生、家长和社会广泛参与的师德监督体系。教育行政部门和学校要建立行之有效的多种形式的师德投诉、举报平台,及时获取掌握师德信息动态,及时发现并纠正不良倾向和问题,将违反师德行为消除在萌芽状态。要将师德建设纳入教育督导评估体系。

六、规范师德惩处,坚决遏制失德行为蔓延。建立健全违反师德行为的惩处制度。依据有关法律法规和《中小学教师职业道德规范》,教育部研究制定《中小学教师违反职业道德行为处理办法》,明确教师不可触犯的师德禁行性行为,并提出相应处理办法。对危害严重、影响恶劣者,要坚决清除出教师队伍。建立问责制度。对教师严重违反师德行为监管不力、拒不处分、拖延处分或推诿隐瞒,造成不良影响或严重后果的,要追究学校或教育主管部门主要负责人的责任。对涉及违法犯罪的要及时移交司法部门。

七、注重师德保障,将师德建设工作落到实处。建立师德建设领导责任制度。地方各级教育行政部门负责对师德建设工作的指导和监管,主要负责人是师德建设工作第一责任人,有关职责要落实到具体的职能机构和人员。各地要结合实际,制订本地师德建设规划和实施方案。充分发挥教育工会等教师行业组织在师德建设中的积极作用。中小学校要把师德建设摆在教师工作首位,贯穿于管理工作全过程。中小学校长要亲自抓师德建设。学校基层党组织、广大党员教师要充分发挥政治核心和先锋模范作用。学校教代会和群团组织紧密配合,形成加强和推进师德建设合力。

教育部关于印发《中小学教师违反职业道德行为处理办法(2018 年修订)》的通知

教师〔2018〕18 号

各省、自治区、直辖市教育厅(教委),新疆生产建设兵团教育局:

为深入贯彻习近平新时代中国特色社会主义思想和党的十九大精神,深入贯彻落实全国教育大会精神,扎实推进《中共中央国务院关于全面深化新时代教师队伍建设改革的意见》的实施,进一步加强师德师风建设,我部对 2014 年印发的《中小学教师违反职业道德行为处理办法》进行了修订,现印发给你们,请遵照执行。

教育部
2018 年 11 月 8 日

中小学教师违反职业道德行为处理办法(2018 年修订)

第一条 为规范教师职业行为,保障教师、学生的合法权益,根据《中华人民共和国教育法》《中华人民共和国未成年人保护法》《中华人民共和国教师法》《教师资格条例》和《新时代中小学教师职业行为十项准则》等法律法规和制度规范,制定本办法。

第二条 本办法所称中小学教师是指普通中小学、中等职业学校(含技工学校)、特殊教育机构、少年宫以及地方教研室、电化教育等机构的教师。

前款所称中小学教师包括民办学校教师。

第三条 本办法所称处理包括处分和其他处理。处分包括警告、记过、降低岗位等级或撤职、开除。警告期限为 6 个月,记过期限为 12 个月,降低岗位等级或撤职期限为 24 个月。是中共党员的,同时给予党纪处分。

其他处理包括给予批评教育、诫勉谈话、责令检查、通报批评,以及取消在评奖评优、职务晋升、职称评定、岗位聘用、工资晋级、申报人才计划等方面的资格。取消相关资格的处理执行期限不得少于 24 个月。

教师涉嫌违法犯罪的,及时移送司法机关依法处理。

第四条 应予处理的教师违反职业道德行为如下:

(一)在教育教学活动中及其他场合有损害党中央权威、违背党的路线方针政策的言行。

(二)损害国家利益、社会公共利益,或违背社会公序良俗。

(三)通过课堂、论坛、讲座、信息网络及其他渠道发表、转发错误观点,或编造散布虚假信息、不良信息。

（四）违反教学纪律，敷衍教学，或擅自从事影响教育教学本职工作的兼职兼薪行为。

（五）歧视、侮辱学生，虐待、伤害学生。

（六）在教育教学活动中遇突发事件、面临危险时，不顾学生安危，擅离职守，自行逃离。

（七）与学生发生不正当关系，有任何形式的猥亵、性骚扰行为。

（八）在招生、考试、推优、保送及绩效考核、岗位聘用、职称评聘、评优评奖等工作中徇私舞弊、弄虚作假。

（九）索要、收受学生及家长财物或参加由学生及家长付费的宴请、旅游、娱乐休闲等活动，向学生推销图书报刊、教辅材料、社会保险或利用家长资源谋取私利。

（十）组织、参与有偿补课，或为校外培训机构和他人介绍生源、提供相关信息。

（十一）其他违反职业道德的行为。

第五条　学校及学校主管教育部门发现教师存在违反第四条列举行为的，应当及时组织调查核实，视情节轻重给予相应处理。做出处理决定前，应当听取教师的陈述和申辩，听取学生、其他教师、家长委员会或者家长代表意见，并告知教师有要求举行听证的权利。对于拟给予降低岗位等级以上的处分，教师要求听证的，拟作出处理决定的部门应当组织听证。

第六条　给予教师处理，应当坚持公平公正、教育与惩处相结合的原则；应当与其违反职业道德行为的性质、情节、危害程度相适应；应当事实清楚、证据确凿、定性准确、处理恰当、程序合法、手续完备。

第七条　给予教师处理按照以下权限决定：

（一）警告和记过处分，公办学校教师由所在学校提出建议，学校主管教育部门决定。民办学校教师由所在学校决定，报主管教育部门备案。

（二）降低岗位等级或撤职处分，由教师所在学校提出建议，学校主管教育部门决定并报同级人事部门备案。

（三）开除处分，公办学校教师由所在学校提出建议，学校主管教育部门决定并报同级人事部门备案。民办学校教师或者未纳入人事编制管理的教师由所在学校决定并解除其聘任合同，报主管教育部门备案。

（四）给予批评教育、诫勉谈话、责令检查、通报批评，以及取消在评奖评优、职务晋升、职称评定、岗位聘用、工资晋级、申报人才计划等方面资格的其他处理，按照管理权限，由教师所在学校或主管部门视其情节轻重做出决定。

第八条　处理决定应当书面通知教师本人并载明认定的事实、理由、依据、期限及申诉途径等内容。

第九条　教师不服处理决定的，可以向学校主管教育部门申请复核。对复核结果不服的，可以向学校主管教育部门的上一级行政部门提出申诉。

对教师的处理，在期满后根据悔改表现予以延期或解除，处理决定和处理解除决定都应完整存入人事档案及教师管理信息系统。

第十条　教师受到处分的，符合《教师资格条例》第十九条规定的，由县级以上教育行政部门依法撤销其教师资格。

教师受处分期间暂缓教师资格定期注册。依据《中华人民共和国教师法》第十四条规定丧失教师资格的,不能重新取得教师资格。

教师受记过以上处分期间不能参加专业技术职务任职资格评审。

第十一条　教师被依法判处刑罚的,依据《事业单位工作人员处分暂行规定》给予降低岗位等级或者撤职以上处分。其中,被依法判处有期徒刑以上刑罚的,给予开除处分。教师受到剥夺政治权利或者故意犯罪受到有期徒刑以上刑事处罚的,丧失教师资格。

第十二条　学校及主管教育部门不履行或不正确履行师德师风建设管理职责,有下列情形的,上一级行政部门应当视情节轻重采取约谈、诫勉谈话、通报批评、纪律处分和组织处理等方式严肃追究主要负责人、分管负责人和直接责任人的责任:

(一)师德师风长效机制建设、日常教育督导不到位;

(二)师德失范问题排查发现不及时;

(三)对已发现的师德失范行为处置不力、方式不当或拒不处分、拖延处分、推诿隐瞒的;

(四)已做出的师德失范行为处理决定落实不到位,师德失范行为整改不彻底;

(五)多次出现师德失范问题或因师德失范行为引起不良社会影响;

(六)其他应当问责的失职失责情形。

第十三条　省级教育行政部门应当结合当地实际情况制定实施细则,并报国务院教育行政部门备案。

第十四条　本办法自发布之日起施行。

教育部关于印发《幼儿园教师违反职业道德行为处理办法》的通知

教师〔2018〕19号

各省、自治区、直辖市教育厅（教委），新疆生产建设兵团教育局：

为深入贯彻习近平新时代中国特色社会主义思想和党的十九大精神，深入贯彻落实全国教育大会精神，扎实推进《中共中央国务院关于全面深化新时代教师队伍建设改革的意见》的实施，进一步加强师德师风建设，我部研究制定了《幼儿园教师违反职业道德行为处理办法》，现印发给你们，请遵照执行。

教育部

2018 年 11 月 8 日

幼儿园教师违反职业道德行为处理办法

第一条　为规范幼儿园教师职业行为，保障教师、幼儿的合法权益，根据《中华人民共和国教育法》《中华人民共和国未成年人保护法》《中华人民共和国教师法》《教师资格条例》和《新时代幼儿园教师职业行为十项准则》等法律法规和制度规范，制定本办法。

第二条　本办法所称幼儿园教师包括公办幼儿园、民办幼儿园的教师。

第三条　本办法所称处理包括处分和其他处理。处分包括警告、记过、降低岗位等级或撤职、开除。警告期限为 6 个月，记过期限为 12 个月，降低岗位等级或撤职期限为 24 个月。是中共党员的，同时给予党纪处分。

其他处理包括给予批评教育、诫勉谈话、责令检查、通报批评，以及取消在评奖评优、职务晋升、职称评定、岗位聘用、工资晋级、申报人才计划等方面的资格。取消相关资格的处理执行期限不得少于 24 个月。

教师涉嫌违法犯罪的，及时移送司法机关依法处理。

第四条　应予处理的教师违反职业道德行为如下：

（一）在保教活动中及其他场合有损害党中央权威和违背党的路线方针政策的言行。

（二）损害国家利益、社会公共利益，或违背社会公序良俗。

（三）通过保教活动、论坛、讲座、信息网络及其他渠道发表、转发错误观点，或编造散布虚假信息、不良信息。

（四）在工作期间玩忽职守、消极怠工，或空岗、未经批准找人替班，利用职务之便兼职兼薪。

（五）在保教活动中遇突发事件、面临危险时，不顾幼儿安危，擅离职守，自行逃离。

（六）体罚和变相体罚幼儿，歧视、侮辱幼儿，猥亵、虐待、伤害幼儿。

（七）采用学校教育方式提前教授小学内容，组织有碍幼儿身心健康的活动。

（八）在入园招生、绩效考核、岗位聘用、职称评聘、评优评奖等工作中徇私舞弊、弄虚作假。

（九）索要、收受幼儿家长财物或参加由家长付费的宴请、旅游、娱乐休闲等活动，推销幼儿读物、社会保险或利用家长资源谋取私利。

（十）组织幼儿参加以营利为目的的表演、竞赛活动，或泄露幼儿与家长的信息。

（十一）其他违反职业道德的行为。

第五条　幼儿园及幼儿园主管部门发现教师存在第四条列举行为的，应当及时组织调查核实，视情节轻重给予相应处理。做出处理决定前，应当听取教师的陈述和申辩，调查了解幼儿情况，听取其他教师、家长委员会或者家长代表意见，并告知教师有要求举行听证的权利。对于拟给予降低岗位等级以上的处分，教师要求听证的，拟作出处理决定的部门应当组织听证。

第六条　给予教师处理，应当坚持公平公正、教育与惩处相结合的原则；应当与其违反职业道德行为的性质、情节、危害程度相适应；应当事实清楚、证据确凿、定性准确、处理恰当、程序合法、手续完备。

第七条　给予教师处理按照以下权限决定：

（一）警告和记过处分，公办幼儿园教师由所在幼儿园提出建议，幼儿园主管部门决定。民办幼儿园教师由所在幼儿园提出建议，幼儿园举办者做出决定，并报主管部门备案。

（二）降低岗位等级或撤职处分，公办幼儿园由教师所在幼儿园提出建议，幼儿园主管部门决定并报同级人事部门备案。民办幼儿园教师由所在幼儿园提出建议，幼儿园举办者做出决定，并报主管部门备案。

（三）开除处分，公办幼儿园在编教师由所在幼儿园提出建议，幼儿园主管部门决定并报同级人事部门备案。未纳入编制管理的教师由所在幼儿园决定并解除其聘任合同，报主管部门备案。民办幼儿园教师由所在幼儿园提出建议，幼儿园举办者做出决定并解除其聘任合同，报主管部门备案。

（四）给予批评教育、诫勉谈话、责令检查、通报批评，以及取消在评奖评优、职务晋升、职称评定、岗位聘用、工资晋级、申报人才计划等方面资格的其他处理，按照管理权限，由教师所在幼儿园或主管部门视其情节轻重做出决定。

第八条　处理决定应当书面通知教师本人并载明认定的事实、理由、依据、期限及申诉途径等内容。

第九条　教师不服处理决定的，可以向幼儿园主管部门申请复核。对复核结果不服的，可以向幼儿园主管部门的上一级行政部门提出申诉。

对教师的处理，在期满后根据悔改表现予以延期或解除，处理决定和处理解除决定都应完整存入人事档案及教师管理信息系统。

第十条　教师受到处分的，符合《教师资格条例》第十九条规定的，由县级以上教育行政部门依法撤销其教师资格。

教师受处分期间暂缓教师资格定期注册。依据《中华人民共和国教师法》第十四条规定丧失教师资格的，不能重新取得教师资格。

教师受记过以上处分期间不能参加专业技术职务任职资格评审。

第十一条　教师被依法判处刑罚的，依据《事业单位工作人员处分暂行规定》给予降低岗位等级或者撤职以上处分。其中，被依法判处有期徒刑以上刑罚的，给予开除处分。教师受到剥夺政治权利或者故意犯罪受到有期徒刑以上刑事处罚的，丧失教师资格。

第十二条　公办幼儿园、民办幼儿园举办者及主管部门不履行或不正确履行师德师风建设管理职责，有下列情形的，上一级行政部门应当视情节轻重采取约谈、诫勉谈话、通报批评、纪律处分和组织处理等方式严肃追究主要负责人、分管负责人和直接责任人的责任：

（一）师德师风长效机制建设、日常教育督导不到位；

（二）师德失范问题排查发现不及时；

（三）对已发现的师德失范行为处置不力、方式不当或拒不处分、拖延处分、推诿隐瞒的；

（四）已做出的师德失范行为处理决定落实不到位，师德失范行为整改不彻底；

（五）多次出现师德失范问题或因师德失范行为引起不良社会影响；

（六）其他应当问责的失职失责情形。

第十三条　省级教育行政部门应当结合当地实际情况制定实施细则，并报国务院教育行政部门备案。

第十四条　本办法自发布之日起施行。

教育部等七部门印发《关于加强和改进新时代师德师风建设的意见》的通知

教师〔2019〕10号

各省、自治区、直辖市教育厅（教委）、党委组织部、党委宣传部、发展改革委、财政厅（局）、人力资源社会保障厅（局）、文化和旅游厅（局），新疆生产建设兵团教育局、党委组织部、党委宣传部、发展改革委、财政局、人力资源社会保障局、文化体育广电和旅游局，有关部门（单位）教育司（局），部属各高等学校、部省合建各高等学校：

　　为深入贯彻落实习近平总书记关于教育的重要论述和全国教育大会精神，落实《新时代公民道德建设实施纲要》和《中共中央 国务院关于全面深化新时代教师队伍建设改革的意见》，加强和改进新时代师德师风建设，倡导全社会尊师重教，教育部、中央组织部、中央宣传部、国家发展改革委、财政部、人力资源社会保障部、文化和旅游部研究制定了《关于加强和改进新时代师德师风建设的意见》，现印发给你们，请结合实际认真贯彻执行。

教育部　中央组织部　中央宣传部

国家发展改革委　财政部

人力资源社会保障部　文化和旅游部

2019年11月15日

关于加强和改进新时代师德师风建设的意见

　　为认真贯彻落实《新时代公民道德建设实施纲要》，深入推进实施《中共中央 国务院关于全面深化新时代教师队伍建设改革的意见》，全面提升教师思想政治素质和职业道德水平，现就加强和改进新时代师德师风建设提出如下意见。

　　一、加强师德师风建设的总体要求

　　1. 指导思想。以习近平新时代中国特色社会主义思想为指导，深入学习贯彻习近平总书记关于教育的重要论述和全国教育大会精神，把立德树人的成效作为检验学校一切工作的根本标准，把师德师风作为评价教师队伍素质的第一标准，将社会主义核心价值观贯穿师德师风建设全过程，严格制度规定，强化日常教育督导，加大教师权益保护力度，倡导全社会尊师重教，激励广大教师努力成为"四有"好老师，着力培养德智体美劳全面发展的社会主义建设者和接班人。

　　2. 基本原则。

　　——坚持正确方向。加强党对教育工作的全面领导，坚持社会主义办学方向，确保教师在落实立德树人根本任务中的主体作用得到全面发挥。

——坚持尊重规律。遵循教育规律、教师成长发展规律和师德师风建设规律,注重高位引领与底线要求结合、严管与厚爱并重,不断激发教师内生动力。

——坚持聚焦重点。围绕重点内容,针对突出问题,强化各地各部门的领导责任,压实学校主体责任,引导家庭、社会协同配合,推进师德师风建设工作制度化、常态化。

——坚持继承创新。传承中华优秀师道传统,全面总结改革开放特别是党的十八大以来师德师风建设经验,适应新时代变化,加强创新,推动师德师风建设工作不断深化。

3. 总体目标。

经过 5 年左右努力,基本建立起完备的师德师风建设制度体系和有效的师德师风建设长效机制。教师思想政治素质和职业道德水平全面提升,教师敬业立学、崇德尚美呈现新风貌。教师权益保障体系基本建立,教师安心、热心、舒心、静心从教的良好环境基本形成,师道尊严进一步提振。全社会对教师职业认同度加深,教师政治地位、社会地位、职业地位显著提高,尊师重教蔚然成风。

二、全面加强教师队伍思想政治工作

4. 坚持思想铸魂,用习近平新时代中国特色社会主义思想武装教师头脑。健全教师理论学习制度,开展习近平新时代中国特色社会主义思想系统化、常态化学习,重点加强习近平总书记关于教育的重要论述的学习,使广大教师学懂弄通、入脑入心,自觉用"四个意识"导航,用"四个自信"强基,用"两个维护"铸魂。依托高水平高校建设一批教育基地,同时统筹党校(行政学院)资源,定期开展教师思想政治轮训,使广大教师更好掌握马克思主义立场观点方法,认清中国和世界发展大势,增进对中国特色社会主义的政治认同、思想认同、理论认同、情感认同。

5. 坚持价值导向,引导教师带头践行社会主义核心价值观。将社会主义核心价值观融入教育教学全过程,体现到学校管理及校园文化建设各环节,进一步凝聚起师生员工思想共识,使之成为共同价值追求。弘扬中华优秀传统文化、革命文化和社会主义先进文化,培育科技创新文化,充分发挥文化涵养师德师风功能。身教重于言教,引导教师开展社会实践,深入了解世情、党情、国情、社情、民情,强化教育强国、教育为民的责任担当。健全教师志愿服务制度,鼓励支持广大教师参加志愿服务活动,在服务社会的实践中厚植教育情怀。重视高层次人才、海外归国教师、青年教师的教育引导,增强工作针对性。

6. 坚持党建引领,充分发挥教师党支部和党员教师作用。建强教师党支部,使教师党支部成为涵养师德师风的重要平台。建好党员教师队伍,使党员教师成为践行高尚师德的中坚力量。重视在高层次人才和优秀青年教师中发展党员工作,完善学校领导干部联系教师入党积极分子等制度。开展好"三会一课",健全党的组织生活各项制度,通过组织集中学习、定期开展主题党日活动、经常开展谈心谈话、组织党员教师与非党员教师结对联系等,充分发挥教师党支部的战斗堡垒作用和党员教师的先锋模范作用。涉及教师利益的重要事项、重点工作,应征求教师党支部意见。

三、大力提升教师职业道德素养

7. 突出课堂育德,在教育教学中提升师德素养。充分发挥课堂主渠道作用,引导广大教师守好讲台主阵地,将立德树人放在首要位置,融入渗透到教育教学全过程,以心育心、以德育德、以人格育人格。把握学生身心发展规律,实现全员全过程全方位育人,增强

育人的主动性、针对性、实效性,避免重教书轻育人倾向。加强对新入职教师、青年教师的指导,通过老带新等机制,发挥传帮带作用,使其尽快熟悉教育规律、掌握教育方法,在育人实践中锤炼高尚道德情操。将师德师风教育贯穿师范生培养及教师生涯全过程,师范生必须修学师德教育课程,在职教师培训中要确保每学年有师德师风专题教育。

8. 突出典型树德,持续开展优秀教师选树宣传。大力宣传新时代广大教师阳光美丽、爱岗敬业、甘于奉献、改革创新的新形象。深入挖掘优秀教师典型,综合运用授予荣誉、事迹报告、媒体宣传、创作文艺作品等手段,充分发挥典型引领示范和辐射带动作用。开展多层次的优秀教师选树宣传活动,形成校校有典型、榜样在身边、人人可学可做的局面。组织教师中的"时代楷模"、全国教书育人楷模、国家教学名师、最美教师等开展师德宣讲。鼓励各地各校采取实践反思、情景教学等形式,把一线优秀教师请进课堂,用真人真事诠释师德内涵。

9. 突出规则立德,强化教师的法治和纪律教育。以学习《中华人民共和国教师法》、新时代教师职业行为十项准则系列文件等为重点,提高全体教师的法治素养、规则意识,提升依法执教、规范执教能力。制订教师法治教育大纲,将法治教育纳入各级各类教师培训体系。强化纪律建设,全面梳理教师在课堂教学、关爱学生、师生关系、学术研究、社会活动等方面的纪律要求,依法依规健全规范体系,开展系统化、常态化宣传教育。加强警示教育,引导广大教师时刻自重、自省、自警、自励,坚守师德底线。

四、将师德师风建设要求贯穿教师管理全过程

10. 严格招聘引进,把好教师队伍入口。规范教师资格申请认定,完善教师招聘和引进制度,严格思想政治和师德考察,充分发挥党组织的领导和把关作用,建立科学完备的标准、程序,坚决避免教师招聘引进中的唯分数、唯文凭、唯职称、唯论文、唯帽子等倾向。鼓励有条件的地方和学校结合实际探索开展拟聘人员心理健康测评,作为聘用的重要参考。严格规范教师聘用,将思想政治和师德要求纳入教师聘用合同。加强试用期考察,全面评价聘用人员的思想政治和师德表现,对不合格人员取消聘用,及时解除聘用合同。高度重视从海外引进人才的全方位考察,提升人才引进质量。

11. 严格考核评价,落实师德第一标准。将师德考核摆在教师考核的首要位置,坚持多主体多元评价,以事实为依据,定性与定量相结合,提高评价的科学性和实效性,全面客观评价教师的师德表现。发挥师德考核对教师行为的约束和提醒作用,及时将考核发现的问题向教师反馈,并采取针对性举措帮助教师提高认识、加强整改。强化师德考核结果的运用,师德考核不合格者年度考核应评定为不合格,并取消在教师职称评聘、推优评先、表彰奖励、科研和人才项目申请等方面的资格。

12. 严格师德督导,建立多元监督体系。完善多方广泛参与、客观公正科学合理的师德师风监督机制。加强政府督导,将各级各类学校师德师风建设长效机制落实情况作为对地方政府履行教育职责评价的重要测评内容,针对群众反映强烈的问题、师德师风问题多发的地方开展专项督导。加强学校监督,各级各类学校要在校园显著位置公示学校及教育主管部门举报电话、邮箱等信息,依法依规接受监督举报。强化社会监督,探索建立师德师风监督员制度,定期对学校师德师风建设情况进行监督评议,向教育主管部门反馈,将监督评议情况作为学校及领导班子年度考核的重要内容。

13. 严格违规惩处,治理师德突出问题。推动地方和高校落实新时代教师职业行为十项准则等文件规范,制定具体细化的教师职业行为负面清单。把群众反映强烈、社会影响恶劣的突出问题作为重点从严查处,针对高校教师性骚扰学生、学术不端以及中小学教师违规有偿补课、收受学生和家长礼品礼金等开展集中治理。一经查实,要依规依纪给予组织处理或处分,严重的依法撤销教师资格、清除出教师队伍。建立师德失范曝光平台,健全师德违规通报制度,起到警示震慑作用。建立并共享有关违法信息库,健全教师入职查询制度和有关违法犯罪人员从教限制制度。

五、着力营造全社会尊师重教氛围

14. 强化地位提升,激发教师工作热情。制定教育改革发展和教师队伍建设重大决策、重要文件充分听取教师代表意见。各地重要节庆日活动,邀请优秀教师代表参加。做好优秀教师表彰奖励,依法依规在作出重大贡献、享有崇高声誉的教师中开展"人民教育家"荣誉称号评选授予工作,健全教书育人楷模、模范教师、优秀教师等多元的教师荣誉表彰体系。完善表彰奖励及管理办法,依法依规确定荣誉获得者享受的政治、生活待遇,加强对荣誉获得者后续支持服务。

15. 强化权利保护,维护教师职业尊严。维护教师依法执教的职业权利,推动完善相关法律法规,明确教师教育管理学生的合法职权,研究出台教师惩戒权办法。学校和相关部门依法保障教师履行教育职责,对无过错但客观上发生学生意外伤害的,教师依法不承担责任。教师尊严不可侵害,对发生学生、家长及其亲属等因为教师履职行为而对教师进行侮辱、谩骂、肢体侵害,或者通过网络对教师进行诽谤、恶意炒作等行为,有关部门要高度重视,从严处理,构成违法犯罪的,依法追究相应责任。学校及教育部门应为教师维护合法权益提供必要的法律等方面支持。

16. 强化尊师教育,厚植校园师道文化。从幼儿园开始加强尊师教育,加快形成接续我国优秀传统、符合时代精神的尊师重教文化。推进尊师文化进教材、进课堂、进校园,通过尊师第一课、9月尊师主题月等形式,将尊师重教观念渗透进学生的价值体系。有条件的地方和学校可结合实际统筹有关资源,因地制宜安排一线教师特别是长期从教教师进行疗休养,重点向符合条件的班主任和乡村教师倾斜。做好教师荣休工作,礼敬退休教师,弘扬尊师风尚。建立健全教职工代表大会制度,保障教师参与学校决策的民主权利。加强家庭教育,健全家校联系制度,引导家长尊重学校教育安排,尊敬教师创造发挥,配合学校做好学生的学习教育。

17. 强化各方联动,营造尊师重教氛围。加强展现新时代教师风貌的影视文学作品创作,善用微博、微信、微视频、微电影等新媒体形式,传递教师正能量,让全社会广泛了解教师工作的重要性和特殊性。支持鼓励行业企业在向社会公众提供服务时"教师优先"。鼓励图书馆、博物馆、科技馆、体育场馆以及历史文化古迹和革命纪念馆(地)等对教师实行优待。鼓励社会团体、企业、民间组织对教师出资奖励,或通过依法成立基金、设立项目等方式,支持教师提升能力素质、进行疗休养或予以奖励激励。

六、推进师德师风建设任务落到实处

18. 加强工作保障,强化责任落实。各地各校要把加强师德师风建设、弘扬尊师重教传统作为教师队伍建设的首要任务,夯实学校主体责任,压实学校主要负责人第一责任人责任。高校要强化党委教师工作部建设，明确将教师思想政治和师德师风建设作为其主要职责。各地各校要建立健全责任落实机制，坚持失责必问、问责必严。财政部门要坚持将教师队伍建设作为教育投入重点予以优先保障，按规定统筹现有资金渠道支持师德师风建设。依托现有资源，建设一批师德师风建设基地，加强工作支撑，提高师德师风建设工作的科学性、实效性。